# ESPACES

## 2

## Méthode de français

Guy CAPELLE
Noëlle GIDON

**Hachette F.L.E.**
26, rue des Fossés-St-Jacques
75005 PARIS

## Crédit photographique

**Artephot** / Faillet 81 © Succession H. Matisse. **Cinestar** 35 bd. **Christophe L. Collection** : 34 hg, bg, 35 hd, 40 md, 65, 123 bd, 168 hd. **D.I.T.E.** / coll. P.P.P. 146, 147. **Edimédia**, 1892 affiche Réalier-Dumas, 121. **Explorer** / T. Ameller 185 hd ; Chino 133 gm, J.-P. Delagarde 37 bgd ; Gunther 42 b ; F. Jalain 41 ; Nacivet 58 hg ; Ph. Roy 69 bg ; A. Wolf 174. **Explorer-Archives** / P. Cheuva 120 bg, 121 hg ; coll. Soazig 121 hd. **Fotogram Stone** / G. Bouzonnet 179 hg. Loucel 154 hg ; J.-M. Truchet 133 hg, 149 hd ; A. Soumillard 133 bg. **Gamma** / Apestéguy 8 hcg, 8 bm, 9 hcd ; Aventurier 17 d ; Bazin 56 hd, 56 hg ; Bensimon 8 hm ; J.-J. Bernier 9 hd, Bonnette 8 bg, Cerlik Erkul 131 ; B. Charlon 168 hg ; Covan 128 ; A. Duclos-R. Gaillarde 9 bd, R. Gaillarde 136 m ; Ginfray 9 bc ; Alain Le Bot, 127 ; Reglain 8 bg, 40 bd ; Ruido 8 hg ; D. Simon 18 hg, 18 hd, 18 b ; G. Vatier 136 g. **Gamma Sports** / F. Apestéguy 113 h ; F. de Beauvais 58 bd, E. Sampers 58 bg. **Giraudon** / Bulloz 11 h, 11 b ; Giraudon, 22. **Jacana** / E. Dragesco 74 hg, Mc Hugh 74 gmb ; C. Nardin. 74 bg ; J.-P. Varin 74 gmh, md. **Jerrican** / V. Clément 42 hd ; Crampon 112 g, 133 md ; Daudier 89 mh ; O. Davantes 37 dm ; Dianne 37 hd ; Gaillard 42 bd ; Ivaldi 184 ; Lainé 47 ; Lespinasse 161 hd ; Limier 37 bd, 113 bd, 117 bd, 179 bd ; Nieto 53 bg ; Sitler 37 hgd, 42 m, 101 hg ; Valls 69 d. **Keystone** : 122 hg, hd, md. **Magnum** / R. Depardon 151 ; M. Franck 167 ; H. Gruyaert 55 ; D. Hurn 183 ; R. Kalvar 119 ; M. Riboud 71 ; J.-R. Salgado 23. **Monticelli** : 72. **Rapho** / M. Barret 58 mg, 80 mg, 175 hg ; Charles 53 bd, 79 ; De Sazo 101 d ; Doisneau 123 hd ; F. Ducasse 124 ; R. Frieman 70, 135 ; G. Gester 7 ; M. Gile 53 hd ; H. Gloagen 40 hm, 123 m ; J. Launois 40 hd ; F. Le Diascorn 58 mg ; M. Manceau 26 bd, 59, 87 ; P. Michaud 26 bm ; A.-P. Neyrat 89 md, 117 mb ; Niepce 26 bg, 40 bg, 42 mg, 58 md ; Phelps 27 ; H. W. Silvester 80 md ; Tracy 175 hd ; M. Tulane 103 ; Vincent 26 h ; H. Zalewski 123 hg, mg. **R.E.A** / Bellavia 37 bg, 40 hg ; T. Ribolowsky 37 hg, 149 bd ; Rudman 117 g. **Sygma** / J. Donoso 16 b ; Ph. Ledru 134 ; T. Orban 165 g ; G. Schachmes 16 h, 85 d ; De Wildenberg 154 hd. **Tapabor** / Kharbine 88. **Tempsport** / Iundt-Ruszniewsky 113 bm. **TOP** / M. Dencla 185 mg. **Roger Viollet** : 120 hd, 121 mg, 138. **Vloo** / Mayer 89 bd ; Ronzel 89 bg ; Tesson 89 mg. **Vu** / B. Descamps 89.

Guide Michelin France 1990, 69. Catalogue d'objets introuvables, Carelman, Balland Editeurs 1969, © ADAGP Paris, 73 - Champérard 1988 © Albin Michel 82 - « Axe de Paris », Boissonnet, 161 - 7 à Paris, 162 - Extrait de l'album Les Bidochon, tome 6 © Binet / Fluide Glacial.

**Avec nos remerciements à :**
Catherine Charles (V.S.D.) - Madame Figaro - Nice-Matin - Évian - Lee Cooper - RATP - Renault - Office franco-québécois pour la jeunesse - Ministère de la Francophonie.

*Secrétaire d'édition :* Hélène Gonin
*Conception graphique :* Studio « tout pour plaire »
*Maquette :* Françoise Crozat
*Illustrations :* Françoise Delbecq (« Un beau coup de filet »). Jean-François Henry (« À prendre avec des gants »).
*Dessins :* Jean-François Henry, Xavier Hue, Gilles Vuillemard.
*Recherche iconographique :* Christine de Bissy.
*Couverture :* maquette : Gilles Vuillemard ; photo : The Image Bank / S. Proehl.

*Composition :* C.G.P. Boulogne-sur-Mer.

I.S.B.N. 2.01.016280.3

# Avant-propos

ESPACES 2 fait suite à ESPACES 1 dont il reprend l'esprit général et la structure. Il s'adresse à des étudiants ayant suivi une centaine d'heures de cours de français et couvre de 120 à 150 heures de cours selon le niveau et les besoins des apprenants, et les options prises par le professeur.

**Les objectifs**

ESPACES 2 doit permettre aux apprenants :
- de réactiver leurs acquis précédents ;
- d'ajouter à leurs connaissances, à leurs savoir-faire et à leurs compétences tant sur le plan langagier que culturel ;
- et ainsi d'approfondir les objectifs fixés au départ :
  • communiquer en français oralement et par écrit ;
  • maîtriser le fonctionnement de la langue ;
  • mieux connaître la France et la vie quotidienne des Français ;
  • mettre en œuvre des stratégies facilitant l'apprentissage et l'acquisition de la langue.

**La démarche et le contenu**

Comme dans ESPACES 1, les dossiers s'organisent en trois sections : Informations / Préparation, pour l'introduction du thème et la présentation des nouveautés lexicales et grammaticales ; Paroles, pour la compréhension et la production orales ; Lectures / Écritures, pour la compréhension et la production écrites.

De plus, un Supplément de trois pages est ajouté à chaque dossier. Il comprend :
- un feuilleton destiné à la lecture libre et, nous l'espérons, au plaisir des apprenants ;
- une page « fonctionnelle » (Vie pratique) à l'intention des touristes qui n'auront aucun problème à ce stade à maîtriser seuls les actes de parole les plus utiles ;
- des extraits de textes de prose et des poèmes signés des meilleurs auteurs qui permettront une première sensibilisation à la littérature.

Si l'esprit général ainsi que la structure et la dynamique de chacun des douze dossiers restent assez semblables à ceux d'ESPACES 1, il convient cependant de souligner quelques nouveautés :
- les textes et les documents apportent une information abondante dans des domaines très variés. L'aspect « langue moyen d'accès à la connaissance » est encore accentué à ce niveau ;
- la nouvelle bande dessinée occupe désormais deux pages entières, ce qui permet de donner des échantillons plus nombreux de français parlé dans un éventail plus large de situations et de milieux sociaux. Les activités de production sont également plus variées et plus libres ;
- l'approche systématique de la production écrite, esquissée dans ESPACES 1, est ici définitivement mise en place.

Professeurs et apprenants disposent donc de ressources très larges en textes, documents et suggestions d'activités diverses (auxquels viennent s'ajouter les quelque 250 exercices du Cahier et deux cassettes d'enregistrements sonores). Ils pourront ainsi opérer des choix en fonction de leurs goûts ou de leurs besoins particuliers.

Le module de travail reste la double page qui peut donner lieu à une ou deux séances de travail en classe.

Abondance et variété, mais aussi clarté de structure et simplicité d'utilisation, nous paraissent caractériser ESPACES 2

Nous souhaitons que cet ensemble reçoive le même accueil qu'ESPACES 1 et motive tout autant ses utilisateurs.

# Contenu

| DOSSIER | NOTIONS<br>ACTES DE PAROLE | GRAMMAIRE | TYPES DE TEXTES<br>FONCTIONNEMENT | ASPECTS SOCIO-CULTURELS |
|---|---|---|---|---|
| 1.<br>**À qui ressemblent-ils ?** | • Décrire des personnes (traits et attitudes).<br>• Identifier. Comparer.<br>• Contredire.<br>• Marquer son intérêt. | • Avoir les yeux bleus.<br>• Le même... que.<br>• Pronoms relatifs : « qui » et « que ».<br>• Adverbes d'intensité + adjectif.<br>• « Sans » + infinitif. | • Sondage.<br>• Structure du texte : ordre d'importance. | • Relations hommes-femmes. |
| 2.<br>**Quelle est leur personnalité ?** | • Exprimer des émotions. et des états psychologiques.<br>• Refuser. S'informer.<br>• Reprocher.<br>• S'excuser.<br>• Se justifier. | • Gérondif.<br>• « Devoir » + infinitif (probabilité/obligation).<br>• Quelqu'un ≠ personne. Quelque chose ≠ rien.<br>• Pronom relatif : « où ».<br>• Adverbes de manière. | • Scénario. | • Comportements et attitudes. |
| 3.<br>**Quelles qualités faut-il ?** | • Exprimer le doute, la probabilité, la certitude.<br>• Faire confirmer.<br>• Relancer la conversation. | • Indicatif ≠ subjonctif.<br>• Passif. | • Annonces, lettre de candidature.<br>• Prise en compte du destinataire. | • Vie professionnelle : recherche d'emplois, description de postes. |
| 4.<br>**Où ira-t-on ?** | • Faire des hypothèses.<br>• Exprimer l'inquiétude.<br>• Menacer. | • Futur.<br>• Adverbes de temps.<br>• « Si » + présent/futur ou impératif. | • Courrier d'opinion.<br>• Rédaction d'un projet. | • Aventure : le besoin d'évasion et d'aventure. |
| 5.<br>**Choisissez le meilleur.** | • Décrire. Identifier.<br>• Comparer (animaux, objets).<br>• Refuser poliment.<br>• Exprimer les mesures. | • Superlatif.<br>• « Faire » + infinitif.<br>• Adjectifs en -able.<br>• 100 kilomètres à l'heure.<br>• 1 000 mètres de haut.<br>• Pronoms possessifs. | • Guide.<br>• Ordre de préférence/ordre spatial. | • Restauration.<br>• Art : Matisse. |
| 6.<br>**Faites passer le message.** | • Demander. Exprimer une opinion.<br>• Comparer.<br>• Décrire un processus.<br>• Menacer. | • Doubles pronoms compléments.<br>• Participe présent. | • Publicité.<br>• Stratégies de persuasion. | • Le message et les campagnes publicitaires. |
| 7.<br>**Vous devriez faire attention à vous !** | • Conseiller. Recommander.<br>• Avertir.<br>• Faire des hypothèses. | • Mode conditionnel : « si » + imparfait/conditionnel. | • Articles de magazine.<br>• Courrier. | • La santé et le sport.<br>• Le stress au travail. |
| 8.<br>**C'est du passé !** | • Décrire des faits, des événements passés.<br>• Chronologie. | • Passé simple. | • Récit journalistique.<br>• Articles de presse : faits divers. | • Évolution de la société. |
| 9.<br>**On n'arrête pas le progrès.** | • Demander/donner de l'information.<br>• Faire des hypothèses. | • Futur antérieur.<br>• Plus-que-parfait.<br>• Conditionnel passé. | • Récits historiques et descriptifs.<br>• Brochure d'information. | • Un défi : l'Eurotunnel. |
| 10.<br>**Quelle décision prendre ?** | • Argumenter : attaquer, défendre un projet/un point de vue. | • Ni... ni.<br>• Parce que ≠ puisque.<br>• Concession. | • Opinions et tract.<br>• Stratégies d'argumentation. | • Gestion et transformation d'une commune. |
| 11.<br>**De quoi demain sera-t-il fait ?** | • Faire des hypothèses.<br>• Exprimer la probabilité.<br>• Argumenter. | • Doubles compararatifs.<br>• Subordonnées de conséquence.<br>• Modalisation. | • Rapport prévisionnel.<br>• Directives pour un jeu collectif. | • Futurologie : un monde sans travail.<br>• Innovation technologique. |
| 12.<br>**L'Europe : quels espoirs ?** | • Exprimer des opinions.<br>• Faire des objections et des restrictions. | • Emplois de l'infinitif.<br>• Conjonctions suivies du subjonctif.<br>• Futur dans le passé.<br>• La condition. | • Articles de magazine.<br>• Structures argumentatives. | • L'Europe.<br>• L'Europe et la francophonie. |

# Sommaire

# Structure d'un dossier

Chacun des douze dossiers comprend trois sections, comme dans ESPACES 1, et un supplément de trois pages.

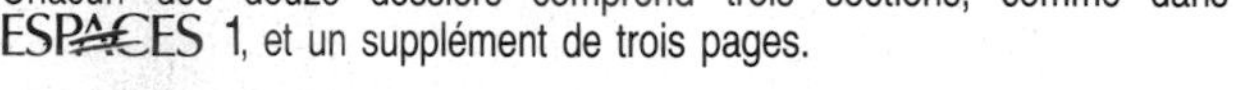

## Informations/Préparation

**Quatre pages de documents accompagnés de tableaux de grammaire et d'exercices.**

- Documents de mise en place du thème.
- Présentation des nouveautés grammaticales.
- Exploitation orale et écrite avec référence constante aux documents (textes, dessins, photos).

**Objectifs**

- Fournir les principaux éléments linguistiques nécessaires à l'étude des deux sections suivantes.
- Apporter des informations nouvelles aux apprenants.

## Paroles

**Quatre pages centrées sur la compréhension et la production orales à partir d'une histoire suivie présentée sous forme de bande dessinée.**

- Bande dessinée originale : « À prendre avec des gants » en douze épisodes de deux pages. Une histoire policière qui permet de pénétrer dans des milieux sociaux différents et de présenter des registres de langue variés en situation.
- Activités de sensibilisation au thème et d'anticipation du contenu.
- Exercices de compréhension orale alliés à un examen des comportements et des jeux de physionomie.
- Activités de production orale, guidées et libres, portant sur l'histoire policière ainsi que sur les thèmes abordés dans la première section.

**Objectif**

- Privilégier la langue parlée et mettre en évidence les phénomènes particuliers à l'oral : actes de parole, stratégies communicatives, prononciation et intonation.

## Lectures / Écritures

**Quatre pages qui mettent l'accent sur la communication écrite.**

- LECTURES : des textes illustrés dont l'exploitation suit quatre étapes : anticipez, mettez en ordre, recherchez les faits, interprétez.

- ÉCRITURES : mise en œuvre d'une méthode de production de textes en six étapes : définir la situation de communication, rechercher des idées, les organiser, écrire un premier texte, l'évaluer, lui donner sa forme définitive.

**Objectifs :**

- Mettre en œuvre une méthode de lecture et d'écriture de textes.
- Faire réfléchir aux problèmes de la communication dans ses rapports avec le fonctionnement de la langue.
- Faire acquérir des stratégies de découverte et de résolution de problèmes.

## Supplément

**Les trois pages de « Supplément » ne font l'objet d'aucune exploitation particulière dans ce manuel.**

- FEUILLETON : « Un beau coup de filet », aventure exotique en douze épisodes.
- VIE PRATIQUE : page fonctionnelle destinée à faciliter la vie au quotidien dans les pays francophones.
- LITTÉRATURE : poèmes et extraits d'œuvres littéraires accompagnés de notes.

## Faites le point.

**Une page de révision dans les dossiers 4, 8 et 12.**

- Le module de travail est la double page.
- La BD est entièrement enregistrée.
- Tous les textes et les exercices enregistrés sont accompagnés du pictogramme 📼
- Certains exercices portent sur des textes ou des dialogues qui ne figurent pas dans les dossiers. Ils sont signalés par le même pictogramme et on en trouvera la transcription en fin d'ouvrage.
- Les exercices exigeant des réponses écrites sont à réaliser sur une feuille à part.

# À QUI RESSEMBLENT-ILS ?

# 1

INFORMATIONS/PRÉPARATION

**Êtes-vous physionomiste ?**

**Comment sont-ils ?**

PAROLES

**À PRENDRE AVEC DES GANTS :**

**« C'est un bel homme. »**

LECTURES/ÉCRITURES

**Magazine : savoir vivre.**

**Commentez le sondage.**

SUPPLÉMENT

**FEUILLETON**

**« Un beau coup de filet. »**

**VIE PRATIQUE**

**T'as de beaux yeux, tu sais !**

**LITTÉRATURE**

J. Cocteau, *Clair-obscur.*

R. Sabatier, *Les Allumettes suédoises.*

# Êtes-vous physionomiste ?

*Les enfants ressemblent souvent à leurs parents et font souvent la même chose qu'eux dans la vie. Le fils d'un acteur devient souvent acteur lui-même. De la même manière, il y a des familles de peintres, de savants, de politiciens...*

1

**De qui s'agit-il ?**

Écoutez les descriptions et dites à quelles photos elles correspondent.

**2 Quels sont les couples ? Quels sont leurs enfants ?**

Trouvez les couples et les enfants et justifiez vos choix.
*La fille de... c'est... ⟶ Elle ressemble à sa mère. Elle est brune comme elle. Elle a les mêmes yeux que son père...*

| DÉCRIVEZ UN VISAGE | |
|---|---|
| Il/elle est | blond(e) / brun(e) / châtain<br>souriant / sérieux |
| Il/elle a | les cheveux châtains, le nez droit, les lèvres minces, le visage large, la bouche épaisse... |
| Il/elle a | de longs cheveux, un nez droit, une petite bouche, un visage énergique, des traits réguliers, marqués... |
| Il/elle a | le même front que....<br>les mêmes lèvres que.... |
| ⚠ | Ses yeux sont marron. Sa bouche est petite. |

**3 Il s'est maquillé !**

Cet acteur s'est maquillé pour jouer le rôle de Dracula.

Qu'est-ce qu'il y a de changé dans son visage ?
*Il a le front plus haut...*

**4 Qu'il se maquille !**

Donnez des instructions à l'acteur pour qu'il puisse se maquiller.
*Il faut que tu te fasses un front plus haut...*

2 *Nathalie Delon.* Elle a de longs cheveux blonds, le visage ovale, les traits réguliers, les yeux clairs.

4 *Johnny Hallyday.* Il est blond. Il a les yeux bleus, le nez droit, les sourcils épais. Il est souriant.

7 *Caroline de Monaco.* Elle a de longs cheveux plutôt bruns. Elle a les yeux noirs, le visage assez rond. Elle a la bouche ouverte. Elle porte des colliers, des boucles d'oreilles, des bagues, une montre et un gros bracelet.

10 *Le Prince Rainier.* Il a les cheveux blancs, le front très dégagé, les lèvres épaisses. Il porte des moustaches. Il a les traits marqués.

1

**5 Identifiez-les.**

*Le fils de... et de..., c'est le jeune homme qui... ⟶ Il ressemble à son père. Il a les mêmes yeux.*

**LE PRONOM RELATIF SUJET : QUI**

C'est { le jeune homme / celui } **qui** a les yeux bleus.

**6 À qui ressemblent les enfants ?**

À leur père ? À leur mère ?
Est-ce qu'ils ont le même nez ?
La même forme de visage ?...
À vous de décider.

**7 Vous le connaissez ?**

Décrivez un élève de votre classe ou un personnage connu. Vos camarades posent des questions et essaient de deviner de qui il s'agit.

LE VISAGE

| les cheveux | le front | les yeux | la bouche | le menton | les oreilles |
|---|---|---|---|---|---|
| courts / longs<br>bruns / blonds / châtains<br>raides / frisés | haut / bas<br>large | noirs / verts<br>bleus / marron<br>grands / petits | petite / grande<br>avec des lèvres minces /<br>avec de grosses lèvres | ovale / mince<br>carré / rond | fines<br>grandes / petites<br>décollées |

1

# Comment sont-ils ?

Ces quatre personnes ne représentent pas la moyenne des Français. Ils sont plus grands ou plus petits que la plupart des gens. Laurent est très grand. Il mesure 1,92 mètre et ne pèse que 70 kilos. Il a la main sur l'épaule de son amie Stéphanie qui, elle, est assez petite. Elle ne mesure que 1,54 mètre. Elle porte des chaussures à talons très hauts pour paraître plus grande. Christophe, lui, est plutôt gros. Il pèse 80 kilos pour 1,62 mètre. Le costume qu'il porte ne le mincit pas. Il tient le bras de Brigitte qui paraît bien grande avec son 1,78 mètre et assez maigre avec ses 55 kilos !

 **Que pensez-vous de ces personnages ?** 

Écoutez, puis identifiez un personnage et demandez qui il est à votre partenaire.

**1** - Qui est le petit gros ?

**2** - Qui est la petite qui porte des talons hauts ?

**3** - Qui est le grand maigre ?

**4** - Qui est la grande mince ?

Continuez. Posez des questions à d'autres étudiants.

**9** **Décrivez-les.**

| Moyenne nationale française | | | |
|---|---|---|---|
| *Sexe* | *Taille* | *Poids* | *Âge atteint* |
| Hommes | 1,72 m | 75 kg | 72 ans |
| Femmes | 1,60 m | 60 kg | 81 ans |

## 10 Est-ce que vous les reconnaissez ?

Écoutez la description et dites de quel personnage il s'agit.

1 - .................... 2 - ....................
3 - .................... 4 - ....................

| NUANCEZ VOS AFFIRMATIONS | | | |
|---|---|---|---|
| Il / Elle | est | pas très / plutôt / assez / bien / très / trop | jeune / âgé(e) / grand(e) / petit(e) / gros(se) / maigre / mince |

## 11 Précisez de qui il s'agit.

Reliez les deux phrases avec un pronom relatif objet direct.

*Cette jeune fille, c'est Sandra. Vous la voyez au premier rang.* ⟶ *Sandra est cette jeune fille que vous voyez au premier rang.*

1 - La jeune fille assise, c'est Corinne. Bernard la regarde.
2 - Le jeune homme debout, c'est Christophe. Sophie l'admire.
3 - Ces jeunes gens, ce sont mes amis. Vous les connaissez.
4 - Ces gens, ce sont des touristes. Je les ai invités.
5 - Cette femme, c'est ma voisine. Tu l'as vue chez moi.

## 12 Leurs attitudes sont célèbres !

Décrivez-les.

*« Le Penseur » (1904), Auguste Rodin.*

*« La Marseillaise » (1833-1835), François Rude. Piédroit de l'Arc de Triomphe de l'Étoile, à Paris.*

| LE PRONOM RELATIF OBJET : QUE | | |
|---|---|---|
| Stéphanie est | la femme / celle | **que** Laurent regarde. |

C'EST UN BEL HOMME.
METRO
POLICE
COMMISSARIAT DE LA POLICE JUDICIARE.

SON ÂGE?

JE NE SAIS PAS. UN PEU PLUS VIEUX QUE VOUS.

HUM... ENVIRON 50 ANS?

C'EST ÇA, MAIS, BEL HOMME.
VOUS LE CONNAISSEZ BIEN?
NON. ON SE CROISE QUELQUEFOIS DANS L'ESCALIER.

VOUS AVEZ UNE PHOTO DE LUI?

1

ET POURQUOI VOULEZ-VOUS QUE J'AIE UNE PHOTO DE LUI?

GUYOT, TERMINEZ VOTRE DÉPOSITION ET ENSUITE PASSEZ DANS MON BUREAU. J'AI À VOUS PARLER.
OUI, COMMISSAIRE.

QU'EST-CE QUI SE PASSE?
OH RIEN. UNE DISPARITION.

MADAME EST LA VOISINE DE L'HOMME QUI A DISPARU.
COMMENT SAVEZ-VOUS QU'IL A DISPARU? IL EST PEUT-ÊTRE PARTI EN VOYAGE SANS LE DIRE?

AVEC SON CHIEN ENFERMÉ DEPUIS TROIS JOURS DANS L'APPARTEMENT?

M'OUAIS!...

DITES DONC, IL EST PLUTÔT JEUNE POUR UN COMMISSAIRE.

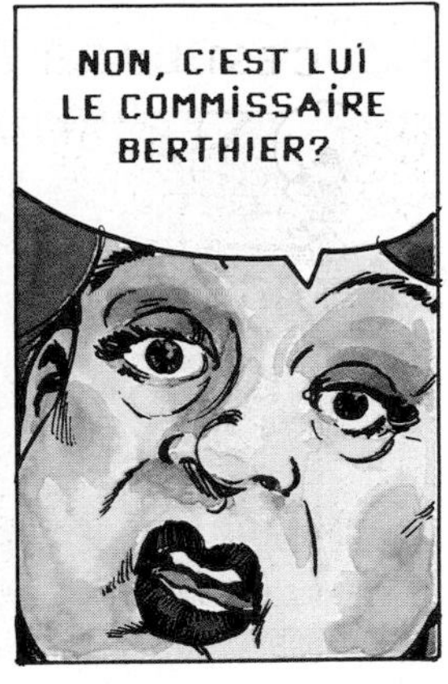

" CELUI QUI A ARRÊTÉ LE GANG DES CHAMPS-ÉLYSÉES? "

" LA DERNIÈRE FOIS QUE VOUS L'AVEZ VU, IL PORTAIT UN COSTUME MARRON, UNE CRAVATE VERTE, UNE CHEMISE BLANCHE ET DES CHAUSSURES BEIGES. "

## (1) De quoi s'agit-il ?

Avant d'écouter le dialogue, observez les dessins.

1 - Qu'évoque pour vous le titre « À prendre avec des gants » ? (Si vous ne savez pas, cherchez dans un dictionnaire.)
2 - Où se passe la scène ?
3 - Combien y a-t-il de séquences différentes ? Identifiez-les en désignant les personnages.

## (2) Vrai ou faux ?

Écoutez les dialogues, puis écoutez les affirmations et rétablissez la vérité si nécessaire.

1 - La dame a une photo du disparu.
2 - La dame et l'homme disparu se connaissaient bien.
3 - L'homme a emmené son chien.
4 - Berthier est trop jeune pour être commissaire.
5 - Le commissaire Berthier s'occupe de toutes les affaires.
6 - Le disparu portait un chapeau, un blouson de cuir, un pantalon beige et des chaussures marron.

## (3) C'est dans le dialogue !

Trouvez :

1 - une demande d'information ;
2 - un ordre ;
3 - une hypothèse (= une supposition) ;
4 - un argument donné pour justifier une affirmation ;
5 - une évaluation positive.

## (4) Quel est leur signalement ?

Donnez leur signalement et décrivez leurs attitudes.

1 - La dame. 2 - Le commissaire. 3 - Guyot.

**SANS + infinitif**

RIEN, avant l'infinitif. PERSONNE, après l'infinitif.

Sans rien voir. *mais* Sans voir personne.
Sans le dire, sans lui parler.

## (5) Qu'est-ce qu'ils n'ont pas fait ?

*Il est parti. Il n'a rien dit. Il n'a vu personne.* ⟶ *Il est parti sans rien dire, sans voir personne.*

1 - Elle l'a croisé. Elle n'a rien remarqué.
2 - Il est passé. Il n'a vu personne.
3 - Il est parti en vacances. Il n'a rien emmené.
4 - Il a pris une décision. Il n'a consulté personne.
5 - Elle a signé la déclaration. Elle n'a rien relu.

## (6) Qu'est-ce qu'on apprend ?

1 - Sur le disparu.
2 - Sur le commissaire Berthier.
3 - Sur la nature de l'histoire.

## (7) Jeu de rôle.

La femme qui a fait la déposition rentre chez elle. Elle raconte à la concierge de l'immeuble sa rencontre avec le commissaire Berthier. La concierge veut savoir comment il est, ce qu'il a dit, ce qu'il va faire... La femme embellit un peu la réalité. Les interventions de la concierge montrent qu'elle est très attentive et très intéressée. Jouez la scène.

– *Alors, madame Legendre, qu'est-ce qu'ils vous ont dit au commissariat ?*
– *Ça les intéresse, cette histoire. Vous ne savez pas qui j'ai vu ?...*

**Pour marquer votre intérêt,**
vous pouvez utiliser :

Ah oui ?... Et alors... Eh bien !
C'est vrai ! Dites donc ! Non !
Quelle histoire ! Pas possible !

## ⑧ Le portrait-robot.

Mettez-vous d'accord !

Un vol a été commis dans une bijouterie. Deux témoins jurent avoir vu le voleur. Ils font leur déposition.

Regardez les dessins, choisissez un personnage et décrivez « votre » voleur. Le second témoin vous contredit poliment et décrit « son » voleur. Jouez la scène.

**Pour contredire quelqu'un,**
vous pouvez utiliser :

Excusez-moi, mais...
Je vous demande pardon, mais...
Je crois que vous vous trompez...
Je ne suis pas d'accord avec vous...
Si vous permettez...
Vous faites erreur....

1

## ⑨ Jeu de rôle.

Vous devez retrouver une personne que vous ne connaissez pas dans un café. Vous vous parlez au téléphone. Chacun se décrit et dit comment il / elle est habillé(e) pour que vous puissiez vous reconnaître.

## ⑩ Jeu de rôle.

Vous êtes metteur en scène. Vous cherchez deux acteurs pour jouer dans un film d'amour. Vous les décrivez comme vous les imaginez à la personne chargée de l'attribution des rôles (« casting ») et qui n'est pas toujours de votre avis.

# Magazine SAVOIR VIVRE.

*Michel Drucker :* C'est le plus populaire des présentateurs d'émissions de variétés à la télévision.

*Michel Serrault :* Il sait jouer tous les rôles avec esprit. C'est un grand acteur.

## ANTICIPEZ

1

### 1 De quoi s'agit-il dans ce texte ?

1 - Regardez les photos. Avez-vous entendu parler de ces hommes ?
2 - Quelles sont, à votre avis, les qualités que doit posséder un homme ?
3 - Quelles qualités, chez un homme, peuvent plaire à une femme ?

### 2 Lisez le texte.

Y a-t-il accord entre le texte et votre réponse à la dernière question de l'exercice précédent ?

## METTEZ EN ORDRE

### 3 Comment est structuré cet article ?

Introduction : Qu'est-ce qui fait courir les femmes ?

Critères : 1 2 3 4 5 6 7 8

Conclusion : ..................................

### 4 Quels sont les mots ?

Trouvez les mots qui, dans ce texte, permettent de classer par ordre d'importance.

*En premier lieu...*

## Messieurs, pour séduire,

*On ne vous l'a pas encore présenté et pourtant vous savez*
*ment s'explique-t-elle ? Un récent sondage révèle les huit*
*Françaises de 15 à 70 ans interrogées dans tous les*

En premier lieu vient *l'intelligence*, et Bernard Pivot, « l'homme qui a redonné aux Français le goût de la lecture grâce à son émission hebdomadaire à la télévision », obtient le premier rang. *La chaleur humaine*, mélange de gentillesse, d'écoute des autres et de fidélité dans l'affection, prend la deuxième place.

*L'humour*, la capacité de faire rire avec esprit, suit l'intelligence et la chaleur humaine de très près. Dans ces deux catégories, c'est Michel Drucker et Michel Serrault qui arrivent en tête.

En quatrième position, nous trouvons *le regard* qui retient beaucoup l'attention des femmes, surtout celui d'Alain Delon.

*Bernard Pivot :* Pendant seize ans « Apostrophes » a été l'émission littéraire (sur Antenne 2) la plus suivie en France.

recherchez l'efficacité.

*que c'est LUI. Cette réaction est-elle fréquente ? Com- aspects de la séduction masculine aux yeux des six cents milieux de la société.*

Vient ensuite *l'élégance*, aussi bien celle de Roger Moore que celle d'Yves Saint Laurent, suivie par *l'aisance* (le naturel du comportement en société) que semblent posséder au plus haut point des hommes comme Robert Redford et Bruno Masure, le présentateur des informations à la télévision.

*La réussite sociale* n'arrive qu'en septième position, peut-être parce que c'est une raison de choix plus difficile à avouer...

Enfin *la virilité*, au huitième rang, n'est plus ce qu'elle était, semble-t-il ! Comprenez le message, messieurs : le machisme n'est plus à la mode. Si vous n'êtes pas naturellement doués, prenez vite des cours d'intelligence et de chaleur humaine et sachez faire rire vos partenaires ! Votre succès est à ce prix.

**Avec lequel de ces hommes aimeriez-vous passer une soirée ?**

| | Paris | Province | Ensemble |
|---|---|---|---|
| Bernard Pivot | 70 % | 56 % | 63 % |
| Michel Drucker | 58 % | 62 % | 60 % |
| Michel Serrault | 60 % | 54 % | 57 % |
| Alain Delon | 48 % | 56 % | 52 % |
| Roger Moore | 50 % | 46 % | 48 % |
| Yves Saint Laurent | 49 % | 43 % | 46 % |
| Robert Redford | 48 % | 42 % | 45 % |
| Bruno Masure | 38 % | 46 % | 42 % |

### 5 Les différents emplois de « que ».

Dans le texte, indiquez la ligne où « que » est utilisé comme :

1 - conjonction ( = mot introduisant une proposition subordonnée) ;
2 - pronom relatif ;
3 - partie de négation restrictive ;
4 - conjonction introduisant la deuxième partie d'une comparaison.

## RECHERCHEZ LES FAITS

### 6 Quels mots correspondent aux définitions suivantes ?

1 - Qui n'est pas préparé, instinctif.
2 - Quelqu'un qui vous ressemble.
3 - Groupe social.
4 - Amuser.
5 - Manière de se comporter qui ne donne pas une impression d'effort.
6 - Finir par dire la vérité.
7 - Qui a des dons, des capacités naturelles.
8 - Finesse et humour.

*a)* Faire rire. – *b)* Avouer. – *c)* Spontané. – *d)* Milieu. – *e)* Esprit. – *f)* Aisance. – *g)* Doué. – *h)* Semblable.

## INTERPRÉTEZ

### 7 Commentez ce sondage.

1 - Est-ce que quelque chose vous surprend ? Pourquoi ?
2 - Dans quel ordre est-ce que, vous, vous classez ces huit qualités ?
3 - D'après vous, lui manque-t-il des qualités ? Si oui, lesquelles ?
4 - Pouvez-vous prédire quels seraient les résultats d'un sondage semblable dans votre pays ?

1

# SONDAGE

1 2 3

*Inès de la Fressange.*
1. Collection automne-hiver 1987-1988, Chanel.
2. Collection automne-hiver 1986-1987, Chanel.
3. La pause.

## *Qu'est-ce qui les attire ?*

*Un récent sondage réalisé en France révèle les huit caractéristiques féminines qui retiennent plus particulièrement l'attention des hommes.*

Ce sont, par ordre d'importance :
1. la beauté, le charme physique ;
2. la sincérité, la franchise ;
3. l'élégance naturelle et le goût pour s'habiller ;
4. le fait de ne pas fumer ;
5. l'intelligence ;
6. la fidélité ;
7. le sens de l'humour ;
8. la douceur et la tendresse.

*Pour vérifier la sincérité de leurs réponses, on a demandé aux hommes interrogés de choisir entre les trois photographies (ci-dessus) du même modèle habillé chaque fois différemment.*

*C'est la photo* 1 *qui a eu leur préférence.*

*Sondage BVA pour « Jours de France », du 30-1-1989 au 5-2-1989.*

# Commentez le sondage.

**1 Définissez la situation de communication.**

Écrivez une lettre à un(e) ami(e) français(e) pour lui faire part soit des réactions des hommes, soit des réactions des femmes de votre pays et pour lui donner votre point de vue.

**2 Informez-vous.**

Cherchez des idées.

1 - Faites un sondage dans votre groupe.
   - Est-ce qu'on place les caractéristiques dans le même ordre ?
   - Est-ce qu'on en ajoute d'autres ?
   - Comment les femmes réagissent-elles devant les photos d'Alain Delon, de Bernard Pivot et d'Yves Saint Laurent ?
   - Comment les hommes réagissent-ils devant les photos du modèle ?

2 - Discutez de vos résultats en groupe.
   - Est-ce que vous pouvez vous mettre d'accord sur un ordre ?
   - Qu'est-ce qui est différent dans votre pays ?

**3 Organisez vos idées.**

Séparez :
- la raison de votre lettre,
- la description de votre enquête (comment avez-vous fait ?),
- l'exposé des résultats,
- votre analyse et vos commentaires (ce que vous en pensez).

**4 Écrivez votre lettre.**

1 - Rappelez la situation (vous venez de lire deux sondages) et la raison qui vous pousse à écrire (vous voulez que votre correspondant sache ce qu'on pense dans votre pays).
2 - Exposez votre enquête.
3 - Exprimez votre point de vue.

**5 Montrez votre lettre** à un(e) autre étudiant(e) et discutez-en ensemble.

Pour l'évaluation du texte, vous pouvez utiliser des critères comme :

- le texte est-il bien organisé selon la structure prévue à l'exercice 3 ?
- les articulations du texte sont-elles assez nettes ?
- chaque paragraphe est-il bien construit autour d'une seule idée centrale ?
- l'idée centrale de chaque paragraphe est-elle bien formulée et bien mise en valeur ?
- y a-t-il des répétitions qu'on peut éliminer ?
- les commentaires sont-ils bien introduits par des formules qui les distinguent des faits (à mon avis / pour ma part / je pense que / il semble que...) ?

À vous de trouver d'autres critères pour évaluer le texte !

**6 Modifiez votre texte** en fonction des critiques faites et vérifiez le temps des verbes, l'orthographe et la ponctuation.

**7 Projet libre.**

1 - Vous écrivez à un magazine pour dire ce que vous imaginez des Français(es) d'après ces deux sondages.
2 - Vous aviez déjà une idée sur les rapports hommes-femmes en France. Dites si ces sondages vous confirment dans vos idées ou non et s'il faut les prendre au sérieux.

NOUS SOMMES FAITS POUR NOUS ENTENDRE, VOUS ET MOI !

FEUILLETON

# UN BEAU COUP DE FILET

## CHAPITRE 1

C'est avec joie qu'Arielle pénétra dans l'aéroport de Roissy ce matin-là. « Quinze jours de vacances, je les ai bien méritées », pensa-t-elle. Elle quittait l'agence où elle travaillait comme attachée de presse vraiment sans regrets.

— Votre passeport, mademoiselle.
— Voilà, répondit Arielle avec un large sourire.

Le douanier, sous le charme, lui rendit son passeport. Il faut avouer qu'elle ne passe pas inaperçue, Arielle Barbier. Grande, blonde, mince, personne ne peut rester indifférent à ses yeux bleus et à son sourire.

Le voyage se déroula sans histoire. Un peu fatiguée par les huit heures passées dans l'avion et le décalage horaire, Arielle se sentit tout de suite dans un autre monde. La chaleur, les odeurs, la foule, c'était le dépaysement total.

— Mademoiselle Barbier est attendue au comptoir Air France. Mademoiselle Barbier est attendue au comptoir Air France.

« Mais c'est moi qu'on appelle ! L'agence de voyages envoie une voiture. C'est sympa. »

Arielle se dirigea vers le comptoir Air France. Deux hommes attendaient. Ils étaient tous les deux assez grands, l'un était très brun, l'autre avait les cheveux plus clairs et il était un peu plus gros que son compagnon. Il avait une moustache. Tous deux étaient habillés en noir, ce qui était surprenant dans ce pays de soleil et de lumière. L'homme à la moustache s'approcha d'elle.

— Mademoiselle Barbier ?
— Oui, c'est moi.
— Une voiture vous attend. Nous allons vous conduire à votre hôtel.
— C'est l'agence qui vous envoie ?
— C'est ça.

L'autre homme prit ses valises et ils sortirent tous les trois de l'aéroport. C'est lui qui s'installa à la place du chauffeur. L'homme à la moustache monta à côté d'elle, sur le siège arrière. Ils roulèrent à travers la ville en silence. Arielle était émerveillée par la végétation tropicale, les couleurs, les immeubles modernes qui dominaient les petites maisons en terre. Ses yeux se fermaient sans qu'elle s'en aperçoive et elle s'endormit plusieurs minutes. Elle se réveilla en sursaut, surprise par le silence. Autour d'elle, plus une maison, plus une voiture, mais la forêt, dense, inquiétante.

— Mais… où on est ? L'agence m'a dit que l'hôtel était en pleine ville.
— L'hôtel est complet. Nous vous emmenons dans une annexe.

# T'as de beaux yeux, tu sais!

*Que nous apprennent ces vêtements sur ceux qui les portent ?*

## Faites des compliments.

Il est super / génial ton blouson !

J'aime beaucoup ta jupe / ta robe / ton manteau... elle / il te va très bien.

Elles sont belles tes chaussures, où tu les as achetées ?

C'est tout à fait ton style / ton genre.

La couleur de ce pull met tes yeux en valeur.
Cette (nouvelle) coiffure te va très bien / te rajeunit...

Vous avez un très beau manteau.

Oh, c'est à la dernière mode !

## Répondez à un compliment.

*On ne remercie pas du compliment, on s'excuse presque d'en être la cause.*

Tu aimes ça vraiment ?

Tu ne trouves pas que ça me grossit ?

Je ne suis pas un peu jeune / vieille pour porter ça ?

Tu ne me préférais pas avec les cheveux longs / courts / frisés... ?

Tu trouves ? / Vous trouvez ?

## En France, faites des compliments :

– à des ami(e)s,
– à des gens que vous connaissez assez bien, mais évitez d'en faire à des gens que vous ne connaissez pas, sauf si vous avez une autre intention...

## Activités

1. Écoutez et dites chaque fois si le compliment vous paraît sincère ou s'il vous paraît peu naturel ou exagéré.
2. Faites des compliments à votre voisin(e).
3. Quelle(s) intention(s) pouvez-vous avoir quand vous faites un compliment ?

Pablo Picasso, « Portrait de Dora Maar », musée Picasso, Paris.

## Jean Cocteau

*La jeune femme*

Que voulez-vous que j'y fasse
Comment cela se fait-il
La jeune femme est de face
Alors qu'elle est de profil

Comment cela se fait-il
Elle n'a qu'un œil de face
Elle en a deux de profil
Que voulez-vous que j'y fasse

Que voulez-vous que j'y fasse
Comment cela se fait-il
Sa figure est une glace
Qui reflète son profil

*Clair-obscur*,
Éd. Le Rocher, 1934.

## Robert Sabatier

L'homme était vêtu d'un élégant costume d'alpaga clair, avec une chemise bleu outremer en soie sur laquelle[1] tranchait[2] une cravate d'un orangé voyant[3], portait des chaussures jaune clair et cachait une coiffure brune, bien gominée, sous un feutre[4] mou[5] à bord baissé sur le front. Malgré son nez légèrement aplati[6], comme celui d'un boxeur, il était beau garçon, avec ses yeux noirs, sa peau mate[7]. Sa bouche trop grande, ses lèvres lisses[8] lui donnaient un air équivoque et on lisait dans ses yeux marron une incroyable méchanceté. La taille haute, les épaules larges, il descendait les marches deux par deux avec un dandinement[9] affecté. Pur produit de son époque, il aurait pu figurer parmi les compagnons d'Al Capone.

*Les Allumettes suédoises*,
Éd. Albin Michel, 1969.

***Texte de Robert Sabatier***
1. *sur laquelle :* sur cette chemise.
2. *trancher :* faire contraste.
3. *voyant :* qui se voit trop.
4. *feutre :* chapeau en feutre.
5. *mou :* opposé : rigide, dur.
6. *aplati :* que les coups des autres boxeurs ont rendu plat.
7. *mat(e) :* qui ne brille pas, qui n'a pas d'éclat.
8. *lisse :* comme une peau égale et douce, sans plis.
9. *dandinement :* léger mouvement du corps de droite à gauche pendant la marche, nonchalant et un peu ridicule.

# QUELLE EST LEUR PERSONNALITÉ ?

# 2

2

# *Patient ou agressif ?*

## Comment réagissez-vous dans ces situations ?

**1. Vous êtes invité(e) chez des amis. On vous donne une tasse de café déjà sucré. Or vous détestez le café sucré.**

*a)* Vous n'osez rien dire par politesse et vous buvez le café.
*b)* Vous ne dites rien mais vous ne le buvez pas.
*c)* Vous en demandez une autre tasse sans sucre.
*d)* Vous le refusez en disant que vous ne mettez jamais de sucre dans votre café.

**2. Vous avez à étudier et vos voisins font jouer leur radio beaucoup trop fort.**

*a)* Vous attendez qu'ils arrêtent leur radio.
*b)* Vous frappez à leur porte et vous leur demandez poliment de baisser le volume en leur expliquant que vous devez travailler.
*c)* Vous leur écrivez une lettre d'insultes que vous glissez sous leur porte.
*d)* Vous donnez de grands coups dans le mur en criant des insultes.

**3. Vous faites la queue pour l'autobus. Quelqu'un passe devant vous.**

*a)* Vous ne dites rien et vous attendez votre tour.
*b)* Vous dites : « Excusez-moi mais j'étais là avant vous. »
*c)* Vous repassez devant la personne en disant : « Faites la queue comme tout le monde. »
*d)* Vous dites à haute voix que c'est scandaleux et vous prenez les autres voyageurs à témoin.

**4. Vous êtes dans le compartiment non fumeur d'un train. Un homme entre, s'assoit en continuant de fumer sa pipe.**

*a)* Vous le regardez sans rien dire.
*b)* Vous lui demandez poliment de ne pas fumer en lui montrant le signe « non fumeur ».
*c)* Vous le regardez dans les yeux en toussant.
*d)* Vous lui dites, en colère : « Vous ne savez pas lire ! »

**5. Vous êtes au restaurant. La viande qu'on vous a servie n'est pas très tendre. Le serveur vous demande si tout va bien.**

*a)* En souriant, vous lui dites que la viande est délicieuse.
*b)* Vous demandez qu'il vous change la viande qui est trop dure.
*c)* Vous repoussez votre assiette en disant que la viande n'est pas mangeable.
*d)* Vous lui dites : « Oui, ça va », mais vous ne mangez pas la viande.

**6. Un ami vous demande de l'aider à déménager. Or, ce jour-là, vous avez un examen important à passer.**

*a)* Vous allez l'aider sans rien lui dire.
*b)* Vous vous excusez en donnant la raison.
*c)* Vous lui dites qu'il est impossible que vous alliez l'aider car vous avez trop à faire ce jour-là.
*d)* Vous lui donnez votre accord en sachant que vous n'avez pas l'intention d'aller l'aider.

## 1 Faites le test.

Écoutez ou lisez, puis répondez aux questions.
D'après vos réponses, décidez si vous êtes :

- sûr de vous ou timide ;
- agressif ou tolérant ;
- nerveux ou calme.

> *Totalisez vos **points** en comptant* a = *1*, b = *2*, c = *3*, d = *4*.
> *Si vous avez :*
> • ***entre 6 et 10 :** Vous êtes très tolérant et sans doute un peu timide. Attention ! Les autres risquent de profiter de vous.*
> • ***entre 11 et 18 :** Vous êtes patient. Vous savez rester calme, mais vous ne faites que ce qui vous plaît.*
> • ***entre 19 et 28 :** Vous devez être assez nerveux et vous pouvez être agressif. Vous ne cédez pas quand vous êtes sûr de votre bon droit.*
> • ***entre 29 et 36 :** Vous êtes nerveux et agressif. Vous allez souvent trop loin et vous devez avoir du mal à garder vos amis. Il faut vous contrôler.*

## 2 Dites-le autrement.

Mettez les phrases des paragraphes 5 et 6 du test au discours direct.

*En souriant, vous lui dites que la viande est délicieuse. ⟶ Cette viande est vraiment délicieuse !*

| LE GÉRONDIF : EN + forme -ANT du verbe<br>Action simultanée – Cause – Moyen | | | |
|---|---|---|---|
| Il refuse le café **en donnant** la raison.<br>Elle lui parle **en** le **regardant**. | | | |
| **Forme en -ANT du verbe :** radical de l'imparfait + -ant | | | |
| Je donnais ⟶ | donn-ant | Je voyais ⟶ | voy-ant |
| Je finissais ⟶ | finiss-ant | J'étais ⟶ | ét-ant |
| ⚠ **Quelques formes irrégulières :**<br>savoir ⟶ sachant<br>avoir ⟶ ayant | | | |

## 3 Ils le faisaient en même temps !

*Il travaillait et il écoutait la radio. ⟶ Il travaillait en écoutant la radio.*

1 - Il attendait l'autobus et il lisait.
2 - Elle lui demandait de ne pas fumer et elle lui montrait le signe « non fumeur ».
3 - Il leur parlait et il souriait.
4 - Il disait oui et il savait qu'il ne voulait pas le faire.
5 - Ils discutaient et ils buvaient leur café.

## 4 Comment réagissent-ils ?

Écoutez les conversations et dites chaque fois si les personnes sont calmes, nerveuses, sûres d'elles, timides.

## 5 Quelque chose ne va pas !

Réclamez d'abord calmement, puis de facon plus brusque dans les situations suivantes.

**À l'hôtel**

1 - Il n'y a pas d'eau chaude dans la douche.
2 - Le chauffage ne chauffe pas.
3 - Le téléviseur ne marche pas.
4 - Il manque une ampoule à la lampe.

**Au restaurant**

5 - Le fromage n'est pas bon.
6 - La serviette est sale.
7 - Vous n'avez pas de verre.
8 - La viande est trop dure.

## 6 Il y a de quoi se plaindre !

Trouvez d'autres situations de réclamation. Préparez les « sketches » (saynètes) en groupe et jouez les scènes.

# Y a-t-il correspondance ?

**Visage triangulaire, nez fin, lèvre inférieure mince.**

**Qualités :** intelligence et sensibilité (sensible), ambition (ambitieux / -euse), courage

**Risques :** nervosité et manque de patience, jalousie (jaloux / -se), froideur (froid / e), égoïsme (égoïste)

**Visage large et carré, front haut, lèvre inférieure épaisse.**

**Qualités :** franchise (franc / franche), volonté (volontaire) et générosité (généreux / -euse), énergie (énergique)

**Risques :** impulsivité (impulsif / -ve), passion (passionné / e)

**Visage rond, nez plutôt large, lèvre supérieure épaisse.**

**Qualités :** gaieté (gai / e) et optimisme (optimiste), chaleur (chaleureux / -euse), confiance (confiant / e)

**Risques :** gourmandise (gourmand / e) et paresse (paresseux / -se), indécision (indécis / e)

**Visage ovale, traits réguliers, lèvre supérieure mince.**

**Qualités :** douceur (doux / douce) et sentimentalité, tendresse (tendre), calme

**Risques :** rêverie (rêveur / -euse) et émotivité, mais aussi méfiance (méfiant / e) et pessimisme (pessimiste)

2

## 7 Quels sont les contraires ?

Trouvez les adjectifs de sens opposés dans les listes ci-dessus.

*Optimiste* —→ *Pessimiste.*

**1** - (nez) fin
**2** - (lèvre) mince
**3** - froid
**4** - énergique
**5** - confiant
**6** - calme

**EXPRIMER LA PROBABILITÉ : « devoir » + infinitif**

Elle doit être (un peu) méfiante. = Elle est sans doute...
Ils doivent être optimistes. = Ils sont probablement...

| | | |
|---|---|---|
| Je / Tu dois. | Nous devons. | Vous devez. |
| Il / Elle doit. | Ils / Elles doivent. | |

Devoir + infinitif exprime également l'obligation.
Il doit y aller. = Il faut qu'il y aille.

## 8 Que pensez-vous de ces gens ?

Justifiez vos réponses.

*Il a les lèvres épaisses.*
*Il doit être...*

## 9 Probabilité ou obligation ?

Écoutez et dites s'il s'agit de probabilité (P) ou d'obligation (O).

## 10 Vous les connaissez bien ?

Pensez à un(e) ami(e) qui a un visage assez semblable à une des descriptions ci-contre mais qui n'a pas les qualités ou les défauts indiqués. Décrivez-le/la.

*Mon ami(e) a un visage plutôt triangulaire, un nez assez fin, mais...*

## 11 Quelle est son humeur du moment ?

Dites dans quelle humeur il est ou quelle émotion il ressent.

1 - .......... 2 - .......... 3 - .......... 4 - ..........

1

2

3

## 12 Qu'est-ce que vous ressentez dans ces situations ?

Qu'est-ce que vous faites ? Qu'est-ce que vous dites ?

**1** - On vous donne une gifle.
**2** - On vous offre un beau cadeau.
**3** - On vous invite à déjeuner.
**4** - Quelqu'un fume un cigare à côté de vous.
**5** - Quelqu'un fait jouer sa radio très fort pendant que vous étudiez.
**6** - Quelqu'un vous bouscule sans s'excuser.

4

*Marcel Marceau est un mime célèbre ; il est né en 1923 à Strasbourg.*

## 13 Qu'est-ce qui vous rend comme ça ?

| | |
|---|---|
| **1** - nerveux | **4** - ironique |
| **2** - gai | **5** - sérieux |
| **3** - agressif | **6** - triste |

## 14 Comment est-il / elle ?

Un(e) de vos ami(e)s a rencontré l'homme ou la femme de ses rêves. Vous lui posez des questions pour savoir comment il/elle est. Intéressez-vous aux caractéristiques physiques et à la personnalité.

RÉGLÉ COMME UNE HORLOGE!

COMMISSARIAT DE LA POLICE JUDICIAIRE.

2

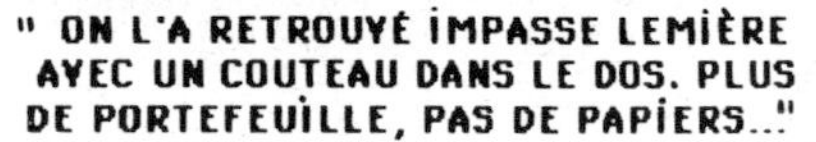

37 RUE DE BELLEVILLE

IL ACHETAIT SON JOURNAL EN PROMENANT SON CHIEN TOUS LES JOURS DE 7h À 7h 30.

" IL PARTAIT TRAVAILLER À 8h ET IL REVENAIT À 7h DU SOIR."

2

2

## (1) De quoi s'agit-il ?

1 - Qu'est-ce qu'on peut deviner en regardant les dessins ?
2 - Combien y a-t-il de scènes différentes dans cet épisode ?
3 - Où se passent-elles ?
4 - D'après son visage et son allure, comment imaginez-vous le commissaire Berthier ?

## (2) Qu'est-ce qui s'est passé ?

Écoutez et répondez aux questions.

1 - Le commissaire Berthier était absent. Où était-il ? Qu'est-ce qu'il faisait ?
2 - Qui a-t-on retrouvé ? Dans quelles circonstances et en quel état ?
3 - Qui s'occupe de l'affaire ?
4 - Quelles étaient les habitudes de Jean Lescure ?
5 - Comment était-il avec la concierge et avec ses voisins ?
6 - À quelle heure est-il sorti le dernier soir ?
7 - Pourquoi la concierge a-t-elle pensé qu'il allait au cinéma ?

### QUELQU'UN ≠ PERSONNE<br>QUELQUE CHOSE ≠ RIEN

| | | |
|---|---|---|
| Elle voit quelqu'un. | ≠ | Elle ne voit personne. |
| Elle voit quelque chose. | ≠ | Elle ne voit rien. |
| | *mais* | Elle n'a vu personne. |
| | | Elle n'a rien vu. |

Personne **ne** montait chez lui.
Rien **ne** l'inquiétait.

## (3) Répondez pour elle.

Utilisez « personne » ou « rien » dans vos réponses.

1 - Qui s'occupait de son chien ?
2 - Est-ce qu'il recevait beaucoup de gens ?
3 - Qui montait chez lui ?
4 - Est-ce qu'il demandait des services ?
5 - Est-ce que vous avez vu quelque chose d'anormal avant le dernier soir ?
6 - Est-ce que vous avez vu quelqu'un monter chez lui ce soir-là ?
7 - Est-ce qu'il vous a dit quelque chose ?
8 - Est-ce qu'il a parlé à quelqu'un en sortant ?

## (4) Qu'est-ce qu'on apprend ?

1 - Sur le disparu.
2 - Sur la concierge.
3 - Sur l'enquête.

## (5) Qu'est-ce qu'ils ont dû faire ?

Faites des hypothèses.

1 - Jean Lescure n'avait plus de portefeuille quand on l'a retrouvé. On...
2 - Personne n'allait voir Jean Lescure, il...
3 - C'était un homme réglé comme une horloge, l'assassin...
4 - La concierge l'a vu sortir. Elle...
5 - Le chien restait seul, il...
6 - Jean Lescure ne parlait pas beaucoup à ses voisins, il...

### LE RELATIF « OÙ » pour le LIEU et le TEMPS

Le 15 mai est le jour **où** on a retrouvé Jean Lescure.

L'impasse Lemière est l'endroit **où** on l'a retrouvé.

## (6) C'est le jour où il a disparu...

*Il vivait au 37 rue de Belleville.* ⟶ *Le 37 rue de Belleville est l'endroit...*

1 - Il partait travailler à 8 heures.
2 - Il allait au cinéma le samedi.
3 - Il promenait son chien à 7 heures.
4 - Il vivait dans cet immeuble.

## 7 Changez de registre.

Trouvez dans le dialogue les expressions familières équivalentes aux expressions suivantes :

- Non, je vous assure qu'il ne recevait personne.
- C'était un homme très ponctuel.
- Jean Lescure / le défunt.
- Un homme d'une très bonne éducation.
- Les locataires de cet immeuble sont irréprochables.

Puis jouez la scène en imaginant que les inspecteurs interrogent un directeur de banque à la place de la concierge.

- *Il recevait beaucoup d'amis ?*
- *Personnellement, je ne l'ai jamais vu recevoir quelqu'un.*
- ...

## 8 Jeu de rôle.

Un(e) de vos ami(e)s veut toujours que vous fassiez ce qu'il / elle a envie de faire tout en faisant croire que c'est vous qui en avez envie. Répondez négativement à ses propositions d'abord timidement, puis soyez de plus en plus sûr de vous.

- *Il fait un temps idéal pour se promener en forêt. Tu aimes toujours autant ça ?*
- *Euh, oui j'aime bien, mais il est peut-être un peu tard pour y aller.*
- ...

**Pour vous aider à refuser,**
vous pouvez utiliser :

C'est gentil, mais je n'ai pas très envie de...
Pas aujourd'hui. Il y a un bon film à la télé...
J'en ai assez de... J'aime mieux / Je préfère...
Non, je t'assure que...
Ça ne m'intéresse pas.

## 9 Jeu de rôle.

Vous avez été absent(e) une quinzaine de jours. À votre retour au bureau vous apprenez qu'il y a un nouveau chef de service. Vous demandez à un(e) collègue comment il / elle est.

## 10 Jeu de rôle.

Vous allez voir une voyante pour connaître la vraie personnalité de votre fiancé(e). Vous lui montrez une photo. Ce qu'elle vous dit ne semble pas du tout correspondre à l'homme ou la femme que vous connaissez. Vous êtes de plus en plus inquiet(ète).

- *Oh, il a les lèvres minces. Il doit être égoïste, il n'y a que lui qui compte.*
- *Mais pas du tout, il est...*
- *Faites attention... Et en plus il...*

2

## ANTICIPEZ

### 1 De quoi s'agit-il ?

Ce texte est-il un extrait :
- de pièce de théâtre ?
- de scénario de film ?
- de roman ?

### 2 Qu'est-ce qu'ils font ?

Indiquez les gestes ou les attitudes sous ces dessins.

1 - .....................   2 - .....................

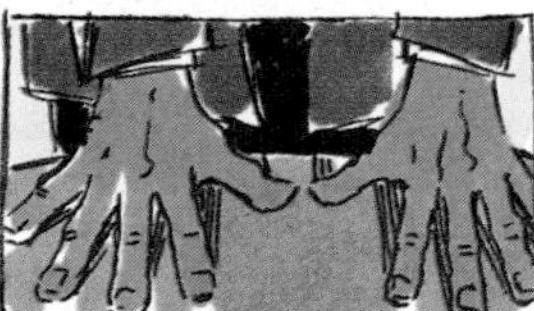

3 - .....................   4 - .....................

## RECHERCHEZ LES FAITS

### 3 Qu'est-ce qui le montre ?

Quelles attitudes ou quels gestes montrent que :

**1** - Sandrine est triste ?

**2** - Laurent est en colère et qu'il n'en peut plus ?

**3** - Sandrine est en colère ?

**4** - Sandrine est désespérée ?

### 4 C'est dans le texte !

Trouvez les mots ou expressions du texte correspondant à :

**1** - fait des efforts pour...

**2** - la situation m'était insupportable.

**3** - prenne la décision moi-même sans te consulter.

**4** - être responsable (de ses décisions), aller jusqu'au bout.

**5** - s'il te plaît.

**6** - crie très fort.

## JEUNES SCÉNARISTES

*Voici un extrait du meilleur scénario reçu cette semaine.*

**INTÉRIEUR JOUR - Dans l'appartement de Sandrine.**

*Sandrine porte un jean gris et un chemisier noir et blanc. Elle a les cheveux défaits, les yeux rougis par les larmes. Elle baisse la tête. Elle a un mouchoir à la main droite, qu'elle serre nerveusement. Ses lèvres tremblent légèrement.*

SANDRINE *(d'une voix lente)* : Pourquoi est-ce que tu ne m'en as pas parlé plus tôt ? Pourquoi est-ce que tu me dis ça maintenant ?

| LES ADVERBES DE MANIÈRE en -MENT | |
|---|---|
| Forme féminine de l'adjectif + MENT | |
| Nerveuse-ment | Légère-ment |
| ⚠ élégante → élégamment | récente → récemment |

*Laurent a les deux mains posées sur le dos d'un fauteuil près de la cheminée. Il porte un pantalon de velours gris et un pull-over marron. Il lève la tête brusquement.*

LAURENT *(Il est visiblement en colère. Il s'efforce de rester calme, mais il fait de grands gestes.)* : T'en parler ! Comme si c'était facile de te parler. Je t'ai dit plusieurs fois que je n'en pouvais plus, qu'il fallait que je change d'air... Mais non, tu t'en moquais. Tu as continué ta petite vie comme si tu ne voyais rien ! Il faut que je te mette devant le fait accompli ? Eh bien, tu y es ! Je pars.

*Sandrine s'est retournée. Elle fait face à Laurent. Elle a le menton légèrement levé d'un air de défi. La colère a remplacé la tristesse.*

*Laurent lui coupe la parole. Il hausse légèrement les épaules.*

SANDRINE : Changer d'air ! Tu ne fais que ça depuis que tu es né. Tu as toujours fui tes responsabilités. Tu n'as jamais pu assumer tes choix. Tu répètes le même schéma depuis...

LAURENT *(d'un ton ironique)* : Oh, je t'en prie, épargne-moi ce genre de psychanalyse... Mais tu as peut-être raison finalement. Alors, aujourd'hui, ça va être une grande première. Je pars et j'assume. Salut !

*Laurent se dirige vers la porte. Sandrine ouvre la bouche. Elle veut dire quelque chose mais se tait. On entend la porte qui claque. Sandrine porte ses poings à ses lèvres pour s'empêcher de pleurer.*

SANDRINE *(Elle hurle.)* : Laurent !



## INTERPRÉTEZ

### 5 Comment se comportent-ils ?

Complétez avec des adverbes de manière construits à partir des adjectifs suivants :

- ironique,
- brutal,
- fixe,
- calme,
- lent,
- brusque.

Au début de la scène, Sandrine parle ..... et Laurent s'efforce de répondre ...... Il la regarde ...... Puis, elle se retourne ..... et lui parle ...... Il lui répond ......

### 6 Que vous suggèrent ces attitudes ?

Choisissez entre menace, défi, résignation, colère, sympathie.

**1** - Avoir les yeux baissés.
**2** - Avoir le menton levé.
**3** - Avoir les poings serrés.
**4** - Montrer du doigt.
**5** - Avoir la main tendue, ouverte.

### 7 Imaginez.

Qu'est-ce qu'il s'est passé avant cette scène ?

2

# SCÉNARIO

« Le Retour de Martin Guerre », de Daniel Vigne (1982).

## AVEZ-VOUS DÉJÀ ÉCRIT UN SCÉNARIO ?

« Jean-Marc ou la Vie conjugale », de André Cayatte (1964).

« Garde à vue »,
de Claude Miller (1981).

« La Bête humaine »,
de Jean Renoir (1938).

### 1 Que se passe-t-il entre eux ?

Examinez ces photos et essayez de deviner la nature de la scène et des sentiments et des émotions qui animent les personnages. Essayez de mettre des paroles dans leur bouche.

### 2 Quelle scène !

Par groupes, choisissez une scène que vous voulez travailler.

### Que s'était-il passé avant ?

Imaginez les événements qui mènent à la scène ou résumez une histoire que vous connaissez : policière, d'amour, d'espionnage, de science-fiction...
Cette scène va marquer un tournant dans l'histoire. À quoi va-t-elle aboutir ? À une rupture, une réconciliation, un nouveau drame ?

### 4 Précisez les circonstances de la scène.

Où se passe-t-elle ? À l'intérieur ou à l'extérieur ? De jour ou de nuit ? À la ville ou à la campagne ? Dans un lieu public, désert ? Dans quel décor ? Accueillant, triste, moderne ?

### 5 Décrivez les participants.

1 - Combien y a-t-il de personnages ? Qui sont-ils (âge, aspect physique, personnalité, profession, milieu familial...) ?
2 - Quel caractère ont-ils ? Comment vont-ils réagir ?
3 - Où se tiennent-ils ? Comment sont-ils ? Assis ou debout ? En mouvement ou immobiles ? Proches ou éloignés les uns des autres ?
4 - Comment se comportent-ils dans cette scène ? Sont-ils calmes, nerveux, inquiets, gais, tristes, ennuyés, effrayés ?

### 6 Écrivez votre scène.

Une fois tous ces éléments définis par le groupe, chacun écrit son texte sans oublier de décrire les comportements et les attitudes des personnages (jeux de physionomie, gestes, ton de la voix) et les jeux de scène.

### 7 Évaluez vos productions.

On compare les textes écrits par les membres du groupe et on essaie de faire la synthèse. Le texte final est joué par des représentants du groupe.

FEUILLETON

# UN BEAU COUP DE FILET

## CHAPITRE 2

La voiture continuait de rouler. Le silence était de plus en plus pesant. Arielle sentait son cœur battre à tout rompre. Elle avait la gorge sèche, elle réussit néanmoins à demander en avalant sa salive :
— C'est encore loin ?
Pas de réponse. La voiture tourna à droite et ralentit. Ils roulaient maintenant sur une route en terre. Arielle regardait autour d'elle. Tout à coup, elle se précipita sur la portière. Fermée. L'homme assis à côté d'elle sourit.
— Je doute que vous puissiez retrouver votre chemin, dans cette jungle...

Enlevée ! Elle était prisonnière ! Mais Arielle se détendit. Après tout, l'aventure, elle aimait ça !

La voiture s'arrêta devant une immense porte en fer. Ils attendirent quelques secondes puis la porte s'ouvrit automatiquement. Ils traversèrent un parc merveilleux. Arielle regardait autour d'elle en ouvrant des yeux immenses. « Je n'ai jamais rien vu d'aussi beau », pensa-t-elle. Elle n'était pourtant pas au bout de ses surprises. La maison, qui était au milieu du parc, était une splendeur, une réplique du Petit Trianon à Versailles. Des fontaines et des jets d'eau l'entouraient. Des paons, des autruches, des biches, se promenaient en liberté. Le paradis !

— C'est pas mal pour une annexe ! L'hôtel, c'est le Palais de Versailles ?

Les deux hommes ne répondirent pas. Son voisin descendit le premier. Il prit ses bagages dans le coffre et il alla lui ouvrir la porte. L'autre resta au volant.

— Descendez et ne faites pas de bêtises.
— Vous ne pensez pas que je vais partir avant d'avoir vu ma chambre. J'espère qu'il y a une salle de bains ?

On cache sa peur comme on peut...
Arielle suivit l'homme à la moustache sans rien dire. L'intérieur de la maison était aussi somptueux que l'extérieur. Elle se retrouva dans un hall gigantesque, tout en marbre rose. Toujours en silence, ils montèrent l'escalier, tournèrent à droite sur le palier, marchèrent jusqu'à la troisième porte. L'homme l'ouvrit et laissa passer Arielle.

— La salle de bains est au fond, dit-il sans un sourire.
— Merci. À quelle heure sert-on le dîner ici ? J'ai un peu faim.
— Il faut que vous soyez prête à 8 heures. Mon patron est toujours très à l'heure.
— Oh ! je suis invitée par le patron. Quel honneur !

La porte se referma. Elle entendit le bruit de la clef dans la serrure. Elle se dirigea vers les fenêtres, mais sans illusion, elles devaient être fermées. Exact. « Tant pis, se dit-elle, il n'y a pas beaucoup de prisonniers qui ont une prison aussi belle ! »

# Ne vous trompez pas de guichet!

*Le client s'informe :*

- C'est combien pour envoyer une lettre aux États-Unis ? en Allemagne ?
- Donnez-moi cinq timbres à 2,20 francs, s'il vous plaît.
- Je voudrais envoyer un télégramme / un mandat / un paquet / une lettre recommandée. Où sont les formulaires ?
- Je voudrais toucher un mandat. C'est à quel guichet ?
- Est-ce qu'il y a du courrier en poste restante pour moi ?

*L'employé des postes donne des renseignements, demande un complément d'information :*

- Vous vous êtes trompé(e) de guichet, allez au guichet n° 5.
- Remplissez / Veuillez remplir un formulaire.
- Les formulaires sont derrière vous.
- Vous avez une pièce d'identité ?
- Ordinaire ou recommandé(e) ? En express ?

## À la banque

*Le client s'informe auprès d'un (e) employé(e) :*

- Je voudrais retirer de l'argent / changer de l'argent / toucher un chèque de voyage / faire un virement.
- Je voudrais ouvrir un compte en banque. Que faut-il faire ?
- Vous avez la monnaie de cinq cents francs ?

*À un guichet, l'employé(e) répond :*

- Veuillez signer ici, s'il vous plaît.
- Vous voulez des billets de cent ou de cinquante ?
- Veuillez passer à la caisse.

* **Heures d'ouverture des banques :** du lundi au vendredi, de 9 heures à 16 heures 30.
* Il n'y a pas de bureau de change dans toutes les banques. Renseignez-vous.
* On peut aussi changer de l'argent le dimanche dans les aéroports et les gares.

## Blaise Cendrars

Nous ne voulons plus être tristes
C'est trop facile
C'est trop bête
C'est trop commode
On en a trop souvent l'occasion
Tout le monde est triste
Nous ne voulons plus être tristes.

*Feuilles de route, III,*
Éd. Denoël, 1924.

## Robert Desnos

*Conte de fée*

Il était un grand nombre de fois
Un homme qui aimait une femme.
Il était un grand nombre de fois
Une femme qui aimait un homme.
Il était un grand nombre de fois
Une femme et un homme
Qui n'aimaient pas celui et celle qui les aimaient.

Il était une seule fois
Une seule fois peut-être
Une femme et un homme qui s'aimaient.

*Domaine public,*
Éd. Gallimard, 1953.

## Raymond Queneau

*L'espèce humaine*

L'espèce humaine m'a donné
le droit d'être mortel
le devoir d'être civilisé
la conscience humaine
deux yeux qui d'ailleurs[1] ne fonctionnent pas très bien
le nez au milieu du visage
deux pieds deux mains
le langage
l'espèce humaine m'a donné
mon père et ma mère
peut-être des frères on ne sait
des cousins à pelletées[2]
et des arrière-grands-pères
l'espèce humaine m'a donné
ses trois facultés
le sentiment l'intelligence la volonté
chaque chose de façon modérée[3]
l'espèce humaine m'a donné
trente-deux dents un cœur un foie[4]
d'autres viscères[5] et dix doigts
l'espèce humaine m'a donné
de quoi se dire satisfait.

*L'Instant fatal,*
Éd. Gallimard, 1948.

## Paul Eluard

J'ai eu longtemps un visage inutile,
Mais maintenant
J'ai un visage pour être aimé
J'ai un visage pour être heureux.

*Poèmes pour la paix,*
Éd. Gallimard, 1918.

***Texte de Raymond Queneau***
1. *d'ailleurs :* si on considère les choses d'un autre point de vue.
2. *pelletée :* ce qui tient sur une pelle ; à pelletées : en grand nombre.
3. *de façon modérée :* sans excès ; ni trop, ni trop peu.
4. *foie :* important organe interne du corps annexé au tube digestif.
5. *viscères :* tous les organes internes du corps (foie, cœur, cerveau, intestins...).

# QUELLES QUALITÉS FAUT-IL ?

INFORMATIONS/PRÉPARATION

**Ce sont tous des professionnels.**
**Lequel choisir ?**

PAROLES

**À PRENDRE AVEC DES GANTS :**
**« Il se cachait... »**

LECTURES/ÉCRITURES

**Un chef, comment s'en servir.**
**Posez votre candidature.**

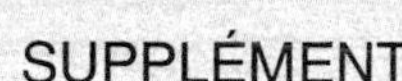

SUPPLÉMENT

**FEUILLETON**
**« Un beau coup de filet. »**

**VIE PRATIQUE**
**Vous cherchez un emploi ?**

**LITTÉRATURE**
J. Anouilh, *Préface de Balzac 00.01* (J. Mineur).
G. Perec, *Les Choses.*

# *Ce sont tous des professionnels.*

1

2

3

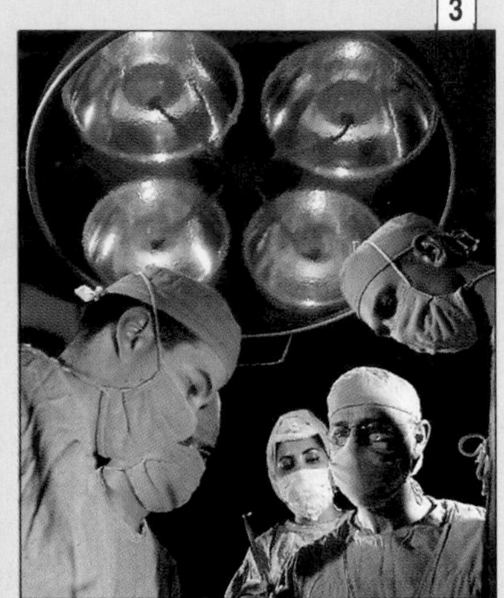

4

5

6

3

## 1 Quels sont ces métiers ? 

Écoutez et dites de quels métiers il s'agit.

1 - ................ 4 - ................

2 - ................ 5 - ................

3 - ................ 6 - ................

## 2 Quels métiers exigent ce genre de qualités ?

Dites pourquoi.

1 - Le sens des responsabilités.
2 - De la précision.
3 - Le sens de l'organisation.
4 - De l'énergie.
5 - Le sens des relations humaines.
6 - De l'imagination.
7 - Le sens critique.
8 - La connaissance de langues étrangères.

### 3 Qui cherche-t-on ?

*Pour être organisateur de voyages (« tour operator ») ⟶ Il faut quelqu'un qui ait le goût des voyages et le sens des relations humaines.*

Pour être :

**1** - Architecte.
**2** - Metteur en scène.
**3** - Pilote d'avion.
**4** - Chirurgien.
**5** - Chef de publicité.
**6** - Informaticien/ne.
**7** - Secrétaire.
**8** - Éditeur/éditrice

### 4 Quels sont les avantages et les inconvénients ?

Discutez des avantages et des inconvénients des métiers décrits à la page ci-contre ou d'autres métiers à votre choix.

***Représentant de commerce :*** *On rencontre beaucoup de gens et on organise son temps comme on veut. On peut gagner correctement sa vie mais on n'est presque jamais chez soi et on travaille beaucoup.*

### 5 Qu'est-ce qui est important ?

Quels avantages doivent, d'après vous, aller avec un emploi ? Classez les avantages suivants dans l'ordre de vos préférences et justifiez vos trois premiers choix.

**1** - Le salaire.
**2** - Les perspectives de promotion.
**3** - La sécurité de l'emploi.
**4** - Les conditions de travail.
**5** - La gentillesse des collègues.
**6** - Les horaires de travail.
**7** - La durée des vacances.
**8** - Les possibilités de voyage.
**9** - Les possibilités de formation.
**10** - La proximité du lieu où l'on habite.

### 6 Quelle est votre impression ?

Écoutez le dialogue entre Michel Dupuis et un conseiller d'orientation. Donnez vos impressions sur le langage, le comportement et la personnalité du jeune homme. Justifiez-les.

### 7 Rédigez une appréciation.

Sur sa fiche, le conseiller d'orientation inscrit une appréciation après l'entrevue. Rédigez-la pour lui.

### 8 Jeu de rôle.

Vous êtes le conseiller d'orientation qui a reçu Michel Dupuis. Vous téléphonez à un directeur d'agence de voyages que vous connaissez bien en espérant qu'il peut donner sa chance à Michel. Vous lui expliquez qui est Michel, quelle a été votre impression. Votre ami hésite. Il n'a pas besoin de personnel en ce moment. Il préfère engager des gens plus âgés ayant de l'expérience. Il n'a pas le temps de former des jeunes...

#### FAIT RÉEL ≠ FAIT IMAGINÉ, SOUHAITÉ

Le mode utilisé pour exprimer un **fait réel** est l'**indicatif**. Pour les **faits imaginés ou souhaités**, on se sert du **subjonctif**.

C'est quelqu'un qui **a** le sens des responsabilités.
On cherche quelqu'un qui **ait** le sens de l'organisation.

# Lequel choisir?

*La société Electrex est spécialisée dans la production de matériel électrique. C'est une entreprise ancienne de taille moyenne qui doit être réorganisée et modernisée.*
*Elle cherche un nouveau directeur de la production qui puisse transformer la société. Il faut donc quelqu'un qui soit techniquement compétent, efficace et qui ait le sens des relations humaines car le personnel est ancien et redoute les changements.*

• HÉLÈNE FAVREAU, 40 ans, est entrée dans la société il y a quinze ans. Elle est déléguée du syndicat et fait de la politique au niveau local. Elle est très appréciée des ouvriers. Elle a défendu leurs intérêts à plusieurs reprises contre la direction trop conservatrice. Elle est efficace, compétente et accepte la nécessité d'une modernisation pour sauver l'entreprise et les emplois. Mais peut-elle changer de camp et prendre la responsabilité de mesures impopulaires ?

## Voici les candidats :

• GEORGES BOURRIDE, 35 ans, est ancien élève de l'École centrale. Il est resté pendant dix ans dans une grande société industrielle comme adjoint du directeur de production mais il n'a pas été promu au départ de son directeur. Il est cependant dynamique et compétent. Mais peut-il s'adapter à une petite société et obtenir la confiance du personnel ?

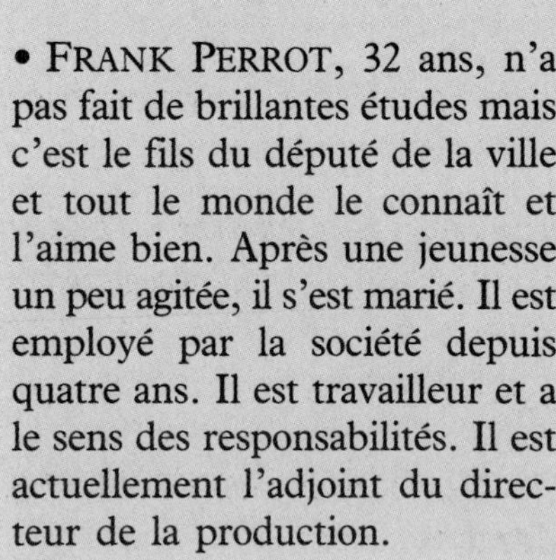

• BERTRAND LABROT, 28 ans, est dans la société depuis trois ans. Il n'a qu'une maîtrise de gestion de l'université, mais il a acquis beaucoup d'expérience en peu de temps. Il est énergique, efficace et ambitieux. Il est célibataire et fait beaucoup de sport. Cependant, il n'a pas encore eu de responsabilités de direction.

• FRANK PERROT, 32 ans, n'a pas fait de brillantes études mais c'est le fils du député de la ville et tout le monde le connaît et l'aime bien. Après une jeunesse un peu agitée, il s'est marié. Il est employé par la société depuis quatre ans. Il est travailleur et a le sens des responsabilités. Il est actuellement l'adjoint du directeur de la production.

• CORINNE LACHAUD, 35 ans, possède tous les diplômes nécessaires. Elle est dans la société depuis cinq ans et sa compétence n'est pas discutée. Elle est très discrète et, à cause de cela, elle n'est pas très bien connue de ses collègues et du personnel. Elle vient de divorcer et doit élever ses deux jeunes enfants.

## LE PASSIF DES VERBES : « être » + participe passé

Le passif permet d'attirer l'attention sur le mot qui devient sujet de la phrase.

| sujet | verbe transitif / voix active | complément objet direct |
|---|---|---|
| Le directeur | modernise | la société. |
| La société | est modernisée | par le directeur. |
| **sujet** | **verbe à la voix passive** | **complément d'agent** |

Le complément d'agent est précédé de « par » ou, quelquefois, de « de ».

Ne pas oublier de faire l'accord du participe passé et du sujet !

Ne pas confondre le présent passif et le passé composé qui utilisent l'un et l'autre l'auxiliaire « être ».
Elle est appréciée par ses amis. *(présent)*
Elle est entrée dans la salle. *(passé composé)*

On ne peut mettre une phrase au passif que si elle contient un complément d'objet direct (COD).

Les verbes pronominaux ne se mettent pas au passif.

Si le sujet de la phrase est un indéfini, le complément d'agent n'est pas exprimé dans la phrase passive.

Quelqu'un réorganise la société. → La société est réorganisée.
Quelqu'un a réorganisé la société. → La société a été réorganisée.

### 9 Tout ça, c'est du passé.

Racontez au passé en mettant les mots soulignés en valeur.

*On modernise la société. → La société a été modernisée.*

1 - On nomme un nouveau directeur.
2 - Le comité décide de nouvelles mesures.
3 - La direction et le personnel passent un accord.
4 - Le personnel accepte les changements avec difficulté.
5 - Les ouvriers apprécient une des candidates.

### 10 Peut-on mettre ces phrases au passif ?

Si c'est le cas, mettez la phrase au passif. Sinon, dites pourquoi.

1 - On ne l'a pas promu.
2 - Il ne s'adapte pas à la société.
3 - Les employés l'apprécient.
4 - On a pris des mesures impopulaires.
5 - Il est nommé adjoint du directeur.

## « DEVOIR », « POUVOIR » + forme passive de l'infinitif

« Devoir » (sens d'obligation) et « pouvoir » ne se mettent pas au passif. C'est l'infinitif suivant qui prend la forme passive.

On doit trouver un directeur. → Un directeur doit être trouvé.
On peut réorganiser la société. → La société peut être réorganisée.

### 11 Quelle en est la raison ?

Trouvez la question. Utilisez « devoir » ou « pouvoir » suivi d'un infinitif passif

*Parce que c'est une société ancienne qui doit être réorganisée et modernisée. → Pourquoi la société doit-elle être transformée ?*

1 - Pour qu'il puisse transformer la société.
2 - Parce qu'elle travaille dans la société depuis 15 ans et qu'elle a défendu les intérêts des ouvriers.
3 - Grâce à ses qualités, Bertrand Labrot peut être considéré comme un directeur possible.
4 - Frank Perrot est le directeur adjoint et il a des chances d'être choisi.

### 12 Points forts et points faibles.

Quels sont les points forts et les points faibles de chacun des candidats ?

*Georges Bourride a reçu une excellente formation et il a dix ans d'expérience. Mais il peut avoir des problèmes d'adaptation.*

### 13 Quel candidat choisir ?

Discutez en groupe, essayez de vous mettre d'accord sur un nom. Justifiez votre choix.

ÎL SE CACHAÎT...

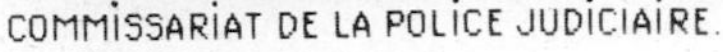

COMMÎSSARÎAT DE LA POLÎCE JUDÎCÎAÎRE.

3

TOUS LES VOISINS SONT FORMELS: CET HOMME, CE FABRICE, C'EST JEAN LESCURE. AVEC QUELQUES ANNÉES EN MOINS BIEN SÛR.
Marie Anne et Fabrice. 13 décembre 197.

ET L'AUTRE PHOTO, LA PETITE FILLE, LES GENS L'ONT DÉJÀ VUE?

NON.
à mon papa chéri

COMMISSAIRE, CETTE PHOTO A AU MOINS DIX ANS. JE DOUTE QU'ILS RECONNAISSENT LA PETITE. ELLE A DÛ GRANDIR.

CE JEAN LESCURE SE CACHAIT, IL A CHANGÉ DE NOM, MAIS AUSSI DE MILIEU SOCIAL. VOUS IMAGINEZ UN OUVRIER QUI SE MARIE EN QUEUE-DE-PIE?

ET LA ROBE DE LA MARIÉE! ELLE NE SORT PAS DU MAGASIN DU COIN! C'ÉTAIT PAS UN MARIAGE DE FAUCHÉS, JE PEUX VOUS LE DIRE.

VOUS ALLEZ UN PEU VITE DANS VOS DÉDUCTIONS MAIS ÇA SE TIENT...

3

VOUS AVEZ VÉRIFIÉ SON NUMÉRO DE SÉCURITÉ SOCIALE?
EN RÈGLE. IL A FAIT UNE DEMANDE IL Y A CINQ ANS. AVANT, IL DEVAIT ÊTRE À L'ÉTRANGER. ENFIN, C'EST CE QU'IL A DÛ DIRE.

ET ON N'A RETROUVÉ AUCUN PAPIER?
RIEN.

HUM... ELLE COMMENCE À M'INTÉRESSER, CETTE HISTOIRE. LES VOISINS, QU'EST-CE QUE ÇA DONNE?

PAS GRAND-CHOSE: UN HOMME COURTOIS, POLI, MAIS ASSEZ FROID, QUI CAUSAIT PEU. PAS D'AMIS, PAS DE FEMMES.
MAIS UN CHIEN !

BON. QUELQU'UN DOIT BIEN ÊTRE AU COURANT DE CE MYSTÈRE... CONTINUEZ ET FAITES-MOI UN RAPPORT.
BIEN SÛR, COMMISSAIRE. SI VOUS VOULEZ QU'ON RESTE...

NON, NON, ÇA VA. RENTREZ CHEZ VOUS.

**1** 

### ① Où en sont-ils ?

Avant de lire, dites où en est l'enquête et regardez les dessins.

1 - Quels documents les inspecteurs donnent-ils au commissaire ?
2 - Qui voit-on sur les photos ?
3 - Qui peut être l'homme qui est sur la photo ?
4 - Quelle hypothèse pouvez-vous faire ?

### ② C'est dans le dialogue !

Trouvez des mots ou des expressions correspondant à :

1 - commis par un voleur ;
2 - se promener ;
3 - qui est toujours à l'heure ;
4 - affirmatif, catégorique ;
5 - personne sans argent ;
6 - costume noir de gala : le dos de la veste est long et fendu ;
7 - toujours poli, qui a de bonnes manières avec les gens.

### ③ Qu'est-ce qu'ils ont fait ?

*Ils ont cherché chez lui et ils ont trouvé des photographies. ⟶ Ils ont trouvé des photographies en cherchant chez lui.*

1 - Les voisins ont regardé la photo. Ils ont reconnu Jean Lescure.
2 - Lescure s'est caché et il a changé de milieu social.
3 - Les inspecteurs ont examiné les photos et ils ont fait des déductions.
4 - Lescure a dit qu'il était à l'étranger et il a obtenu une carte de sécurité sociale.
5 - Les inspecteurs ont interrogé les voisins et ils ont appris qui était Jean Lescure.

### ④ Berthier a de l'autorité.

1 - Comment le commissaire affirme-t-il son autorité ? Citez les phrases où il le fait.
2 - Comment les inspecteurs reconnaissent-ils son autorité ? Citez les phrases.

### ⑤ Qu'est-ce qu'on apprend ?

1 - Sur l'identité de Jean Lescure.
2 - Sur son mariage et sa famille.
3 - Sur ses habitudes et son caractère.

| LE DOUTE – | LA PROBABILITÉ – | LA CERTITUDE |
|---|---|---|
| Je ne crois pas que... | C'est peut-être... | C'est certainement... |
| Je doute que ce soit... | Ça doit être... | Je suis sûr... |
| J'en doute. | Je crois que c'est...<br>C'est probable. | J'affirme que c'est...<br>Je suis formel. |

### ⑥ En êtes-vous sûr ?

Transformez ces certitudes en hypothèses.

*Cet homme, c'est Jean Lescure. ⟶ Cet homme doit être Jean Lescure. / C'est peut-être Jean Lescure.*

1 - Cet homme se cachait.
2 - Cette robe sort d'un grand magasin.
3 - Il est en règle.
4 - Il était à l'étranger.
5 - C'est ce qu'il a dit.

### ⑦ Qu'en pensez-vous ?

*Les empreintes :*
*Ça doit être...*
*Je suis certain que ce sont* } *celles de l'assassin.*
*Je doute que ce soit...*

1 - La photographie.
2 - La carte de Sécurité sociale.
3 - Jean Lescure.
4 - La robe.
5 - Le crime.

### (8) Faut-il faire l'accord ?

Écoutez et dites s'il faut faire l'accord avec le complément d'objet direct.

**L'ACCORD du participe passé AVEC LE COD.**

Faire l'accord du participe passé avec le complément d'objet direct (COD) :
- si ce dernier est placé avant le participe passé,
  Tu ne nous as pas vus.
- mais pas s'il est placé après.
  Tu n'as pas vu les deux inspecteurs.

### (9) Est-ce que vous entendez les terminaisons ?

Écrivez le participe passé. Faites l'accord si nécessaire.

1 - Les photos, où les avez-vous (...) ?
2 - Il n'a pas (...) ses empreintes.
3 - Ses voisins, vous les avez (...) ?
4 - La robe de mariée, où l'ont-ils (...) ?
5 - Il les a (...) facilement, ses papiers.

### (10) Dites-le autrement.

Trouvez dans le texte des expressions familières équivalentes.

1 - On ne reste pas, on est pressés.
2 - Ne partez pas tout de suite.
3 - On est fatigués, la journée a été longue.
4 - Elle a coûté très cher.
5 - Ce sont des gens riches.

### (11) Qu'est-ce qu'ils se disent ?

Faites un court dialogue pour les situations suivantes en employant chaque fois une des expressions familières de l'exercice précédent. Jouez les scènes avec un autre étudiant.

1 - Un ami vous invite à prendre un verre avec lui. Vous avez rendez-vous, vous êtes en retard, et vous partez très vite.

2 - Vous rentrez chez vous après une journée de travail difficile. Votre femme / mari veut que vous alliez au cinéma.

3 - Vous êtes invités par des amis chez des personnes que vous ne connaissez pas. Vos amis vous disent où ils habitent (choisissez le quartier résidentiel de votre ville).

**Pour relancer la conversation ou faire préciser ce qui a été dit, vous pouvez utiliser :**

Alors vous pensez que...
Vous m'avez bien dit que...
Si je vous comprends bien, il faut que...
Vous voulez bien dire que...

### (12) Jeu de rôle.

Vous êtes journaliste et vous faites une enquête auprès du commissaire Berthier pour savoir quelles sont les qualités qu'un policier doit avoir. Vous reprenez ce que dit Berthier pour l'aider à continuer.

*Le Quai des Orfèvres, à Paris, siège de la police judiciaire.*

3

### (13) Jeu de rôle.

Votre employeur vous interroge sur un nouveau collègue. Vous le connaissez mal et vous ne voulez pas lui porter tort. Faites une réponse évasive à chacune de ses questions en employant des expressions différentes.

**Pour éviter de donner une réponse directe, vous pouvez utiliser :**

Vous savez, je ne le connais pas assez bien...
C'est bien difficile de juger aussi vite...
Donnez-moi un peu plus de temps...
C'est un peu trop tôt pour en parler...
Je ne peux encore rien dire...

*La notion de chef est en train d'évoluer partout et, d'abord, dans la vie professionnelle. Cependant les chefs existent toujours et il faut bien vivre avec. Voici quelques suggestions fondées sur l'expérience...*

# Un chef, comment s'en servir.

## Le papa

Démonstratif et bienveillant, il se croit aimé. Et il l'est souvent. Il fera tout ce qu'il peut pour sauver un collaborateur en danger. Il adore donner des conseils. Il sait féliciter quand il le faut, mais il déteste qu'on se passe de sa protection. Pas très stimulant mais confortable.

Donnez-lui vos dossiers en retard à traiter : il aime ça. Manifestez-lui une reconnaissance éternelle. On peut faire de lui ce qu'on veut à condition de ne jamais mettre son autorité en doute. Il met ses collaborateurs en valeur comme ses enfants. Si vous tenez à grandir, changez de service.

## Le chef de bande

Moderne, fonceur, hyperactif, il veut que son équipe gagne, et lui avec. Il adore écouter mais n'entend pas toujours. Il n'a pas le temps. Il sait où il va. Avec lui on est dans le bon train. Mais attention ! il élimine les lents comme les rebelles. Il aime le risque... pour lui et pour les autres.

Si vous êtes fidèle, souple et travailleur, vous irez au bout du monde avec lui. Si vous pouvez supporter ses colères, ses numéros de charme et ses déprimes soudaines, votre carrière est assurée. Restez tendu intérieurement mais paisible en surface : vous vous rendrez indispensable. Si vous ne vous sentez pas bien, changez de train.

**ANTICIPEZ**

### 1 De quoi s'agit-il ?

Regardez les dessins, le titre et lisez le chapeau de l'article.

1 - De quoi traite l'article ?

2 - Combien de types de chef sont décrits ?

3 - Qu'évoquent pour vous les dessins ?

**RECHERCHEZ LES FAITS**

### 2 Quels mots les définissent ?

Dans chacun des cinq cas, regroupez les mots qui reflètent le mieux la personnalité du chef.

*Le copain : sympa, complice, concertation, accord, agréable, peu sûr.*

### 3 Positif ou négatif ?

Faites une liste de dix qualités positives et valorisantes et de dix qualités que vous considérez comme négatives et dévalorisantes.

### 4 De quel type de chef s'agit-il ?

*Moins il est sûr de lui, plus il se montre autoritaire.* → *Il s'agit de l'autocrate.*

1 - Plus il est aimable, moins il est sûr en cas de danger.

2 - Plus il fonce, moins il tolère la contradiction.

3 - Plus il est aimable, plus il est indifférent aux autres.

4 - Plus on le rassure, plus il est bienveillant.

5 - Plus il impose son autorité, plus il faut garder son calme.

## L'autocrate

Il est formaliste et peu sociable. Plutôt rigide, il se méfie de tout le monde et gouverne à la discipline. Il délègue peu son autorité. Il garde un contrôle jaloux sur tout. Il communique par notes de service. Moins il est sûr de lui, plus il se montre autoritaire.

Pour vivre en paix, il faut respecter les formes, ne pas s'opposer, ou pire même, utiliser la flatterie. En cas d'ordre absurde, inutile de discuter : attendre le contrordre. Ne jamais attaquer de front. Garder son calme et sa patience. Il finira bien par partir en retraite. Forcée, qui sait ?

## Le copain

Il est sympa et n'est pas trop fier de son titre de chef.

Il veut être le complice de ses subordonnés. Il aime qu'on l'aime. Il recherche la concertation et l'accord de tous, mais il prend souvent les décisions seul ! Il n'assume pas toujours ses responsabilités et il évite de prendre parti. Il est agréable à vivre, mais peu sûr en cas de danger.

Il faut, d'abord, le rassurer et être copain avec lui mais rester prudent, ne pas le mettre face à ses contradictions. Il est facile à manipuler et même à déstabiliser : s'il refuse de prendre une décision, prenez-la à sa place... et faites-le savoir.

## Le carriériste

Il n'a qu'une idée en tête : sa stratégie personnelle et son équipe doit le servir. Il ne délègue pas trop de son autorité afin de pouvoir s'attribuer les succès de ses subordonnés, mais suffisamment pour les désavouer en cas d'échec.
Il est toujours très aimable... et profondément indifférent à ce qui arrive aux autres.

Face à ce type de fauve, il faut jouer serré, montrer qu'on a compris et qu'on accepte son jeu. À condition d'en tirer quelques avantages : je te fais ta publicité, mais tu me laisses en paix. Si vous êtes plus arriviste que lui, faites habilement savoir à son chef que cet ambitieux veut sa place.

*D'après « L'Express », n° 1980 du 16 juin 1989 (p.57).*

3

### 5 Caractérisez-les.

Reprenez chaque type de chef, comparez leurs objectifs, leurs rapports avec les autres, les avantages et les inconvénients de leurs caractères.

**INTERPRÉTEZ**

### 6 Qu'en pensez-vous ?

1 - D'après vous, quel est le meilleur ? Quel est le pire ? Quel est le plus calculateur ? le plus faible ? le moins sûr de lui ? Pourquoi ?
2 - Ces quelques portraits vous semblent-ils trop simplistes ?
3 - Est-ce qu'on trouve ces types humains ailleurs qu'en France ? Avec quelles variantes ?

### 7 Quel genre de chef seriez-vous ?

Imaginez que vous ayez la responsabilité d'une équipe de dix personnes, cinq hommes et cinq femmes. Comment dirigeriez-vous cette équipe ?

### 8 Portrait-robot.

Dites quel serait, d'après vous, le chef idéal ?

### 9 En avez-vous fait l'expérience ?

Avez-vous une expérience personnelle à raconter, ou celle d'un(e) de vos ami(e)s ?

# POSEZ VOTRE CANDIDATURE.

*Hervé Dutour cherche un emploi de responsable commercial. Il pose sa candidature au poste d'attaché commercial proposé par Pétraz Électronique.*

Hervé Dutour
96, rue Pasteur
33 Bordeaux - Caudéran

Bordeaux, le 3 mai 1990

Mercurius
16 bis, rue Dart
Réf. 69 24 89 FS.

Monsieur le chef du personnel,

Je désire poser ma candidature au poste d'attaché commercial que vous décrivez dans l'annonce parue dans l'« Hebdo » le 25 avril.

J'ai 27 ans et demi. Je pratique l'espagnol couramment et l'anglais écrit. Je possède le diplôme de sortie de l'École de Commerce de Bordeaux que j'ai obtenu il y a cinq ans. J'ai ensuite suivi deux stages en entreprise avant d'obtenir un premier poste de représentant dans une société de vente de matériel agricole. Depuis trois ans, je suis attaché commercial à la Société de Micro-informatique Microtex, au salaire moyen de 220 000 francs par an (y compris les commissions et les primes).

Je crois posséder le sens des responsabilités et des relations humaines. J'ai une grande habitude des contacts et des voyages. Je recherche un poste qui m'offre un meilleur salaire et des possibilités de promotion plus rapides que le poste que j'occupe actuellement. Je suis également désireux d'acquérir une expérience plus large et d'accéder un jour à des fonctions de direction.

Veuillez trouver ci-joint mon curriculum vitae, ainsi qu'une photo et les attestations que m'ont remises mes premiers employeurs. Si ma candidature retient votre attention, vous pouvez me joindre à l'adresse ci-dessus.

Avec mes remerciements anticipés, veuillez agréer, Monsieur le chef du personnel, l'expression de ma respectueuse considération.

H. Dutour.

Pièces jointes : CV, photo.

### Quelles sont les parties de la lettre ?

Examinez la lettre de candidature d'Hervé Dutour et précisez le contenu de chaque paragraphe.

### A-t-il bien lu l'annonce ?

Comparez l'annonce suivante et la lettre d'Hervé. Vérifiez qu'Hervé a bien suivi les indications données.

**UN AVENIR LUMINEUX !**

**COMMERCIAUX - 250-400 KF**
**Futurs Chefs de vente**
**Paris - Champagne - Nord -**
**Alsace - Rhône-Alpes**

PÉTRAZ : leader mondial sur le marché en plein essor de L'AFFICHAGE ÉLECTRONIQUE (journaux lumineux, panneaux multilignes, écrans graphiques, écrans vidéo géants...).
Votre premier challenge : dynamiser nos ventes sur votre région, auprès d'une clientèle composée, au départ, en priorité de COMMERÇANTS.
NOMBREUSES POSSIBILITÉS D'ÉVOLUTION dès la première année, en particulier vers des postes d'encadrement : Chef de Vente ou Directeur Régional.
À 27-30 ans environ, professionnel de la VENTE DIRECTE de biens d'équipement, vous possédez un talent hors pair pour motiver une décision d'achat rapide.

CHANGEZ POUR ÉVOLUER, en adressant votre CV, photo et rémunération actuelle à MERCURIUS, 16 bis, rue Dart, 75008 Paris, sous la réf. 692489 FS
Merci de préciser la région souhaitée.

### Est-ce une bonne lettre de candidature ?

Vous êtes le chef du personnel de Mercurius.

1 - Comment jugez-vous la présentation de sa lettre ?
Vérifiez : – la disposition sur la feuille,
– le découpage en paragraphes,
– les formules de politesse utilisées.

2 - Est-ce que Hervé Dutour fournit tous les renseignements nécessaires ?

3 - Qu'est-ce qui manque à cette lettre ?
– Où montre-t-il qu'il s'est renseigné sur la société Mercurius et qu'il s'y intéresse (pour le profit qu'il peut en tirer) ?
– Où dit-il ce qu'il pourrait apporter à cette société (énergie, enthousiasme, désir de bien faire, petite expérience déjà acquise...) ?

4 - Maintenant, répondez à Hervé.

### Rassemblez des idées.

Posez votre candidature à ces deux autres postes dans la même société : responsable comptabilité-gestion ; assistant du responsable de la publicité.

1 - Quelles sont vos qualifications ?
Choisissez celles qui semblent le mieux convenir au poste décrit.
Faites-en une liste précise.

2 - Quelle expérience avez-vous ?
Avez-vous fait des stages en entreprise ?
Quels postes avez-vous occupés successivement ?
Quel poste occupez-vous actuellement ? Si vous êtes chômeur, dites pourquoi.

3 - Quelles sont vos qualités personnelles ?
Avez-vous des attestations qui en témoignent ?

4 - Quelles sont les raisons de votre candidature ?

5 - Organisez vos idées (voir la lettre d'Hervé) et écrivez votre lettre.

### Soyez attentif !

Révisez votre lettre : présentation , organisation, formules de politesse, orthographe, ponctuation.
Attention : Vous allez être jugé(e) à la fois sur la forme et sur le fond !

FEUILLETON

# UN BEAU COUP DE FILET

## CHAPITRE 3

Huit heures moins cinq. Arielle attendait dans sa chambre, vêtue d'une longue robe de soie vert émeraude. La porte s'ouvrit. L'homme à la moustache regarda Arielle, visiblement content qu'elle soit en robe longue.
— Venez, Monsieur Vandame vous attend.

Vandame. Elle connaissait enfin le nom de son hôte. Ils traversèrent plusieurs salons avant d'arriver dans une immense salle à manger, donnant sur une piscine aux dimensions olympiques. Arielle admira de nouveau le bon goût du mystérieux monsieur Vandame. Tout était parfait. Elle se retrouva seule.

— Bonsoir, mademoiselle Barbier.

Arielle se retourna en sursautant. Un homme grand, d'une soixantaine d'années, en smoking blanc, s'approchait d'elle en souriant.

— J'espère que vous aimez votre chambre, mademoiselle Barbier ?
— Elle manque un peu d'air...
— Je vous ferai visiter le parc après le dîner. Vous y respirerez des parfums très rares. Asseyez-vous, je vous en prie. Vous désirez boire quelque chose avant le dîner ?
— Un jus de fruits, s'il vous plaît.

Quelques instants plus tard, un maître d'hôtel apporta deux jus de fruits.

— Vous devez être étonnée d'être ici ?
— Ce n'était pas prévu dans mon forfait.
— C'est amusant, mademoiselle Barbier, je vous imaginais beaucoup plus âgée et... beaucoup moins jolie.
— J'imagine que c'est un compliment.
— Voyez-vous, lorsque j'ai connu votre père...
— Vous connaissez mon père ?
— Mais oui. J'ai été un de ses élèves il y a... mon Dieu, presque quarante ans.
— Mais... mon père n'a jamais été professeur. Il travaille dans une banque. Et de plus il a cinquante ans. Un peu jeune pour être professeur il y a quarante ans !
— Mademoiselle Barbier... Votre père, le célèbre archéologue, est venu dans ce pays pour la première fois il y a plus de quarante-cinq ans. Il y est retourné très souvent depuis. Il en a rapporté des objets extraordinaires. Mais il lui en manquait un : la statuette Malinka. Il est mort trop tôt... Je sais, de source sûre, que vous avez repris ses travaux et que vous êtes ici pour retrouver cette statuette. Il se trouve que cet objet m'intéresse beaucoup et nous pourrons peut-être trouver un arrangement ?

Arielle écoutait en silence. Elle sourit. Tout était clair, maintenant.

— Monsieur Vandame, je peux vous assurer que je ne connais rien à l'archéologie. Je suis attachée de presse à Paris et je suis venue ici pour passer quinze jours de vacances tranquilles. Vous me confondez avec quelqu'un qui porte le même nom que moi, je vous assure. Je peux vous montrer mon passeport.
— Vous voulez me faire croire que deux Arielle Barbier ont pris le même avion, le même jour pour la même destination ?
— Pure coïncidence.
— Hum...

# Vous cherchez un emploi?

## Au téléphone

### *Celui ou celle qui cherche un emploi*

- Bonjour, madame / monsieur.
- J'ai lu votre annonce parue dans *le Figaro* du...
- Je vous téléphone au sujet de l'annonce parue dans *le Monde* de mardi.
- Je suis intéressé(e) par le poste de... que vous proposez.
- Je vous téléphone de la part de M. Lardet de la Société Alpha.

### *La standardiste*

- Hachette. Bonjour.
- Ne quittez pas, je vous passe le chef du personnel / le responsable du service.
- Désolé, monsieur Sardot est en conférence. Veuillez rappeler.
- Monsieur Sardot est sorti. Pouvez-vous rappeler plus tard ?
- Veuillez patienter, le poste est occupé.

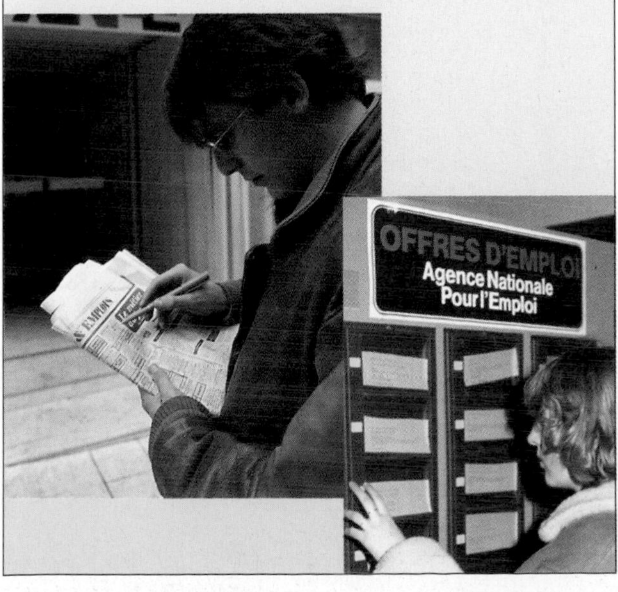

### *Le demandeur d'emploi*

- Vous savez à quelle heure je peux le joindre ?
- Est-ce que je peux avoir quelques renseignements complémentaires ?

### *Le chef du personnel*

- Je regrette, la place est déjà prise.
- Pouvez-vous passer demain à 10 heures ?
- Apportez-nous un curriculum vitae détaillé et vos références.
- Veuillez nous donner votre nom et votre adresse.
- Nous avons bien reçu votre demande. Nous vous convoquerons prochainement.



## Activités

1. Vous téléphonez à la société Publirel qui offre un emploi temporaire de traducteur.

2. Vous téléphonez au chef du personnel de la société Arma qui cherche des professeurs de langues pour ses employés. Vous offrez vos services et vous demandez des renseignements sur le type de cours, les horaires...

## Jean Anouilh

Notre travail consistait à avoir des idées et à les mettre en forme, avec un texte aussi concis[1] que possible (j'y ai appris beaucoup pour le théâtre) et une ébauche[2] de dessin que les dessinateurs se chargeaient[3] ensuite de mettre au net. Nous avions sur nos tables ce qu'on appelait des D.U., cela devait vouloir dire dossier unifié, dans le jargon[4] du bureau, je n'ai jamais eu la curiosité de le savoir exactement. Dans le D.U. on trouvait la correspondance du client, ses desiderata[5], ses exigences, sa documentation et une note du chef de publicité précisant ce qu'il attendait de nous : campagne d'annonces, slogan, texte rédactionnel, etc.

La pudeur[6] voulait que nous expédiions au moins un D.U. dans la matinée, et un autre, si ce n'est deux, dans l'après-midi. Or Jean Aurenche, mon voisin de table, de quelques années mon aîné, et qui devait me faire deux cadeaux inestimables, son amitié et la découverte de l'intelligence, faculté dont[7] je ne soupçonnais pas l'existence à cet âge, ni chez moi ni chez les autres, Aurenche ne pensait qu'au cinéma. Sa journée se passait, en vérité, à inventer des scenarii, art où il devait devenir un jour un maître.

Ce jour-là, vers midi moins le quart, après le récit de son dernier gag, pour un film comique qui ne devait jamais voir le jour, il poussa un profond rugissement[8] et me dit un peu ennuyé, autant que sa nonchalance le lui permettait : « Midi moins le quart ! et je n'ai même pas fait un D.U. ! – Montre-moi ça. » J'ouvris le premier dossier de sa pile[9] personnelle. Il ne contenait pour toute documentation qu'une lettre du client.

C'était un homme qui fabriquait, expliquait-il, un tissu[10] de lin pur. Il était à la recherche de sa marque et s'était adressé à des spécialistes pour lui fournir le mot magique. Le temps de lire la lettre et de bavarder encore un peu, il était midi moins cinq. Je conseillai à Aurenche : « Mets-lui : TISSU PURLIN. »

Ce que fit Aurenche.

Quinze jours plus tard, même scénario, un nouveau, d'ailleurs, encore plus comique et, à midi moins dix, même panique. Je pris[11] encore le premier D.U. sur la pile du paresseux[12]. C'était justement le même client, ravi du nom que nous avions trouvé pour sa camelote[13] et qui nous demandait cette fois un slogan pour le lancer[14]. Je fus[11] formel[15] et je dis[11] à Aurenche : « Mets-lui : TISSU PURLIN, garanti pur lin. » Il paraît qu'on eut[11] droit à une autre lettre de félicitations du client, reconnaissant de tant d'imagination.

Voilà ce qu'était la publicité à l'époque.

*Préface à l'ouvrage de Jean Mineur, Balzac 00.01*, Éd. Plon, 1981.

## Georges Perec

*(Les deux héros des « Choses » finissent par trouver une place dans une agence de publicité.)*

Ce ne sera pas vraiment la fortune. Ils ne seront pas présidents-directeurs généraux. Ils ne brasseront[1] jamais que les millions des autres. On leur en laissera quelques miettes[2], pour le standing[3], pour les chemises de soie, pour les gants de pécari fumé. Ils présenteront bien. Ils seront bien logés, bien nourris, bien vêtus. Ils n'auront rien à regretter.

Ils auront leur divan Chesterfield, leurs fauteuils de cuir naturel souples et racés[4] comme des sièges d'automobile italienne, leurs tables rustiques, leurs lutrins[5], leurs moquettes, leurs tapis de soie, leurs bibliothèques[6] de chêne clair.

Ils auront les pièces immenses et vides, lumineuses, les dégagements[7] spacieux, les murs de verre, les vues imprenables. Ils auront les faïences[8], les couverts d'argent, les nappes[9] de dentelle[10], les riches reliures[11] de cuir rouge.

Ils n'auront pas trente ans. Ils auront la vie devant eux.

*Les Choses. Une histoire des années soixante*, Éd. Julliard, 1965.

---

***Texte de Jean Anouilh***

1. *concis :* qui exprime beaucoup d'idées en peu de mots.
2. *ébauche :* commencement de réalisation montrant la forme générale et les grandes lignes.
3. *se charger de :* prendre la responsabilité de.
4. *jargon :* langue savante d'un groupe professionnel difficile à comprendre par les autres.
5. *desiderata :* (terme administratif) ce qu'on désire, souhaite.
6. *pudeur :* décence, respect des convenances.
7. *dont :* (l'existence) de laquelle ; de cette faculté.
8. *rugissement :* cri du lion.
9. *pile :* il y avait beaucoup de dossiers placés l'un au-dessus de l'autre.
10. *tissu :* les vêtements sont faits de tissu. Le tissu est fait de fils de coton, de laine, de soie, de lin…
11. *pris / fus / dis / eut :* verbes « prendre, être, dire, avoir » au passé simple (un temps du passé).
12. *paresseux :* qui n'aime pas travailler.
13. *camelote :* produit de mauvaise qualité en général.
14. *lancer :* faire connaître, en particulier par la publicité.
15. *(être) formel :* catégorique.

***Texte de Georges Perec***

1. *brasser de l'argent :* en avoir beaucoup et l'utiliser dans des entreprises financières.
2. *miettes :* petits morceaux qui tombent du pain quand on le coupe.
3. *standing :* situation sociale et économique d'une personne.
4. *racé :* qui a un style élégant, qui a de la classe.
5. *lutrin :* meuble d'église destiné à porter des livres.
6. *chêne :* arbre très résistant utilisé pour la construction et le mobilier.
7. *dégagement :* espace libre, passage.
8. *faïence :* objet en faïence, poterie de terre décorée.
9. *nappe :* tissu qui couvre une table où on prend un repas.
10. *dentelle :* tissu très travaillé formant des motifs décoratifs.
11. *reliure :* couverture de livre.

# OÙ IRA-T-ON ? 4

INFORMATIONS/PRÉPARATION

**Le goût de l'aventure ?**
**Les vacances peuvent aussi être une aventure !**

PAROLES

**À PRENDRE AVEC DES GANTS :**
**« Je suis en règle, moi ! »**

LECTURES/ÉCRITURES

**Le courrier des lecteurs.**
**Participez au « Concours Voyages VSF ».**

SUPPLÉMENT

**FEUILLETON**
**« Un beau coup de filet. »**

**VIE PRATIQUE**
**Vous connaissez un bon hôtel ?**

**FAITES LE POINT.**

4

# Le goût de l'aventure

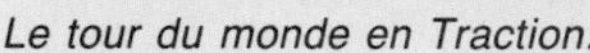

Le tour du monde en Traction.

*C'est le jour du grand départ entre les pieds de « la grande dame ».*
*Demain, ils seront sur les routes, ils partiront pour l'aventure, la vraie.*
*Ils ont cent ans à eux quatre : Eric, le passionné de mécanique, l'inventeur du projet ; Yann, son copain d'enfance, nantais comme lui, qui a quitté la banque où il travaillait pour devenir le commercial de TMT (le tour du monde en Traction) ; Thierry, l'instituteur qui a abandonné ses élèves pour se joindre à l'équipe ; Luc, journaliste à* VSD, *qui a pris un congé sans salaire et obtenu que son hebdomadaire « sponsorise » le projet. Ils vont faire un voyage de plus de 50 000 kilomètres dans deux vieilles 11 CV Citroën préparées par leurs soins.*

■ **Yann, comment avez-vous pu monter cette opération ?**

– Il fallait d'abord avoir l'idée. Il y a deux ans, Éric a fait un super voyage en traction à travers les États-Unis. Il rêvait de repartir.

■ **D'accord, mais il a bien fallu qu'il vous entraîne. Et on n'abandonne pas tout, du jour au lendemain, pour se lancer dans l'inconnu ?**

– Mais si... Si on y croit ! Il n'y a pas de plus belle vie : des copains, la liberté, la découverte...

■ **Yann, il vous faudra beaucoup d'argent pour voyager pendant des mois avec deux vieilles tractions. C'est vous le financier. Comment avez-vous fait ?**

– Ça n'a pas été facile, mais avec de la patience et de la volonté on arrive à convaincre les gens et on finit par trouver des sponsors. *VSD* publiera nos reportages et une grande agence, Gamma, diffusera nos photos. Au retour nous écrirons le récit de nos aventures pour un éditeur connu... et il y en aura, je vous assure, là où nous irons ! Des copains vont même sortir une BD sur le voyage qui sera publiée aux États-Unis. Elle est déjà vendue !

■ **C'est merveilleux, cette confiance ! Vous savez que vous devrez faire face à des tas de problèmes ?**

– Oui. Nous serons tout à la fois mécaniciens pour réparer les voitures, négociateurs pour obtenir les autorisations, photographes, écrivains, touristes...

■ **Et un peu aventuriers, n'est-ce pas ?**

– Ça va de soi, non ? C'est pour ça que nous partons, pour le plaisir de la découverte et pour prouver qu'on peut réaliser même les projets les plus fous si on le veut vraiment !

■ **Alors, rendez-vous ici dans dix-huit mois.**

– D'accord.

*D'après « VSD », n° 567 du 13 juillet 1988.*

## Ils partiront demain !

1 - Que fait cette traction suspendue sous la tour Eiffel ?
2 - Examinez la deuxième photo. Qui parraine le voyage ?
3 - Que vont faire ces jeunes, d'après vous ?
4 - Nommez chacun des jeunes qui posent pour le photographe à côté de leur traction avant.

## Qu'est-ce qu'ils feront ?

*Faire 50 000 kilomètres. ⟶ Ils feront 50 000 kilomètres.*

1 - Rouler pendant dix-huit mois.
2 - Devoir faire face à toutes sortes de situations.
3 - Être constamment attentif.
4 - Aller toujours plus loin.
5 - Falloir être courageux.
6 - Prouver qu'on peut réaliser un exploit.
7 - Écrire le récit de leurs aventures.

## 3 Yann sait ce qu'ils vont faire.

Conduire. – Étudier les plans. – Prendre des notes. – Parler avec les gens. – Acheter des provisions. – Faire des photos. – Apprendre des mots étrangers. – Écrire des articles...

*Nous conduirons toute la journée. / Nous aurons à / devrons conduire... / Il faudra que nous conduisions...*

1 - Éric...................
2 - Thierry................
3 - Luc...................
4 - Moi, je................
5 - Nous..................
6 - Luc et Thierry..........

## À quels problèmes devront-ils faire face ?

Faites-en la liste.

*Ils se tromperont peut-être de route.*

1 - Avoir un accident.
2 - Se perdre dans le désert.
3 - Manquer de vivres.
4 - Faire très chaud...

## Qu'est-ce qu'ils auront à faire ?

Écoutez les interviews suivantes et dites ce que chacun fera pendant le voyage.

### LE FUTUR

Le futur sert à exprimer des actions à venir et des intentions.

| *Radical + terminaisons* | | *Des irrégularités de radical :* | |
|---|---|---|---|
| Je | partir-**ai** | Être | Je **ser**-ai |
| Tu | écrir(e)-**as** | Avoir | Tu **aur**-as |
| Il/Elle | voyager-**a** | Savoir | Il **saur**-a |
| Nous | conduir(e)-**ons** | Faire | Nous **fer**-ons |
| Vous | suivr(e)-**ez** | Pouvoir | Vous **pourr**-ez |
| Ils/Elles | étudier-**ont** | Aller | Ils **ir**-ont |
| | | Devoir : Je **devr**-ai | Vouloir : Je **voudr**-ai |
| | | Venir : Je **viendr**-ai | Tenir : Je **tiendr**-ai |

Les terminaisons ressemblent aux formes du présent de « avoir ».

# Les vacances peuvent aussi être une aventure!

*Quel enfant n'a pas rêvé de conquérir l'impossible, d'aller au-delà des limites humaines : de se précipiter dans le vide sans jamais atteindre le sol, de lutter contre les rapides d'un torrent qui veut vous engloutir, de se sentir emprisonné entre deux murs qui se rapprochent et finalement de les repousser... Certains adultes essaient de réaliser ces rêves d'enfants.*

Vous traverserez l'Alsace sur les canaux, vous visiterez les châteaux de la Loire... ou bien, si vous aimez bien manger, vous ferez une tournée gastronomique des grands restaurants de France. Et, croyez-moi, si ce n'est pas un voyage trop pénible, ce sera un voyage coûteux !

Vous découvrirez la Bretagne en vélo, ses églises et ses pardons, ses petits ports, ses plages et sa nature encore sauvage par endroits.

4

Vous visiterez le Quercy sous terre, soit comme touriste, et sans danger, dans le gouffre de Padirac ou les nombreuses grottes de cette région au sol calcaire creusé par les eaux, soit comme spéléologue dans des grottes et des cavernes non encore explorées.

Vous ferez de l'alpinisme dans les Alpes ou dans les Pyrénées. Vous grimperez en vous aidant d'un pic et de vos doigts. Vous dominerez les vallées et vous vivrez dangereusement.

Si vous êtes sportif et bien entraîné, vous descendrez les gorges du Verdon en canoë-kayak. Vous le ferez de préférence au printemps, quand les eaux ne sont pas trop hautes.

Et si vous êtes intrépides, vous vous jetterez du haut d'un pont au-dessus d'un torrent des Pyrénées ... retenus par un câble élastique.

## LES ADVERBES DE TEMPS – PARLEZ DU FUTUR

**Quand ?** demain
après-demain
dans 2, 3, 4... jours
dans une semaine / un mois...
la semaine / l'année prochaine
le mois / l'été... prochain
lundi / mardi... prochain
le 6 mars prochain / le 6 mars

**Combien de temps ?**
Il y restera pendant 2 jours / 3 semaines... (durée)
Il part pour un mois... (durée + intention)

### 6 Quelles possibilités vous seront offertes ?

1 - Que pourrez-vous faire dans les gorges du Verdon ?
2 - Où irez-vous faire de la spéléologie ?
3 - Quel sport est-ce que vous pratiquerez dans les Alpes ?
4 - Où est-ce que vous verrez de beaux châteaux ?
5 - Qu'est-ce que vous découvrirez en Bretagne ?
6 - Comment pourrez-vous découvrir l'Alsace ?
7 - Quel voyage sera plus dangereux que les autres ?
8 - Quel voyage sera plus coûteux ?

### Où iront-ils ?

Dites où ils iront et pourquoi.

### 8 Quand le ferez-vous ?

Demandez à un(e) autre étudiant(e) ce qu'il fera demain, dans une semaine... Posez une question chacun à votre tour. Changez chaque fois d'adverbe de temps.

### 9 Que feront-ils en vacances ?

Écoutez et dites ce qu'ils feront l'été prochain.

### Et vous ?

Dites ce que vous avez l'intention de faire pour passer vos vacances en France et trouvez chaque fois deux raisons.

*J'irai faire de la spéléologie dans le Quercy. J'ai toujours rêvé d'en faire et ce sera des vacances pas comme les autres.*

## L'HYPOTHÈSE : SI + présent

Le verbe de la phrase principale est au futur.

Si on va dans le Quercy, on visitera des grottes.

### Qu'est-ce qu'on pourra faire ?

Suggérez des possibilités de vacances à votre partenaire.

*Allons dans les Pyrénées. On pourra...*
*Oui, mais si on va en Bretagne, on...*

## JE SUIS EN RÈGLE, MOI!

RUE OBERKAMPF

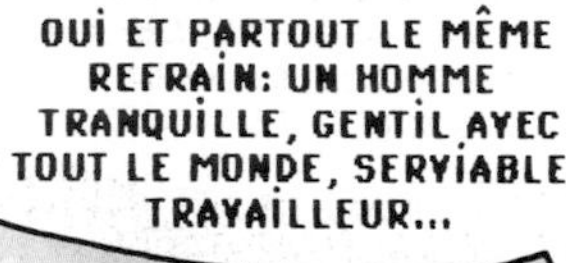

4

LESCURE?... BIEN SÛR MONSIEUR PAUL, VOUS VOUS SOUVENEZ DE L'HISTOIRE AVEC FRÉMONT?

AH MAIS OUI, C'EST VRAI!
QU'EST-CE QUE C'EST QUE CETTE HISTOIRE?

"OH! UNE HISTOIRE DE VOL. ÇA PEUT ARRIVER. UN NOMMÉ FRÉMONT. ROGER FRÉMONT, IL TRAVAILLAIT COMME LIVREUR, IL A PRIS DE L'ARGENT DANS LA CAISSE. LESCURE L'A SURPRIS. MAIS IL N'A RIEN DIT."

ON A TOUT DE SUITE SU QUE C'ÉTAIT FRÉMONT. D'AILLEURS, IL N'A PAS NIÉ, IL A RENDU L'ARGENT ET ON L'A RENVOYÉ.
ET ALORS?

"BEN, FRÉMONT, QUAND IL EST PARTI, IL A CRIÉ À LESCURE: J'AURAI TA PEAU!"

AH! ON DIT ÇA QUAND ON EST EN COLÈRE. AU FOND, CE FRÉMONT, C'ÉTAIT PAS UN MAUVAIS GARS.

4

VOUS AVEZ SON ADRESSE QUELQUE PART?

JE DOIS AVOIR ÇA SUR LES REGISTRES. MAIS VOUS NE LE TROUVEREZ PAS FACILEMENT. CE GENRE DE GAILLARD CHANGE D'ADRESSE AUSSI VITE QUE DE TRAVAIL.

DIS DONC, TOI! LESCURE, TU T'ENTENDAIS BIEN AVEC LUI?

IL NE PARLAIT PAS BEAUCOUP. IL MANGEAIT TOUJOURS SEUL. IL N'AVAIT PEUT-ÊTRE PAS CONFIANCE. MOI, JE COMPRENDS ÇA....

TENEZ, IL Y A TOUT: SON ADRESSE, SA DATE D'EMBAUCHE, SES QUALIFICATIONS.
MERCI, ÇA POURRA NOUS SERVIR.
EH... SI VOUS LE RETROUVEZ, NE DITES PAS QUE C'EST MOI!
ON SERA DISCRETS. T'EN FAIS PAS.

## ① Pouvez-vous deviner ?

D'après les dessins, essayez de raconter ce qui se passe dans cet épisode.

## ② Est-ce qu'on peut leur faire confiance ?

Complétez les phrases avec des mots ou des expressions du dialogue.

1 - Ce monsieur peut répondre à toutes vos questions sur la marche de l'entreprise. Il est parfaitement...
2 - Il se souvient de tout. Il a...
3 - Ali n'a rien à craindre de la police. Il...
4 - Tous ses collègues l'aiment bien parce qu'il est très...
5 - Ce n'était pas un bon ouvrier et il n'était pas honnête : on l'a...

## ③ Comment Breton et Martinez mènent-ils leur enquête ?

1 - Où est-ce qu'ils vont se renseigner sur Lescure ?
2 - Qui est-ce qu'ils interrogent ?
3 - Qu'est-ce qu'ils cherchent ?
4 - Qu'est-ce qu'ils vont faire en quittant l'entreprise de matériel électrique ?
5 - D'après vous, Frémont est-il un suspect possible ?

## ④ De quoi ont-ils peur ?

Expliquez leur attitude.

1 - Pourquoi Ali est-il inquiet en voyant les inspecteurs ?
2 - Pourquoi Jean Lescure changeait-il souvent de travail ?
3 - Pourquoi ne parlait-il pas aux autres ?
4 - Pourquoi Ali dit-il qu'il comprenait l'attitude de Lescure ?
5 - Pourquoi Ali ne veut-il pas que Frémont sache qui a parlé de l'histoire avec Lescure ?

## ⑤ Qu'est-ce qui se passera...

1 - ... si Ali n'est pas en règle ?
2 - ... si le contremaître ne retrouve pas l'adresse de Frémont ?
3 - ... si Frémont a changé d'adresse ?
4 - ... si Frémont a vraiment tué Lescure ?
5 - ... si les inspecteurs disent à Frémont qui a parlé du vol ?

## ⑥ Qu'est-ce qu'on apprend dans cet épisode ?

1 - Sur Jean Lescure. Est-ce que les renseignements obtenus précédemment semblent se confirmer ?
2 - Sur Ali et sur les travailleurs immigrés en général. (Rapports avec les gens, attitude de la police, genre d'emplois, craintes...)
3 - Sur Roger Frémont.
4 - Sur l'enquête. Les inspecteurs tiennent-ils une bonne piste ?

## ⑦ Vous menez l'enquête !

Dites au moins trois choses que vous ferez.

*Je vérifierai les renseignements qu'on me donne.*

## ⑧ Quand est-ce qu'on dit ça ?

*Ne vous en faites pas.* ⟶ *On dit ça quand on veut rassurer quelqu'un.*

1 - Et partout le même refrain !
2 - Ça me dit quelque chose.
3 - J'aurai ta peau.
4 - Mais, je suis en règle, moi !

## ⑨ C'est dans le texte !

Trouvez les expressions familières équivalentes à :

**1** - Un homme pas comme les autres / un homme curieux.
**2** - Il a une excellente mémoire.
**3** - Ce n'était pas un voyou. / Il n'était pas si méchant que ça.
**4** - Je vais te tuer.
**5** - C'est un homme...
**6** - Ne vous inquiétez pas.

## ⑩ Jeu de rôle.

Vous êtes l'inspecteur Martinez et vous avez retrouvé Frémont. Vous l'interrogez pour savoir : où il travaillait il y a un an, pourquoi il est parti, ce qui s'est passé exactement, ses rapports avec Jean Lescure, s'il l'a revu, etc. Frémont essaye de ne pas répondre directement aux questions.

**Pour vous aider à ne pas donner de réponses directes,** vous pouvez utiliser :

Ben, je ne sais plus moi !

C'est loin tout ça, j'ai oublié.

Je ne m'en souviens plus.

C'est du passé.

C'est de l'histoire ancienne.

## ⑪ Jeu de rôle.

Vous êtes employé dans une agence de voyages. Vous conseillez un(e) client(e) qui veut passer des vacances en France pas comme les autres. Vous lui faites des propositions. Il / elle vous interroge sur les choses à voir, les endroits où s'arrêter, la durée du voyage, le prix, ce qu'il faut emporter, etc. Inventez !

## ⑫ Jeu de rôle.

Un(e) de vos ami(e)s vous annonce qu'il / elle quitte son travail pour faire le tour du monde pendant au moins 6 mois. Vous trouvez son projet imprudent car il / elle part seul(e) et n'a pas beaucoup d'argent. De plus il / elle ne parle aucune langue étrangère !
Vous lui demandez ce qu'il / elle a l'intention de faire et vous lui faites des objections.

- *Ça y est, j'ai donné ma démission, je pars dans un mois.*
- *Tu es fou d'avoir démissionné, tu ne retrouveras pas de travail en rentrant.*
- ...

## ANTICIPEZ

### 1 Y avez-vous déjà pensé ?

1 - Qu'évoque pour vous le mot « aventure » ?
2 - À quel genre d'aventures vous est-il arrivé de rêver ?
3 - Si on vous dit qu'il n'est plus possible de nos jours de vivre des aventures, que répondrez-vous ?

## METTEZ EN ORDRE

### 2 Quelle est l'intention ?

Lisez les quatre lettres.

1 - Laquelle s'élève contre l'utilisation qui est faite du thème et dénonce ses dangers ?
2 - Laquelle prédit une transformation totale des buts et de la forme des aventures ?
3 - Laquelle exprime un regret en faisant une critique au magazine ?
4 - Laquelle décrit l'aventure comme un besoin essentiel de l'homme ?
5 - Lesquelles valorisent certaines formes d'aventure ?

## RECHERCHEZ LES FAITS

### 3 Futurs.

Relevez les formes de futurs irréguliers dans les quatre lettres et donnez les infinitifs correspondants.

### 4 L'aventure humanitaire.

1 - Quelle critique Catherine Thibaud fait-elle des aventures exploitées par les médias ?
2 - De quels aventuriers voudrait-elle qu'on parle ?
3 - Quel exemple pourrait-on donner aux consommateurs d'aventure ?
4 - Résumez chacun des trois paragraphes en une phrase.

### 5 À quoi se réfèrent-elles ?

1 - Quelle lettre vous rappellent ces phrases ?
   – On devrait freiner la consommation de produits factices.
   – La plupart des gens vivent les aventures des autres.
   – Le thème de l'aventure est un simple produit de consommation surexploité.
2 - Mettez les phrases ci-dessus dans l'ordre pour en faire le résumé d'une des lettres.

# LE COURRIER DES LECTEURS

## Vive l'aventure !

Qui ose affirmer que l'aventure n'existera bientôt plus ? Alors qu'elle est, et restera, un besoin fondamental chez l'homme, une évasion nécessaire dans une vie de plus en plus standardisée et robotisée ! La preuve, c'est qu'elle est partout. Tous les jours des hommes et des femmes partent à la conquête d'eux-mêmes.

Qu'ils choisissent de créer leur propre entreprise, de parcourir les mers, ou de traverser les déserts, tous essayent d'aller au-delà de leurs limites en prenant des risques toujours plus grands. L'aventure, c'est la vie !

Olivier Bourgine,
*étudiant, Nancy.*

## La génération Batman

Même s'ils ont en eux le démon de l'aventure, bien peu de gens seront appelés à la vivre, soit qu'ils n'en aient pas l'occasion, soit qu'ils n'en aient pas l'audace.

### 6 À chacun son aventure.

Quelle définition de l'aventure donne ou implique chacune de ces lettres ?

Dans quelle lettre retrouve-t-on l'idée de : exploration, risque, idéalisme, gloire, utilité, sens collectif.

| | *Lettre 1* | *Lettre 2* | *Lettre 3* | *Lettre 4* |
|---|---|---|---|---|
| **exploration** | + | – | – | + |
| ............ | ........ | ........ | ........ | ........ |

*« Dans tout homme il y a un aventurier qui sommeille, mais peut-on encore vivre l'aventure à l'aube du XXIe siècle ? » Cette phrase parue dans un récent article sur « Les aventuriers modernes » a suscité de nombreuses réactions parmi nos lecteurs ainsi qu'en témoignent les lettres ci-dessous.*

Alors, ils compenseront leur manque avec des journaux, des livres et des films qui solliciteront leur imagination. Sans rien risquer, ils seront tour à tour détectives, gangsters, mercenaires, justiciers...

Mais l'exploitation du thème par les médias a atteint sa limite ! Ils reproduisent les formules qui ont eu du succès en ne faisant varier que les détails de l'histoire. Le consommateur assistera vingt fois au même western, relira vingt fois la même BD !

Quel enrichissement peut-on espérer de ce thème en déclin et de ses personnages factices ? Ils ne donnent que le triste spectacle d'une humanité divisée entre héros et hors-la-loi. Ne devrons-nous pas bientôt freiner la prolifération de ces aventures qui ne sont qu'un dangereux produit de consommation !

Joël Legoff,
*ingénieur, Rennes.*

## L'aventure humanitaire

Votre article sur « Les aventuriers modernes », agents secrets, navigateurs solitaires, et autres amateurs d'émotions fortes, qui jouent leur vie pour un idéal ou simplement pour la gloire, contribuera sans aucun doute à démystifier un thème et des héros qui n'ont rien de commun avec la vie réelle.

Mais quand parlerez-vous d'autres aventuriers, aux exploits moins spectaculaires et moins médiatiques sans doute, mais au courage tout aussi exemplaire : ces hommes et ces femmes qui, au nom de la solidarité, vont et continueront d'aller soigner les blessés dans les pays en guerre, porter secours aux victimes de la faim, combattre les épidémies.

Il est regrettable à mon sens que vous n'ayez pas donné en exemple aux jeunes cette forme d'aventure, celle de « Médecins sans frontières » ou de « Médecins du Monde » pour ne citer que ces deux organisations...

Catherine Thibaud,
*professeur, Clermont-Ferrand.*

## Le monde, cet inconnu

Dans votre article sur les « Aventuriers modernes » qui souligne bien la standardisation et le déclin d'un thème, vous ne parlez pas de la science qui devient, de nos jours, la principale source d'aventures. De plus en plus, les informaticiens voudront maîtriser l'intelligence, les astronomes découvrir les secrets de l'univers et les généticiens percer le mystère de la vie. Des aventuriers essaieront toujours de pénétrer dans un monde inconnu et terrifiant et d'aller jusqu'au bout des limites humaines. Mais l'ordinateur remplacera le revolver !

Ces nouveaux aventuriers seront peut-être moins captivants car ils courront moins de risques. Ils agiront en équipes et seront protégés par la technologie et l'informatique. Nous n'assisterons plus aux exploits de héros solitaires et romantiques. Mais nous vivrons peut-être une merveilleuse aventure collective aux dimensions et à la portée encore inconnue...

Françoise Vincent,
*informaticienne, Paris.*

4

### INTERPRÉTEZ

#### 7 Qu'en pensez-vous ?

1 - Êtes-vous un consommateur d'aventures ? Si c'est le cas, lesquelles préférez-vous ?
2 - Quelles formes d'aventure sont populaires dans votre pays ?
3 - Connaissez-vous d'autres formes d'aventure ?
4 - Donnez votre propre définition du mot « aventure ».

#### 8 Quel était l'article original ?

D'après ces quatre lettres essayez de reconstituer les grandes lignes de l'article qui a motivé les réactions des lecteurs.

- Son thème.
- Sa conception de l'aventure.
- Les intentions de l'article et sa conclusion possible.

# PARTICIPEZ

## Ne rêvez plus ! Partez

### En quoi consiste le concours ?

Il vous suffira d'avoir l'idée d'un voyage original à but culturel inédit. Vous expliquerez ensuite votre projet en détail.

Il n'est pas nécessaire de partir au bout du monde pour faire preuve d'originalité et pour rencontrer l'aventure.

Tous les projets seront examinés par un jury qui sélectionnera les dix meilleurs. Les gagnants recevront une aide financière importante pour les aider à réaliser leur projet.

Au retour, chaque groupe soumettra « un carnet de route » relatant son voyage par le texte et par l'image. C'est sur cette base que le jury décidera de l'attribution des super-prix.

Les projets devront parvenir à Voyages sans frontières (VSF) avant le 25 mai. La présentation d'un projet engage ses auteurs à le réaliser pendant l'été suivant, s'il est sélectionné, et à présenter un reportage au retour. De plus chacun s'engage à utiliser l'argent reçu pour financer son voyage.

Les cinq groupes qui auront réalisé les meilleurs reportages se partageront une somme de 60 000 francs.

**UNE CHANCE SUR DEUX DE GAGNER !**

**Les projets devront comporter les indications suivantes :**

1 - le pays de destination ;

2 - l'objectif du voyage ;

3 - la date et la durée (quatre semaines au maximum) ;

4 - l'itinéraire, les étapes prévues et les moyens de transport ;

**N'OUBLIEZ PAS DE DONNER**

# AU CONCOURS VOYAGES

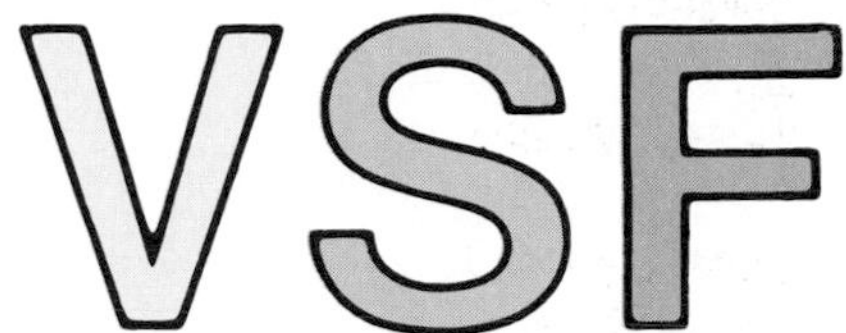


## grâce à Voyages sans frontières.

5 - les dépenses prévues : faire une estimation des frais de transport, d'hébergement, de repas et autres...

Ces dépenses devront être calculées de façon précise et réduites au maximum. Cet aspect du projet est un élément d'appréciation important pour le jury.

**UN TITRE À VOTRE PROJET !**

### *Les gagnants du concours de l'an dernier*

Un des groupes est parti à la recherche de l'artisanat d'art dans le Midi de la France. Les trois voyageurs ont fait un véritable travail de chercheurs et ont rapporté une excellente documentation sur des artisanats d'art en voie de disparition comme la sculpture sur bois d'olivier en Provence ou la peinture sur soie à Lyon.
Un autre groupe est allé à la recherche des gardiens de phare sur la côte ouest de la France...

*« On avait déjà une idée de voyage. On a pu la réaliser dans de bonnes conditions car le concours nous a forcés à tout préparer dans le détail. »*

*« Cette expérience nous a beaucoup apporté. Avoir un objectif exige un plus grand investissement et rend le voyage passionnant. On a eu des contacts très enrichissants avec les gens. »*

**Projet libre.**

Vous écrivez à votre correspondant français pour lui décrire le voyage que vous lui avez organisé et qu'il fera quand il viendra dans votre pays.
Vous lui précisez :
- où il ira,
- ce qu'il verra,
- les gens qu'il rencontrera,
- où il logera,
- ce qu'il mangera,
- ce qu'il pourra acheter,
- les dépenses qu'il devra prévoir.

FEUILLETON

# UN BEAU COUP DE FILET

## CHAPITRE 4

« C'est vrai qu'il y a des odeurs merveilleuses dans ce parc. Finalement, je ne suis pas mal ici, se dit Arielle. Oui... enfin, je suis quand même prisonnière. »

— Monsieur Vandame, est-ce que je peux vous demander une faveur ?
— Mais certainement.
— Je n'aime pas beaucoup me sentir enfermée. Alors... si vous pouvez me faire ouvrir les fenêtres, je serai ravie. Je ne sais pas où je suis et je ne risque pas de me sauver.
— Ne vous inquiétez pas. Je vais donner des ordres. Si cela ne vous ennuie pas, vous resterez mon invitée quelques jours encore, le temps de faire quelques vérifications.
— Je n'ai pas le choix. Bonsoir, monsieur Vandame.
— Bonne nuit, mademoiselle Barbier.

Arielle remonta dans sa chambre toujours accompagnée de l'homme à la moustache. Il referma la porte derrière elle. Elle se dirigea vers une fenêtre et put l'ouvrir sans difficulté.
Les fenêtres ouvertes, c'est un début. On verra si on peut faire mieux. Arielle se pencha. Un rebord de 10 centimètres allait de la fenêtre à un balcon. Oui, mais elle était à 8 mètres du sol. Tant pis, j'essaye ! Arielle changea rapidement de vêtements et enjamba la fenêtre. Elle arriva sans trop de difficultés jusqu'au balcon. Tout était ouvert et elle se retrouva en haut de l'escalier. Elle descendit en silence. Tout était calme. Tout d'un coup elle entendit une voix : celle de Vandame. Elle s'approcha de la porte sur la pointe des pieds.

— Idiots ! Vous vous êtes trompés. Cette Arielle Barbier n'est pas la fille du professeur. Je veux que vous retrouviez l'autre immédiatement. Je dois remettre cette statuette dans cinq jours. Il y a un million de dollars en jeu. Si je ne l'ai pas à temps, je vous ferai arrêter. J'ai suffisamment de preuves contre vous pour vous faire mettre en prison à vie. Et, contre moi, vous n'avez rien. Vous ne pouvez rien prouver.
— Qu'est-ce qu'on fait de l'autre fille, monsieur ?

C'était la voix de l'homme à la moustache.

— Je la garde ici quelques jours. Le temps que vous retrouviez l'autre. Je...

— Ah !

Arielle se sentit brusquement tirée en arrière. Elle essaya de se dégager mais l'homme la tenait fermement. Vandame ouvrit la porte.
— Qu'est-ce qui se passe ?
— Je l'ai surprise derrière cette porte, monsieur Vandame.
— Ah, on écoute aux portes, mademoiselle Barbier. On joue les curieuses.
— Je... je vous assure, je ne voulais pas. Je me suis perdue et...
— Vous vous êtes perdue. Et comment êtes-vous sortie de votre chambre ?
— Je... je voulais prendre l'air.
— Décidément c'est une obsession. Remontez-la dans sa chambre et enfermez-la. Demain, mademoiselle, vous irez faire un tour en voiture... pour prendre l'air.

Arielle disparut avec l'homme. Vandame retourna dans la pièce.
— Cette fille en sait trop maintenant. Vous vous occuperez d'elle demain.

# Vous connaissez un bon hôtel ?

*Le client*

- Je voudrais réserver une chambre pour une / deux personnes, avec salle de bains / douche, au calme, avec vue sur la mer...
- Vous pouvez me dire le prix d'une chambre / de la pension complète / de la demi-pension.
- Avez-vous un restaurant dans l'hôtel / un garage ?
- Vous acceptez les chiens ?
- C'est à quel étage ?
- Il y a un ascenseur ?
- Voulez-vous me préparer ma note ?

*Le réceptionniste*

- Je regrette, monsieur, l'hôtel est complet. Il n'y a plus de chambres avec salle de bains. Nous avons une chambre avec douche...
- Pour combien de jours ? À partir de quand ?
- C'est à quel nom, monsieur ?
- C'est 350 francs pour une personne seule et 650 pour une chambre double, petit déjeuner inclus.
- Au deuxième / troisième...
- Oui, dans le couloir à droite.

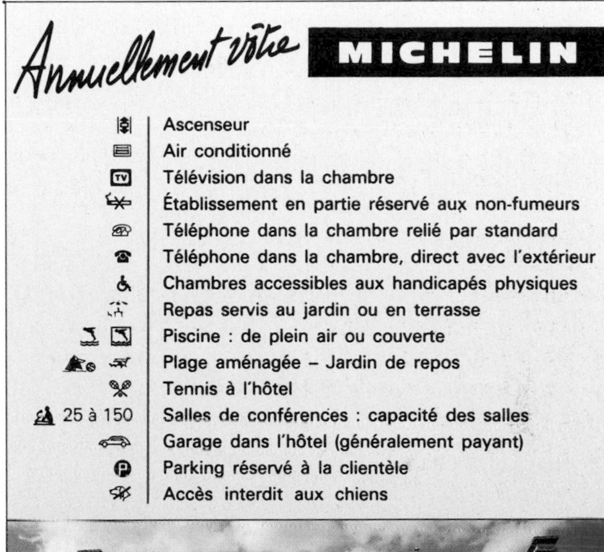

Annuellement votre MICHELIN

| | |
|---|---|
| | Ascenseur |
| | Air conditionné |
| | Télévision dans la chambre |
| | Établissement en partie réservé aux non-fumeurs |
| | Téléphone dans la chambre relié par standard |
| | Téléphone dans la chambre, direct avec l'extérieur |
| | Chambres accessibles aux handicapés physiques |
| | Repas servis au jardin ou en terrasse |
| | Piscine : de plein air ou couverte |
| | Plage aménagée – Jardin de repos |
| | Tennis à l'hôtel |
| 25 à 150 | Salles de conférences : capacité des salles |
| | Garage dans l'hôtel (généralement payant) |
| | Parking réservé à la clientèle |
| | Accès interdit aux chiens |

*Un hôtel-restaurant en Touraine (Azay-le-Rideau). Son enseigne évoque le magnifique château Renaissance.*

## Activités

1. Vous téléphonez à un hôtel pour réserver une chambre.
2. Vous arrivez dans un hôtel. Vous demandez une chambre.
3. Quelles sont les caractéristiques de cet hôtel ? Quels services y trouve-t-on ?

# Faites le point.



**1** **Quels adjectifs correspondent à ces noms ?**

Indiquez le féminin.

| | | |
|---|---|---|
| **1** - sensibilité ; | **5** - gaieté ; | **9** - nervosité ; |
| **2** - ambition ; | **6** - courage ; | **10** - franchise ; |
| **3** - gourmandise ; | **7** - indécision ; | **11** - rêverie ; |
| **4** - méfiance ; | **8** - égoïsme ; | **12** - tendresse. |

**2** **Qui est-ce ?**

Écoutez et dites de qui il s'agit.

**3** **Deux choses à la fois !**

Qu'est-ce que vous pouvez faire en faisant autre chose ?

**1** - S'habiller / Écouter la radio.
**2** - Penser / Conduire (une voiture).
**3** - Chanter / Travailler.
**4** - Manger / Lire.

*Je peux... en...*

**4** **Décrivez cette personne et faites-lui cinq compliments.**

**5** **Gagnez du temps.**

Évitez de donner une réponse précise !

**1** - Tu viendras nous voir, dimanche ?
**2** - Vous êtes prêt(e) pour l'entrevue ?
**3** - Tu crois qu'ils seront d'accord ?
**4** - Vous pensez qu'il est sincère ?
**5** - Elle parle bien français ?

**6** **Rien ne s'est passé !**

Répondez négativement.

**1** - Vous avez vu quelqu'un ?
**2** - Vous avez remarqué quelque chose ?
**3** - Vous avez parlé à quelqu'un ?
**4** - Est-ce que quelqu'un vous a vu ?
**5** - Est-ce que quelque chose vous a frappé ?

**7** **Quelle est votre hypothèse ?**

*Il n'est plus dans sa chambre.* → *Il doit être parti.*

**1** - J'entends ta sœur dans le salon. *(revenir)*
**2** - Vous voulez vous reposer ? *(fatiguer)*
**3** - On ne les entend plus. *(se coucher)*
**4** - Elles ne discutent plus. *(se mettre d'accord)*

**8** **Que ferez-vous si...**

**1** - ... vous avez quinze jours de vacances ?
**2** - ... vous gagnez le « Concours Voyages VSF » ?
**3** - ... vous allez dans les Alpes ?
**4** - ... vous rencontrez le commissaire Berthier ?

**9** **Vous cherchez une secrétaire.**

Voilà ce que vous exigez :

**1** - avoir de l'ordre ;
**2** - posséder le sens des responsabilités ;
**3** - savoir recevoir les visiteurs ;
**4** - pouvoir répondre au téléphone ;
**5** - prendre le courrier ;
**6** - faire la comptabilité.

Expliquez vos exigences en commençant par :
*« Je voudrais trouver quelqu'un qui... »*

# CHOISISSEZ LE MEILLEUR. 5

INFORMATIONS/PRÉPARATION

**Les idées de la semaine.**

**Le saviez-vous ?**

PAROLES

**À PRENDRE AVEC DES GANTS :**

**« Pas très honnête, ce Frémont ! »**

LECTURES/ÉCRITURES

**Décrivez un tableau.**

**Le coin gourmand.**

SUPPLÉMENT

**FEUILLETON**

**« Un beau coup de filet. »**

**VIE PRATIQUE**

**Où l'avez-vous perdu ?**

**LITTÉRATURE**

L. Aragon, *Le Nouveau Crève-cœur*.

J. Kessel, *Le Lion*.

5

# *Les idées de la semaine*

**V**ous aurez bientôt à changer les fauteuils de votre salon ? Pourquoi ne pas vous offrir des sièges éprouvés ?
Ces fauteuils, qui ont parcouru plus de 30 millions de kilomètres à bord d'un avion d'Air France, ont été mis en service en 1970. On habillera leur structure droite en acier d'un cuir neuf de la couleur que vous choisirez.

● *Pour 18 700 francs vous disposerez de deux sièges très confortables avec accoudoirs et tablette pour poser les verres.*

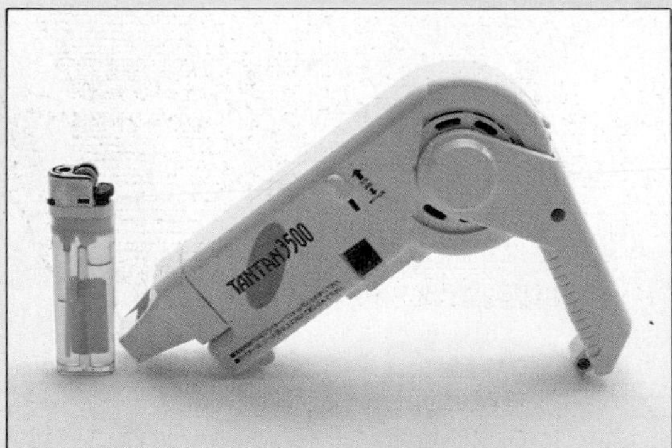


**V**ous pourrez faire sécher vos cheveux avec le gaz d'un petit briquet jetable. La flamme du briquet fera chauffer l'air froid produit par ce petit appareil léger et pliable.

● *395 francs.*

**C**es grosses lunettes aux verres inclinables s'adapteront à toutes les lumières et à toutes les situations. Leur monture est faite d'un matériau antichoc, leurs branches sont réglables en longueur. Leurs verres incassables vous protégeront à 100% des rayons ultraviolets.

● *471 francs.*

**A**vec une seule enceinte acoustique vous diffuserez un son « stéréo ». Vous pourrez la suspendre au centre d'une pièce. Il y a un haut-parleur sur chaque face du petit triangle.

● *Pour 5 000 francs vous la ferez installer chez vous.*

**C**es pichets de 1 litre en acrylique transparent ont une double paroi. Ils conserveront les boissons à une température constante pendant trois heures.

● *Chaque pichet vous coûtera environ 150 francs.*

### 1 ▶ Comment sont ces objets ?

Identifiez-les.

| Objets | Taille | Forme | Couleur | Matière | Prix | Particu-larités |
|---|---|---|---|---|---|---|
| Fauteuils | | | | | | |
| Lunettes | | | | | | |
| Sèche-cheveux | | | | | | |
| Enceinte | | | | | | |
| Pichets | | | | | | |

**VERBE + suffixe -ABLE**

Le plus souvent dans le sens de « pouvoir » + verbe.

jeter ⟶ jetable (= qu'on peut jeter)

### C'est réalisable !

Définissez ces adjectifs.

*Des sièges inclinables sont des sièges qu'on peut incliner.*

1 - Des lunettes adaptables.
2 - Un appareil pliable.
3 - Des sièges réglables.
4 - Un briquet jetable.
5 - Des verres incassables.
6 - Une nourriture immangeable.

### À quoi servent-ils ?

*Les fauteuils servent à s'asseoir confortablement et à se reposer en lisant ou en regardant le télévision.*

**« FAIRE » + infinitif**

Mes amis **font recouvrir** leurs fauteuils de cuir.
Il a **fait changer** ses verres de lunettes.
**Faites**-vous **installer** une enceinte acoustique.

Dans tous les cas les actions de « recouvrir, changer, installer » ne sont ou ne seront pas faites par le sujet de ces phrases mais par une autre personne.

« Faire » + infinitif indique que le sujet est la cause de l'action et non l'agent, qu'il fait faire l'action.

### 4 Qu'est-ce que vous ferez faire ?

*Recouvrir les fauteuils. ⟶ Je ferai recouvrir les fauteuils de cuir marron.*

1 - Installer l'enceinte acoustique.
2 - Régler les lunettes.
3 - Placer au centre.
4 - Remplir de boissons fraîches.
5 - Sécher au gaz.

### Tu sais ce que je viens d'acheter ?

Vous téléphonez à un(e) ami(e) et vous lui décrivez les objets que vous venez d'acheter.

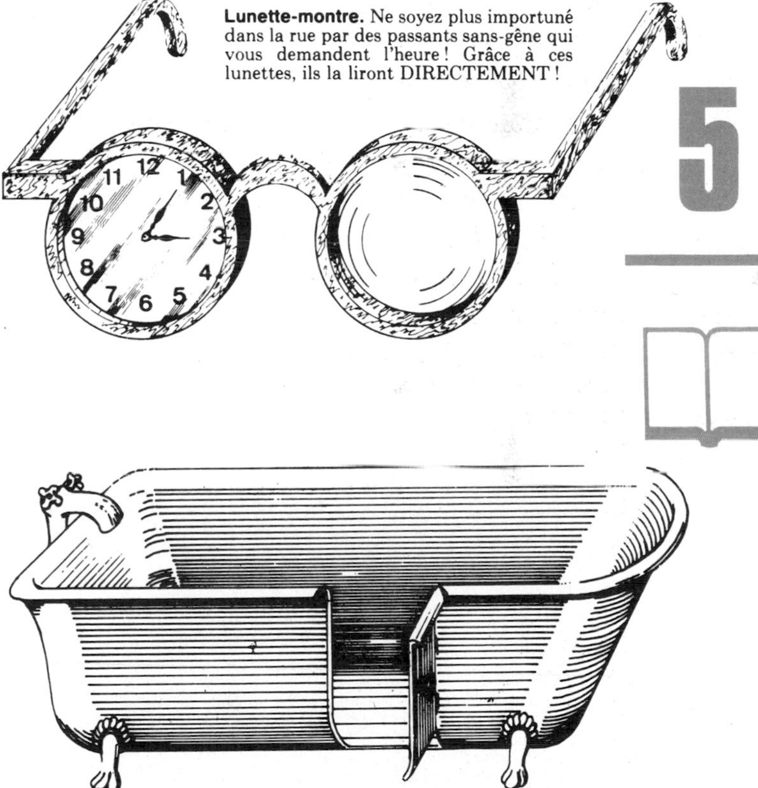



**Lunette-montre.** Ne soyez plus importuné dans la rue par des passants sans-gêne qui vous demandent l'heure ! Grâce à ces lunettes, ils la liront DIRECTEMENT !

**Baignoire à portières.** Évite d'enjamber la baignoire pour y entrer. (Brevet G. de Pawlowski.)

# Le saviez-vous ?

Le yak du Tibet vit sans problèmes à 6 000 mètres d'altitude.

**Quel est l'animal le plus fort du monde ?**

Non, ce n'est pas l'éléphant, qui ne peut porter sur son dos que le quart de son propre poids. C'est un insecte, un scarabée qui vit sous les tropiques et qui peut supporter jusqu'à 850 fois son propre poids !

Naturellement vous savez que la baleine bleue est le plus grand mammifère du monde. Une baleine bleue peut atteindre 30 mètres de long. Le plus grand spécimen connu mesurait 33,50 mètres et pesait près de 200 tonnes.

Vous savez aussi que la girafe est le plus grand des herbivores : les plus grandes ont jusqu'à 6 mètres de haut.
Mais pouvez-vous dire quel est l'oiseau le plus rapide en vol, le carnivore le plus gros, le félin le plus long, l'animal qui vit le plus longtemps et celui qui vit le plus haut ?

On dit que certaines tortues peuvent vivre jusqu'à 200 ans.

5

Le félin le plus long est le tigre du Bengale qui peut mesurer 3 mètres de la gueule à la queue.

Le plus gros des carnivores est l'ours Kodiak. Il vit en Alaska, peut mesurer 2,40 mètres du museau à la queue et peser 530 kilos.

Un faucon pèlerin a atteint la vitesse de 350 kilomètres à l'heure en vol piqué.

**L'escargot n'est peut-être pas l'animal qui avance le plus lentement, mais sa vitesse moyenne n'est que de 0,05 kilomètre à l'heure !**

Comparez-la avec celle d'un guépard qui peut faire près de 100 km/h pendant plusieurs kilomètres.

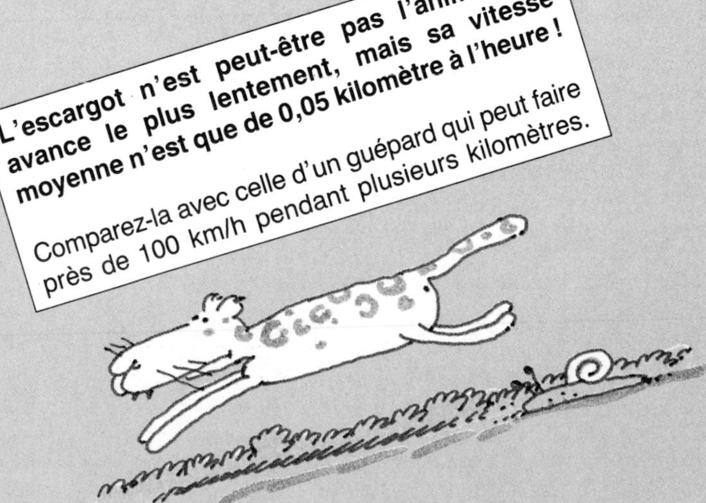

## LE SUPERLATIF

Le plus / le moins + adjectif ou adverbe

Le faucon pèlerin est l'oiseau **le plus** rapide du monde.
La girafe est **la plus** grande des bêtes d'Afrique.
La tortue est un des animaux **les moins** rapides

La tortue est l'animal qui vit **le plus** longtemps.

⚠ Utilisez le superlatif même si on ne compare que deux choses ou deux personnes.
Des deux, c'est l'escargot qui va **le moins** vite.

### 6 Qui possède ces records ?

*de lenteur* ⟶ *C'est l'escargot qui avance le plus lentement.*

1 - de vitesse *(oiseaux)*.
2 - de longueur *(félins)*.
3 - de hauteur *(animaux terrestres)*.
4 - de grosseur *(carnivores)*.
5 - de grandeur *(mammifères)*.
6 - de vieillesse.

### 7 Dites-le autrement.

*La baleine est plus grosse que l'éléphant.* ⟶ *Des deux la baleine est la plus grosse.*

1 - Le faucon pèlerin est plus rapide que le faucon ordinaire.
2 - L'escargot est plus lent que la tortue.
3 - L'ours est plus gros que le lion.
4 - Le tigre est plus long que le léopard.
5 - Le buffle a des cornes plus longues que l'antilope.

### 8 Comment sont-ils ?

Posez-vous des questions sur les animaux et les lieux remarquables du monde.

*Quel est l'océan le plus profond ?*
*Quel est l'animal le plus rapide, le faucon pèlerin ou le léopard ?*

### 9 Quelles sont leurs caractéristiques ?

Écoutez et prenez des notes.

1 - certains canards : ..........................................
2 - la bécasse : ..........................................
3 - le poisson : ..........................................
4 - le guépard : ..........................................
5 - l'antilope : ..........................................
6 - l'éléphant d'Asie : ..........................................

5

### 10 Que pouvez-vous dire de ces endroits du monde ?

*température, Vostok dans l'Antartique, – 89 °C* ⟶ *Vostok est l'endroit le plus froid du monde. Il y a fait – 89 °C.*

| | | | |
|---|---|---|---|
| 1. | continent | l'Australie | moins de 8 millions de kilomètres carrés ($km^2$) |
| 2. | fleuve | le Nil | 6 670 kilomètres de longueur |
| 3. | montagne | l'Everest | 8 848 mètres de hauteur |
| 4. | désert | le Sahara | environ 8 400 000 $km^2$ |
| 5. | océan | le Pacifique | 11 034 mètres de profondeur |
| 6. | température | la Vallée de la Mort | 49 °C pendant 43 jours |
| 7. | sécheresse | le désert de l'Atacama | moyenne de pluie annuelle : 0 mm |

PAS TRÈS HONNÊTE, CE FRÉMONT.

RUE DES PLÂTRIÈRES

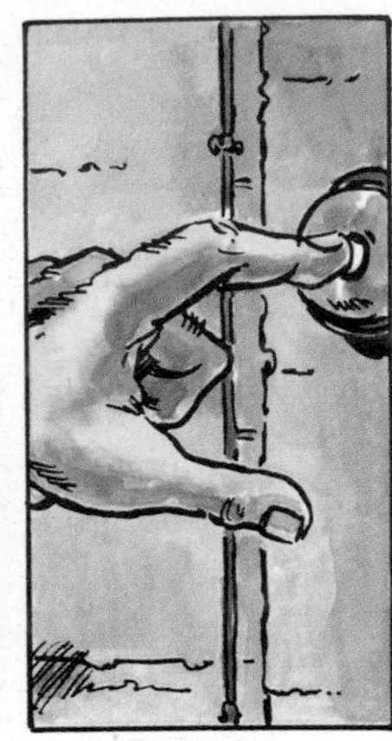

5

IL EST TOUJOURS LÀ?

OH NON. IL Y A LONGTEMPS QU'IL EST PARTI. C'ÉTAIT PAS LE TYPE LE PLUS HONNÊTE DE CETTE MAISON.

BUREAU DU COMMISSAIRE BERTHIER.

UN PETIT VOYOU. PAS DE DOMICILE FIXE. CONDAMNÉ TROIS FOIS POUR VOL. IL PASSE SON TEMPS ENTRE LE CHÔMAGE, LES COMBINES ET LES PETITS BOULOTS.

MONSIEUR LANSKY?
QU'EST-CE QUE VOUS LUI VOULEZ?
LUI PARLER. POLICE.

C'EST MOI. C'EST POURQUOI?

ROGER FRÉMONT!
ET NE NOUS DIS PAS QUE TU NE LE CONNAIS PAS.

FRÉMONT, JE NE CONNAIS QUE LUI!

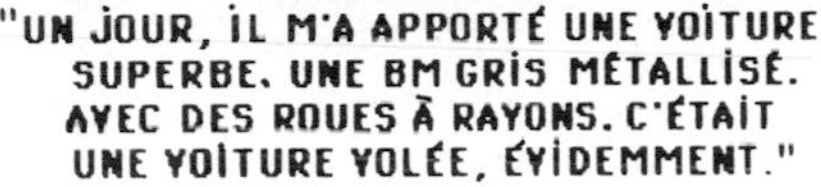
"UN JOUR, IL M'A APPORTÉ UNE VOITURE SUPERBE. UNE BM GRIS MÉTALLISÉ. AVEC DES ROUES À RAYONS. C'ÉTAIT UNE VOITURE VOLÉE, ÉVIDEMMENT."

VOUS VOUS RENDEZ COMPTE, ME FAIRE ÇA A MOI!
TU PENSAIS QUE C'ÉTAIT LA SIENNE?
MOI, JE NE JOUE PAS À CE PETIT JEU. JE TIENS À MA RÉPUTATION.

5

C'EST ÇA, GARDE-LA BIEN SURTOUT!
ALORS TU NE SAIS PAS OÙ IL EST?
AUCUNE IDÉE.

OUI, JE LE CONNAIS. IL VIENT ICI QUELQUE FOIS.
IL Y A LONGTEMPS QUE VOUS L'AVEZ VU?

DEUX OU TROIS MOIS. QU'EST-CE QU'IL A FAIT?
IL A GAGNÉ AU LOTO!

EH, ATTENDEZ!
OUI, QU'EST-CE QUE TU VEUX?

JE VOUS AI ENTENDUS TOUT À L'HEURE. JE SAIS OÙ IL HABITE.
AH OUI, OÙ ÇA?
IL HABITE DANS UNE ROULOTTE, PRÈS DE LA MIENNE. C'EST ASSEZ LOIN. JE VOUS ACCOMPAGNE.

## ① Qu'est-ce qui se passe ?

1 - Regardez la bande dessinée et racontez l'histoire.
2 - Combien y a-t-il de lieux et de situations différents ?
3 - À quel milieu social correspond chaque situation ? Quels détails des dessins le montrent ?

5

## ② C'est dans le dialogue !

Trouvez :
1 - une expression de regret ;
2 - des demandes d'information ;
3 - une menace ;
4 - une moquerie ;
5 - une offre d'aide ;
6 - une façon d'affirmer son honnêteté.

## ③ Qu'est-ce que ça veut dire dans la situation ?

1 - Un certain Roger Frémont.
2 - Les mairies, qu'est-ce que ça donne ?

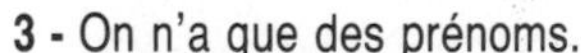

3 - On n'a que des prénoms.
4 - Je ne connais que lui !
5 - Il a gagné au loto.

## ④ Chacun le sien.

*Vous tenez à votre réputation.* ⟶ *Moi, je tiens à la mienne.*

1 - Martinez a sa voiture./ Toi, Breton,...
2 - Nous avons nos amis. / Frémont...
3 - Le garçon de café a ses habitudes. / Ses clients...
4 - Lansky a ses combines. / Frémont...
5 - Berthier a ses méthodes. / Ses inspecteurs...

| LES PRONOMS POSSESSIFS | | | |
|---|---|---|---|
| **Singulier** | 1re personne : | **le mien / la mienne** | **les miens / les miennes** |
| | 2e personne : | **le tien / la tienne** | **les tiens / les tiennes** |
| | 3e personne : | **le sien / la sienne** | **les siens / les siennes** |
| **Pluriel** | 1re personne : | **le / la nôtre** | **les nôtres** |
| | 2e personne : | **le / la vôtre** | **les vôtres** |
| | 3e personne : | **le / la leur** | **les leurs** |
| | C'est ma chambre. | C'est la mienne. | Elle est à moi. |
| | C'est leur voiture. | C'est la leur. | Elle est à eux. |
| | Ce sont ses papiers. | Ce sont les siens. | Ils sont à lui. |

 **Qu'est-ce qu'ils demandent ?**

*Vous le reconnaissez ?* ⟶ *Ils lui demandent s'il le reconnaît. / Il leur répond qu'il ne l'a jamais vu.*

1 - Ça te dit quelque chose ?
2 - Il est toujours là ?
3 - Les mairies, qu'est-ce que ça donne ?
4 - Qu'est-ce que vous lui voulez ?
5 - Tu pensais que c'était la sienne ?
6 - Il y a longtemps que vous l'avez vu ?
7 - Qu'est-ce que tu veux ?

 **Qu'est-ce qu'on apprend dans cet épisode ?**

1 - Sur Frémont et sur les milieux qu'il fréquente.
2 - Sur l'enquête.

 **Comment le disent-ils ?**

Trouvez dans le dialogue des expressions équivalentes.

*On n'a pas de chance !* ⟶ *C'est bien notre veine !*

1 - Il y a 25 ans que je vis ici.
2 - Tu te souviens de lui ?
3 - C'était pas des gens bien.
4 - Je suis honnête, moi.
5 - Ça ne vous regarde pas.

Puis choisissez avec un(e) autre étudiant(e) deux ou trois situations où vous pouvez utiliser une de ces expressions. Faites un court dialogue et jouez la scène.

Par exemple : vous avez prévu depuis plusieurs semaines d'aller à un concert avec un(e) ami(e). Vous avez les billets, vous vous êtes libéré(e)s plus tôt, vous avez tout prévu... sauf que le concert allait être annulé. Vous n'avez vraiment pas de chance !

**8 Jeu de rôle.**

Un représentant de commerce sonne à votre porte. Il veut vous vendre une encyclopédie, la plus intéressante, la plus complète, la mieux faite, la moins chère, etc. Vous êtes timide et vous n'osez pas le mettre à la porte. Vous hésitez et vous essayez de gagner du temps pour qu'il se décourage ou que votre femme/mari vienne à votre secours.

Pour vous aider à refuser poliment, vous pouvez utiliser :

Il faut que je réfléchisse.
Je vais voir.
Je veux d'abord en parler à ma femme / mon mari.
Je n'en ai pas vraiment besoin.
Ça peut attendre.

 **Jeu de rôle.**

Vous êtes garagiste et vous ne pouvez pas garantir l'origine de toutes les voitures d'occasion que vous avez à vendre... Un client vient chez vous. Il dit qu'il veut acheter une voiture. Il vous pose des questions. Il veut savoir d'où viennent les voitures qui l'intéressent. Ça doit être un inspecteur... Vous répondez prudemment...

5

 **Jeu de rôle.**

Vous allez visiter un zoo avec un petit garçon / une petite fille. Il / elle vous montre les animaux et vous demande des renseignements sur tous ceux qu'il / elle voit.

# Décrivez un tableau.

## 1 Qu'est-ce que vous observez ?

1 - Quels sont les thèmes de *La Nature morte aux grenades* ?
2 - Quels sont les couleurs dominantes ?
3 - Quelle est la partie la plus lumineuse ?
4 - Les formes sont-elles : compliquées, simples, stylisées, torturées ?
5 - Qu'est-ce qui donne de la profondeur au tableau : la perspective, la disposition des objets, la couleur ?
6 - Comment est composé ce tableau ? Tracez les lignes qui séparent les parties et les thèmes.
7 - Peut-on dire que ce tableau est : réaliste, cubiste, abstrait, figuratif ?
8 - Quelle impression vous donne-t-il ?

*Intérieur de la chapelle du Rosaire, à Saint-Paul-de-Vence, décorée par Henri Matisse (1950).*

## 2 Corrigez ces affirmations.

1 - Les couleurs sombres dominent dans les tableaux de Matisse.
2 - Ses couleurs sont les couleurs naturelles des objets.
3 - Ses thèmes sont nombreux et toujours différents.
4 - C'est un expressionniste qui torture les formes. Lui-même doit être un homme tourmenté.
5 - Ses portraits sont réalistes et visent à traduire la psychologie des personnages.

## 3 Qu'allez-vous écrire dans votre journal ?

1 - Où avez-vous vu ce tableau ? À quelle occasion ?
2 - Quelle a été votre première impression ?
3 - Que représente le tableau ?
(Choisissez un ordre de description : de bas en haut, de gauche à droite, ordre circulaire, le plus frappant d'abord, le plus significatif...)
4 - Quels commentaires sur le tableau ou sur le peintre avez-vous envie de faire ?
5 - Quelles impressions voulez-vous fixer ? (Plaisir, enthousiasme, déception, indifférence...)

*Au-dessus de la porte d'entrée de la chapelle, céramique de Henri Matisse.*

## 4 À vos textes !

En vous servant de vos réponses aux exercices précédents, écrivez votre texte.

## 5 Échangez.

Montrez-le à un(e) autre étudiant(e). Tenez compte des critiques et révisez-le.

## 6 Projet libre.

Travaillez en groupe : réunissez un dossier sur l'œuvre de Matisse, ou d'un autre peintre à votre choix. Puis faites-en une synthèse pour présenter le peintre dans un catalogue d'exposition. (Vous avez droit à 25 lignes au plus.)

# PEINTURE 5

« La Nature morte aux grenades » (1947), musée Matisse (Cimiez).

## HENRI MATISSE (1869-1954)

Un peintre qui, influencé par Cézanne, Van Gogh et Gauguin, découvre le Sud de la France, la lumière et les couleurs vives, et devient, en 1905, le chef de file des « Fauves », les peintres aux couleurs éclatantes.

*Une œuvre caractérisée par :*

– quelques thèmes privilégiés : intérieur de pièces, fenêtres ouvertes, étoffes, fruits, fleurs, plantes, portraits ;
– la sobriété du dessin (formes linéaires) et la somptuosité des couleurs (grands à-plats) ;
– l'équilibre et la pureté qui donnent souvent une impression de calme, de repos, de joie.

## ANTICIPEZ

### 1 De quoi s'agit-il ?

1 - Qu'évoquent le titre et les illustrations ?
Que présente cette page ?
2 - Combien a-t-on sélectionné de restaurants ?
3 - À qui sont destinées ces présentations ?
D'où sont-elles tirées ?
4 - Que vous attendez-vous à trouver dans une notice de présentation de restaurant ?

## RECHERCHEZ LES FAITS

### 2 Quel est le meilleur ?

Classez les adjectifs suivants par ordre croissant d'importance.

1 - (Un plat) savoureux, sympathique, parfait, bon, intéressant.
2 - (Des prix) élevés, moyens, disproportionnés, raisonnables, bas.
3 - (Un service) stylé, agréable, excellent, sympathique, médiocre.
4 - (Une ambiance) délicieuse, accueillante, bonne, exceptionnelle, agréable.

### 3 Lequel de ces restaurants choisirez-vous :

1 - pour goûter de la nouvelle cuisine ?
2 - pour trouver de la bonne cuisine traditionnelle ?
3 - pour trouver un bon menu pas trop cher ?
4 - pour profiter d'une ambiance de luxe ?
5 - pour profiter d'un paysage exceptionnel ?

### 4 C'est dans les textes !

1 - Trouvez une restriction dans la notice du *Bistro de Paris*.
2 - Trouvez deux contrastes dans la notice de *À la Grâce de Dieu*.
3 - Quelle différence faites-vous entre « son service est le meilleur de la Côte » et « un des meilleurs de la Côte » ? Atténuez l'expression « le restaurant le plus luxueux de la ville ».
4 - Trouvez trois manières différentes de recommander un restaurant.
5 - Quel est le sujet des verbes au futur dans ces présentations ? Qu'implique l'utilisation du futur ?
Quelle condition pourrait précéder chacun de ces futurs ?

# LE COIN GOURMAND

*Comme chaque semaine nous avons sélectionné quelques bonnes tables un peu partout en France. Nos critères vont de la plus sympathique et la moins chère à la meilleure et la plus luxueuse. Il en faut pour tous les goûts... et toutes les bourses !*

*Les symboles définissant la qualité de :*
● *la table* — *le décor* Ψ
*la cave* — *le service*

●●
ΨΨ

*Le Bistro de Paris*
67, rue du Val-de-Mayenne
53000 Laval

De loin la meilleure table de la ville. Son chef, le très jeune Guy Lemercier, sait marier avec bonheur nouvelle cuisine et tradition. Il vous régalera avec son saumon posé sur un hachis de légumes, son lapin farci aux poireaux frits et sa galette de fraises, devenue un classique. Ses vins ne sont peut-être pas les plus grands mais ils sont certainement parmi les plus sympathiques. Rapport qualité-prix excellent.

### 5 Quelles sont les caractéristiques des restaurants sélectionnés ?

| Restaurants | Qualité | Décor / ambiance | Service | Prix |
|---|---|---|---|---|
| *Le Bistro de Paris* | | | | |
| *Auberge de l'Ill* | | | | |
| *À la Grâce de Dieu* | | | | |
| *Aux Charpentiers* | | | | |
| *Le Château Eza* | | | | |

●●

*À la Grâce de Dieu*
78, boulevard Carnot
78110 Le Vésinet

L'un des restaurants les moins chers des environs de Paris dans une des banlieues les plus élégantes. Vous ne serez certes pas déçu par ce menu à 100 francs qui comblera les palais les plus exigeants.
Accueil aussi délicieux que la carte des vins.

*Aux Charpentiers*
10, rue Mabillon
75006 PARIS

Peut-être le restaurant le moins sophistiqué de Paris !
Il y a des années que les amoureux de Saint-Germain-des-Prés et de la bonne cuisine traditionnelle viennent s'y régaler. Ses plats du jour y sont des plus savoureux et ses vins sont les moins chers du quartier ! Et il y a toujours une bonne ambiance !

*Le Château Eza*
06300 Eze-Village

Ne manquez pas de venir admirer le plus beau paysage de la Côte d'Azur. Vous y goûterez, en plus, l'une des meilleures cuisines de la région. Son jeune chef est l'un des plus doués de sa génération et il vous surprendra par des plats alliant sagesse et perfection. La carte des vins n'est pas la curiosité la moins intéressante de cette maison. Le service est un des meilleurs de la Côte et le menu, servi midi et soir, vaut, à lui seul, le déplacement.

●●●● *Auberge de l'Ill*
Illhaeusern
68150 Ribeauvillé

Voici la plus belle auberge du monde ! Tout y est parfait. Son service, des plus stylés, son sommelier, un des meilleurs connaisseurs de vins, et sa carte, une des plus originales et des plus riches de France. Goûtez le médaillon de lotte et le filet de rouget au vin rouge, le canard au vinaigre, et vous serez conquis. Les prix sont des plus raisonnables et vous aurez en prime la gentillesse de Jean-Pierre et de Martine, les propriétaires de cette heureuse maison.

5

## INTERPRÉTEZ

### 6 Comparez-les.

Comparez l'*Auberge de l'Ill* et *Le Château Eza*. Quel est, d'après vous, le meilleur de ces deux restaurants ? Sur quoi fondez-vous votre jugement ?

### 7 Lequel choisir ?

1 - Qu'est-ce que vous recherchez dans un restaurant ? Classez vos critères dans l'ordre de vos préférences.
2 - Quelle différence faites-vous entre « la carte » et « le menu » ?
3 - Qu'est-ce qui vous permet de vous faire une première idée de la qualité du restaurant ? Que faut-il savoir pour utiliser les symboles ?
4 - Que recherchez-vous dans les notices de présentation ?
5 - Supposez que ces restaurants sont tous groupés dans la ville où vous êtes. Où allez-vous dîner ? Pour quelles raisons ?

### 8 Ils ont besoin de le voir écrit !

Écrivez une notice pour un ou deux restaurants de votre ville que vous voulez recommander à des Français.
Donnez des précisions sur les restaurateurs, leurs spécialités culinaires et la qualité de leur accueil.

FEUILLETON

# UN BEAU COUP DE FILET

## CHAPITRE 5

Il faisait à peine jour quand l'homme à la moustache la réveilla.
— Habillez-vous.

Arielle alla dans la salle de bains. Elle prit une douche rapide et elle mit un jean et un tee-shirt en coton. Quand elle sortit, l'homme à la moustache rangeait quelque chose dans la poche intérieure de sa veste. Un revolver. Arielle frissonna.
— Suivez-moi.
— Et mes bagages ?
— On s'en occupera.
— Je peux quand même prendre mon sac à main ?

L'homme lui lança un regard ironique et méchant.
— Là où vous allez, vous n'aurez pas besoin de rouge à lèvres, mais si ça peut vous faire plaisir.

Elle monta à l'arrière de la voiture, son ange gardien à sa droite. L'homme qui conduisait était le même qu'à l'aller. Ils sortirent du parc par une autre route. La voiture suivait une piste d'atterrissage où se trouvait un avion. « L'avion personnel du milliardaire Vandame », se dit Arielle.

Ils roulaient depuis plus d'une heure en silence. « L'heure la plus longue de ma vie », pensa Arielle. Il faisait jour maintenant. Elle plaça discrètement son sac à sa gauche. Elle l'ouvrit avec encore plus de précaution tout en surveillant son compagnon. Celui-ci regardait droit devant lui.

— Monsieur...

L'homme tourna la tête. En un éclair Arielle sortit une bombe et lui vaporisa le visage. Aveuglé, il porta ses mains à ses yeux en poussant un cri. Le chauffeur se retourna. Il ne comprit pas ce qu'il lui arrivait. Il freina brusquement. La voiture se mit en travers de la piste et s'immobilisa. « Vite ! J'ai cinq minutes. » Elle réussit à prendre le revolver. Les portes. Bouclées. « Mon Dieu, aidez-moi. Ce bouton, là. Non. Ce n'est pas le bon. Celui-là. Ouf, sauvée. » En deux minutes elle était dehors. Elle ne savait pas où aller. « Tant pis, mieux vaut la forêt que ces tueurs. » Elle courut à travers les arbres à perdre haleine. Épuisée, elle s'arrêta. « J'entends quelque chose. Ils m'ont suivie. Non... C'est mon cœur. » Elle reprit sa course, au hasard. Le temps passait. La chaleur augmentait. Elle n'entendait que le cri des oiseaux. Pas un souffle d'air. Elle marcha encore longtemps. Tout d'un coup elle s'arrêta, glacée malgré la chaleur. « Je suis déjà passée par là. Je tourne en rond. Je ne m'en sortirai jamais. » Découragée, elle se laissa tomber sur la mousse. Peu à peu, elle sentit ses forces et son courage revenir. Elle reprit sa route. Le soleil était déjà bas dans le ciel. Elle regarda autour d'elle. Non, elle ne rêvait pas, la forêt était moins dense. Elle tourna à droite, fit encore une centaine de mètres et... une route ! Et ce bruit ? Oui, elle en était sûre, c'était...

# Où l'avez-vous perdu?

• ***Si vous avez perdu quelque chose,*** *adressez-vous aux « Objets trouvés » : 36, rue des Morillons, 75015 Paris, et aux commissariats de police si vous êtes en province.*

• ***Si on vous a volé quelque chose,*** *il faut faire une déclaration dans un commissariat de police. Un employé vous posera des questions ou vous fera remplir un imprimé.*

***Vous***

- Je voudrais faire une déclaration de perte.
- J'ai oublié mon appareil photo dans un taxi.
- On m'a volé mon portefeuille / mon sac à main / mon porte-monnaie / mes papiers d'identité / mon permis de conduire.
- Je m'en suis aperçu en faisant des achats / en ouvrant mon sac / en cherchant mon argent.

***L'employé***

- Quand vous en êtes-vous aperçu ?
- Vous l'avez perdu ou on vous l'a volé ?
- Vous êtes allé aux objets trouvés ?
- Qu'est-ce qu'il y avait dans votre portefeuille ?
- Comment était-il ? De quelle couleur ? En quoi était-il ? Quelle forme avait-il ?
- Il faut que vous fassiez une déclaration à votre consulat.
- Si vous aviez des cartes de crédit, faites opposition rapidement. Écrivez ou, mieux, téléphonez.
- Vous voulez porter plainte ?

• ***Si vous avez perdu un animal,*** *adressez-vous à la Société protectrice des animaux (SPA) : 39, boulevard Berthier, 75017 Paris, tél. : 43.80.40.66.*

***L'employé***

- Quel animal avez-vous perdu ?
- Où l'avez-vous perdu ?
- Comment est-il ?

***Vous***

- Un chien / un chat.
- Au Bois de Boulogne. / Dans la rue.

*Brigitte Bardot et Alain Bougrain-Dubourg devant un panneau précisant les objectifs de la SPA.*

## Activités

1. Déclarez la perte de votre montre au commissariat. Un employé reçoit votre déclaration.
2. Vous allez à la SPA porter un chien que vous avez trouvé. Il n'y a pas d'indications sur son collier.

5 SUPPLÉMENT

## Louis Aragon

*Coq*

Oiseau de fer qui dit le vent
Oiseau qui chante au jour levant
Oiseau bel oiseau querelleur[1]
Oiseau plus fort que nos malheurs
Oiseau sur l'église et l'auvent[2]
Oiseau de France comme avant
Oiseau de toutes les couleurs.

*Le Nouveau Crève-cœur,*
Éd. Gallimard, 1948.

## Joseph Kessel

*Le lion et la petite fille*

La petite fille porta à ses lèvres une main pliée en forme de cornet et poussa cette modulation[1] singulière par laquelle j'avais entendu Kihoro appeler King.

À l'intérieur du triangle, deux rugissements brefs éclatèrent[2] et les deux lionnes sortirent des buissons[3], le poil hérissé[4], les crocs[5] avides. La distance qui les séparait de Patricia, elles pouvaient, elles allaient la franchir d'un saut.

Mais un autre rugissement retentit[6] si puissant qu'il couvrit tous les sons de la savane[7] et un bond[8] prodigieux enleva King par-dessus les fourrés[9] et le porta là où il l'avait voulu : juste entre ses femelles enragées[10] et Patricia.

La plus grande, la plus belle des lionnes et la plus hardie[11] fit un saut de côté pour contourner le flanc[12] de King. Il se jeta sur elle et la renversa d'un coup d'épaule. Elle se releva d'un élan[13] et revint à la charge. King lui barra[14] encore le chemin et, cette fois, sa patte[15], toutes griffes[16] dehors, s'abattit sur la nuque de la grande lionne, lacéra[17] la peau et la chair. Le sang jaillit[18] sur le pelage fauve. La bête blessée hurla de douleur[19] et d'humiliation, recula. King, grondant[20], la poussa davantage et, pas à pas, la força de regagner l'abri[21] des buissons où l'autre lionne était déjà terrée[22].

La modulation d'appel s'éleva de nouveau dans l'air brûlant de la savane. King s'approcha de Patricia qui n'avait pas bougé.

Elle frissonnait[23] légèrement. Je le vis quand elle leva une main et la posa contre le mufle[24] de King, entre les yeux d'or. Le tremblement cessa. Les ongles[25] de la petite fille remuèrent doucement sur la peau du lion. Alors King se coucha et Patricia s'étendit au creux[26] de son ventre, embrassée par ses pattes. Elle passa un doigt sur celle qui portait des traces toutes fraîches de sang. Et son regard défiait[27] la haie d'épineux[28] derrière laquelle gémissaient sourdement les femelles de King, maîtrisées, honteuses et battues.

Ensuite, même ces plaintes[29] rauques[30] se turent[31]. Les lionnes s'étaient résignées. Le silence écrasant[32] de midi régna d'un seul coup sur la savane.

*Le Lion,*
Éd. Gallimard, 1958.

---

***Texte de Louis Aragon***
1. *querelleur :* qui aime se quereller, se disputer avec les autres.
2. *auvent :* petit toit au-dessus d'une porte.

***Texte de Joseph Kessel***
1. *modulation :* succession de sons avec changement de tons.
2. *éclater :* se produire brusquement et avec force.
3. *buisson :* bouquet de petits arbres bas.
4. *hérissé :* dressé, levé.
5. *croc :* longue dent d'un animal.
6. *retentir :* se faire entendre brusquement.
7. *savane :* dans la zone tropicale, étendue de hautes herbes avec quelques arbres ici et là.
8. *bond :* brusque mouvement pour s'élever de terre.
9. *fourré :* masse de buissons et de plantes épineuses.
10. *enragé :* pris de rage, d'une violente colère.
11. *hardi :* courageux, audacieux.
12. *contourner le flanc :* faire le tour sur le côté.
13. *élan :* mouvement rapide pour s'élever.
14. *barrer le chemin :* couper la route, empêcher de passer.
15. *patte :* membre des animaux servant à marcher, à manger et à se battre.
16. *griffe :* gros ongle dur et pointu d'un animal.
17. *lacérer :* mettre en pièces, déchirer.
18. *jaillir :* sortir brusquement et avec force.
19. *hurler de douleur :* pousser des cris violents sous l'effet de la souffrance.
20. *gronder :* produire un bruit sourd et menaçant.
21. *regagner l'abri :* repartir dans un lieu de refuge, se mettre hors de danger.
22. *terré(e) :* caché(e).
23. *frissonner :* trembler légèrement de froid ou de peur.
24. *mufle :* extrémité du museau de certains gros animaux.
25. *ongle :* partie dure et plate qui recouvre le bout du doigt.
26. *creux :* partie vide ou concave.
27. *défier :* provoquer en faisant face.
28. *haie d'épineux :* rangée de buissons porteurs d'épines (petites pointes dures de certaines plantes).
29. *plainte :* cri produit sous l'effet de la douleur.
30. *rauque :* (voix) sourde et inarticulée.
31. *se turent :* verbe « taire » au passé simple ; arrêter de parler ou de faire du bruit.
32. *écrasant :* insupportable.

# FAITES PASSER LE MESSAGE. 6

# QUE FONT CES PUBLICITÉS?

## 1 Observez cette affiche et décrivez-la.

Le produit annoncé

La marque

Les personnages

Les vêtements

Les attitudes

Les couleurs

Le texte

6

## 2 Quel est le message publicitaire ?

1 - Quelle impression veut donner la première publicité ? Faites la liste des intentions (beauté, jeunesse...).
2 - Est-ce que l'aspect utilitaire (prix, solidité...) est souligné ? Pourquoi ?
3 - Qu'est-ce qui montre que le jean fait partie des personnages, qu'il est pour eux comme une seconde peau ?
4 - Quelle est la couleur de la peau des personnages ? Quelle saison cela évoque-t-il ?
5 - Pourquoi n'y a-t-il pas d'autre texte que la marque (Lee Cooper) ? Qu'est-ce qu'on associe directement à la marque ?
6 - À quel type d'acheteurs est destinée cette annonce ?
7 - Pouvez-vous résumer le message publicitaire ?

## 3 Observez la seconde publicité.

1 - Que voyez-vous sur la photo ?
2 - Que veut dire « La peau de votre peau » ? Comment est-ce représenté visuellement ?
3 - Comment sont présentés les personnages ? Avec sérieux ? Avec humour ?
4 - Qu'est-ce qui domine ici ? Le côté sexy, la séduction, ou le côté humoristique ?
5 - Quels sont les éléments humoristiques ?
6 - À qui est destinée cette publicité ?
7 - Quel est, cette fois, le message publicitaire ?

## 4 Comparez les deux pubs.

1 - Qu'est-ce qu'elles ont en commun sur le plan visuel ?
2 - Est-ce qu'elles s'adressent au même public ?
3 - Quelles sont les intentions dans les deux cas ?
4 - En quoi ces deux pubs sont-elles complémentaires ?
5 - Laquelle préférez-vous ? Pourquoi ?

**5** **Quels slogans pour quels produits ?**

DES QUALITÉS EXCEPTIONNELLES ET LE PRIX D'UNE 5 CV.

*Si vous ne savez pas quoi faire de votre argent, venez nous voir.*

*On n'est pas belle par hasard.*

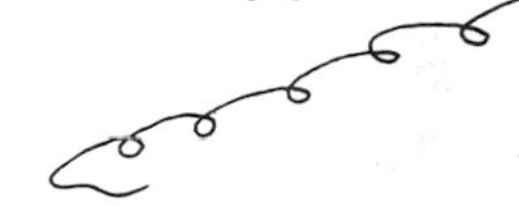

**Qu'est-ce qui caractérise les slogans précédents ?**

1 - Quels sont ceux qui vantent les qualités du produit ?
2 - Quels sont ceux qui s'adressent directement au consommateur ?
3 - Quels sont ceux qui proposent un résultat que tout acheteur souhaite obtenir ?
4 - Quels sont ceux qui attribuent au produit une capacité exceptionnelle ?
5 - Quels sentiments et quels désirs des gens ces slogans éveillent-ils ?
6 - Quels sont, à votre avis, les slogans les plus efficaces ?
7 - Avez-vous d'autres exemples de slogans à citer ?

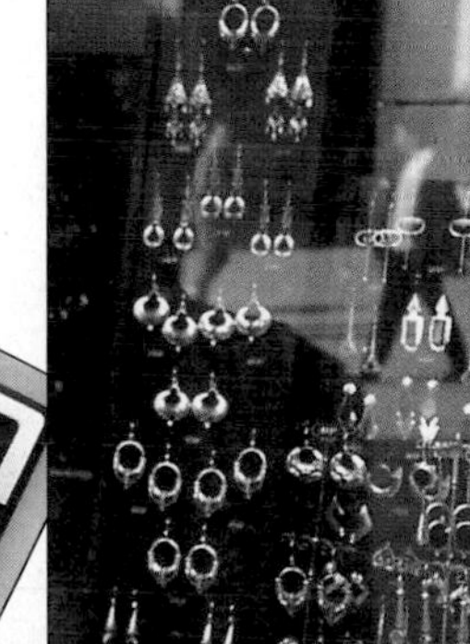

**Pouvez-vous en créer ?**

Imaginez des slogans publicitaires pour ces produits.

*La montre qui vous fera arriver à l'heure.*

**Qu'en pensez-vous ?**

Discutez cette affirmation : « La pub, on ne peut plus s'en passer. »

**Essayez !**

Vous voulez montrer, par exemple, que le blouson ou les baskets (chaussures de tennis) font partie de l'univers des jeunes...

Inventez un thème de campagne et des slogans publicitaires.

Imaginez des supports publicitaires (spots, clips, affiches, autocollants...)

# Partons en campagne!

*Tous les dimanches, un pauvre aveugle mendiait dans la rue. Il présentait aux passants une pancarte où était inscrit : « Ayez pitié d'un pauvre aveugle ». Malheureusement, personne ne semblait s'intéresser à lui. Un jour, un publiciste, qui passait par là, lui a conseillé de remplacer son slogan par : « Je voudrais tellement voir le printemps ! » À partir de ce moment-là l'aveugle est devenu riche...*
*Cette fable cruelle, on se la transmet dans toutes les agences de publicité. Elle en dit long sur le métier de publiciste.*

## 10 La réalité et l'imaginaire.

Comparez les deux dessins et lisez le récit.

**1** - Comment ces deux slogans s'adressent-ils aux passants ? Quel est le plus direct ? Quel est celui qui stimule l'imagination ?
**2** - Pourquoi le deuxième slogan est-il plus efficace ?
**3** - En quoi cette histoire est-elle une « fable cruelle » ? Est-ce que la condition du mendiant mérite plus de pitié dans le deuxième cas ?
**4** - Quelles conclusions en tirez-vous sur le monde de la pub ? Qu'est-ce qui est le plus important, la nature et la qualité du produit ou le message publicitaire ?
**5** - Quelle est votre propre attitude face à la publicité ?

## 11 Comment s'organise une campagne publicitaire ?

Écoutez l'interview d'un publiciste célèbre et prenez des notes pour compléter les indications fournies dans le tableau suivant.

| | |
|---|---|
| **Les acteurs de la campagne** | 1 - ............................... <br> 2 - ............................... <br> 3 - ............................... |
| **Les étapes de la campagne** | 1 - Définir les objectifs de la campagne. Pour cela, il faut.................. |
| | 2 - Trouver......................... |
| | 3 - Vérifier l'efficacité du message |
| | 4 - Adapter ........................ |
| | 5 - ............................... |

## 12 Retrouvez-le !

Écoutez de nouveau l'interview, puis essayez d'en reconstituer le début, seul ou en groupe.

**LE PARTICIPE PRÉSENT**

Des consommateurs **représentant** la cible à atteindre.
= qui représentent

Des publicistes **sachant** mener une campagne.
= qui savent

Le participe présent est **invariable**.

## LA PLACE DES PRONOMS PERSONNELS COMPLÉMENTS DOUBLES

L'ordre des pronoms est dans tous les cas :

| 1 | 2 | 3 | 4 | 5 |
|---|---|---|---|---|
| me / m' | | | | |
| te / t' | le | lui | | |
| se / s' | la | | y | en |
| nous | l' | leur | | |
| vous | les | | | |
| se | | | | |

sauf pour l'impératif affirmatif :

| | | | |
|---|---|---|---|
| | -moi | -m'en | Racontez-la-moi. |
| -le | -lui | -lui-en | Parlez-m'en. |
| -la | -nous | -nous-en | Donnez-les-leur. |
| -les | -leur | -leur-en | |

COMBINAISONS POSSIBLES :

**1-2 :** On se la transmet.
**2-3 :** Elle le lui explique.
**1-5 :** Il vous en porte.
**3-5 :** Ne lui en donnez pas.
**4-5 :** Il n'y en a plus.

Les combinaisons 1-3 et 3-4 sont impossibles.

### 13 Dites-leur ce qu'ils doivent faire.

*Il faut que l'annonceur décrive le produit au publiciste. ⟶ Décrivez-le-lui.*

1 - Il faut qu'un membre de l'équipe choisisse les objectifs pour l'annonceur.
2 - Il faut que l'équipe trouve un thème pour la campagne.
3 - Il faut que les créatifs proposent une annonce au responsable du projet.
4 - Il faut qu'ils la soumettent à l'annonceur.
5 - Il faut communiquer les résultats au publiciste.

### 14 Tout ça concerne la pub.

Trouvez un équivalent pour les mots soulignés.
*Ils veulent trouver des thèmes qui frappent l'imagination. ⟶ Ils veulent trouver des thèmes frappant l'imagination.*

1 - Il faut des annonceurs qui aient confiance en l'agence.
2 - C'est l'agence qui prend en charge la campagne qui a le rôle le plus important.
3 - Il faut des annonceurs qui sachent définir les objectifs.
4 - On choisit des supports qui correspondent aux goûts des consommateurs visés.
5 - On organise des tests de contrôle qui portent sur l'efficacité du message.
6 - Des campagnes qui entraînent une augmentation des ventes sont des campagnes réussies.

### 15 Le mendiant a besoin de conseils !

Complétez ce texte avec des doubles pronoms.

Si votre slogan est trop connu des passants, ne .......... .......... montrez pas. Proposez-.....-..... un qui frappe leur imagination. Si vous n'en trouvez pas, un publiciste pourra peut-être vous donner des conseils. Demandez-.....-...... . Il ...... .... donnera. Des slogans, il ...... ..... proposera plusieurs. Prenez-.....-..... un. Mais, surtout, ne dites rien aux autres. Cette fable, ne ...... .... transmettez pas !

### 16 Qui fera quoi ?

Répondez aux questions en utilisant deux pronoms compléments dans la réponse.
*Qui expliquera ce qu'est le produit au publiciste ? ⟶ C'est l'annonceur qui le lui expliquera.*

1 - Qui proposera à l'annonceur les objectifs de la campagne ?
2 - Qui définira à l'annonceur un thème de campagne ?
3 - Qui créera une annonce pour les responsables de l'agence de publicité ?
4 - Qui présentera l'annonce aux consommateurs pour vérifier l'efficacité du message ?
5 - Qui communiquera au publiciste les chiffres de l'augmentation des ventes ?

COUP DE THÉÂTRE.

QUELQUE PART DANS LA BANLIEUE EST.

6

AH ÇA, JE VOUS FAIS CONFIANCE!

"J'ÉTAIS AU CAFÉ: LE CHIEN QUI FUME RUE DES LILAS."

DIS DONC, C'EST LOIN DE L'ENDROIT OÙ TU HABITES, ÇA?
QU'EST-CE QUE VOUS VOULEZ? J'AI TOUJOURS AIMÉ LES VOYAGES!

NE JOUE PAS AU PETIT MALIN. ON A RETROUVÉ UN HOMME MORT À QUELQUES RUES DE CE CAFÉ.

LESCURE, ÇA TE DIT QUELQUE CHOSE OU TU VEUX QU'ON TE RAFRAÎCHISSE LA MÉMOIRE?

ALLÔ....
OUI C'EST MOI....
OUI, OUI JE VOUS ÉCOUTE....

BIEN SÛR QUE JE M'EN SOUVIENS. UNE AFFAIRE DE CE GENRE, ÇA NE S'OUBLIE PAS.

SANS BLAGUE...
ÇA VA FAIRE DU BRUIT!
MERCI.

6

VIENS DEUX MINUTES, J'AI À TE PARLER.

GUYOT, TU PEUX VENIR? SURVEILLE-LE BIEN.
MARTINEZ
BRETON

QU'EST-CE QUI SE PASSE?
LE COMMISSAIRE GAILLARD, DE BORDEAUX, VIENT DE M'APPELER.

JEAN LESCURE, C'EST FABRICE BEAULIEU.
ET ALORS?

BEAULIEU... FABRICE BEAULIEU, ÇA NE TE RAPPELLE RIEN?

N...NON...
AH! TU VEUX DIRE LE FABRICE BEAULIEU DE L'AFFAIRE DE RÊVE 2000?
EN PERSONNE.

## ① Qu'est-ce qui se passe ?

Regardez les dessins.

1 - Où sont les inspecteurs au début de l'épisode ? Pourquoi ?

2 - Où emmènent-ils Frémont ?

3 - Pourquoi les inspecteurs sortent-ils dans le couloir ?

6

## ② Vrai ou faux ?

Écoutez et rétablissez la vérité si nécessaire.

1 - Frémont dit qu'il a passé la soirée chez des amis le 15 mai.

2 - Le « Chien qui fume » n'est pas loin de l'endroit où se trouve sa roulotte.

3 - On n'a pas trouvé la trace de Lescure à Bordeaux.

4 - Les inspecteurs se comportent gentiment avec Frémont.

5 - Frémont ne proteste pas.

6 - Breton n'a pas l'air surpris du tout quand Martinez lui fait part de sa communication téléphonique.

## ③ Devinez.

*Les inspecteurs les lui ont demandé.* ⟶ *les noms*

1 - Les inspecteurs lui en ont posé.

2 - Frémont le leur a dit.

3 - Frémont les y a retrouvés.

4 - Frémont va les leur donner.

5 - Le commissaire de Bordeaux le lui a communiqué.

6 - Le nom la leur a rappelée.

## ④ Qu'est-ce qu'ils disent ?

## ⑤ Qu'est-ce que vous en pensez ?

1 - Pourquoi Frémont peut-il être l'homme qui a tué Lescure ?

2 - Pourquoi les inspecteurs ont-ils emmené Frémont au commissariat ?

3 - Qu'est-ce qui montre que Frémont n'aime pas trop la police ?

4 - Pourquoi est-ce que le commissaire téléphonait à Martinez ?

5 - Pourquoi Martinez parle-t-il à son collègue dans le couloir ?

## ⑥ C'est dans le dialogue !

Trouvez :

1 - deux menaces,

2 - deux protestations,

3 - une expression d'étonnement,

4 - une expression de doute.

## 7 Au téléphone.

Complétez la conversation de Martinez avec le commissaire, puis jouez la scène avec un(e) autre étudiant(e).

## 8 Qu'est-ce qu'on apprend dans cet épisode ?

1 - Sur les rapports entre policiers et petits malfaiteurs.

2 - Sur Roger Frémont.

3 - Sur Jean Lescure.

## 9 Qu'allez-vous faire ?

Vous êtes chargé(e) de l'enquête. Quelles décisions allez-vous prendre ? Quelles directives allez-vous donner à vos subordonnés ?

## 10 Jouez les détectives !

Le nom de Fabrice Beaulieu semble bien connu de la police. Les inspecteurs parlent de l'affaire « Rêve 2000 ». Travaillez en petits groupes pour essayer de deviner ce que faisait Fabrice Beaulieu, ce qui s'est passé, pourquoi il s'est caché, si sa mort a un rapport avec l'affaire, etc. Donnez votre avis et sollicitez l'avis des autres.

**Pour vous aider :**

- Et toi qu'est-ce que tu en penses ?
- À mon avis...

  - Tu es d'accord ?
  - Je crois / pense que...

- Tu crois que ça peut être ça ?
- Il me semble que...

  - Donne-nous ton opinion.
  - J'ai l'impression que...

## 11 Jeu de rôle.

Où étiez-vous ?

Vous avez dit à votre femme ou à votre mari que vous alliez dîner avec un(e) ami(e). Malheureusement cet(te) ami(e) téléphone chez vous. Lorsque vous rentrez, votre femme ou votre mari vous interroge calmement sur votre soirée, puis finit par vous parler du coup de téléphone...

## 12 Jeu de rôle.

La dame prend le linge troué et va dans le magasin où elle a acheté la lessive. Elle demande à voir le directeur. Elle se plaint. Le directeur dit qu'il ne peut rien faire, qu'il n'est pas le fabricant, qu'il n'est pas responsable de la publicité, etc. Elle demande le nom de l'agence de publicité. Il refuse de la lui donner. Elle menace de prévenir une société pour la défense des consommateurs, etc.

SUPERCINQ NRJ
LA PLUS ALLUMÉE
SUPERCINQ
SÉRIE LIMITÉE
À PARTIR DE 53 800 F
Avec la Supercinq NRJ, faites le plein d'énergie et vivez la musique à fond ! Cet été, la Supercinq NRJ vous fait un show ! Boîte 5 vitesses, sellerie rouge, verte et jaune, ça swingue les couleurs ! Appuis-tête avant, vitres teintées, toit ouvrant en option, 2 rétroviseurs extérieurs réglables de l'intérieur, et une décoration latérale NRJ. Autoradio PO,GO, FM, K7 stéréo 2 × 7 watts, antenne fouet ; la Supercinq NRJ est bien la série limitée la plus « décibelle ». Choisissez votre musique, choisissez votre version TL, TR ou TD. En 3 ou 5 portes, découvrez les couleurs des vacances : blanc, gris argent, rouge, menthe ou bleu nuit. Supercinq NRJ série limitée, en concert ce mois-ci chez votre concessionnaire Renault. Supercinq TL 3 portes 53 800 F prix clés en main au 1/07/88. Millésime 89. Garantie anti-corrosion Renault 6 ans. Diac votre financement.
TAPEZ 36-14 TVHA
RENAULT préconise elf
la vie ça roule en Supercinq
RENAULT
DES VOITURES A VIVRE

## ANTICIPEZ

### 1 Qu'est-ce qui vous frappe ?

Examinez la publicité pour la Supercinq.

1 - Cette page est une publicité pour de l'essence, des disques, une voiture ou des vedettes du spectacle ?
2 - On est dans une station-service ou une salle de concert ?
3 - L'appareil de gauche est un juke-box ou une pompe à essence ?
4 - Quel mot français entendez-vous quand vous prononcez les trois lettres NRJ ?
5 - Le bras tendu de la jeune femme est-il un geste d'amitié ou un geste de menace ? Pourquoi ?
6 - Quel est le slogan ?

## RECHERCHEZ LES FAITS

### 2 **Lisez le texte** et relevez les mots et les expressions qui évoquent :

1 - l'énergie et la vie ;
2 - la supériorité ;
3 - la musique et la salle de concert.

### 3 Regardons-y de plus près !

1 - Est-ce que le texte donne toutes les indications nécessaires sur la Supercinq ? Quels aspects met-il surtout en valeur ?
2 - Est-ce que toutes les Supercinq valent 53 800 francs ? Où trouve-t-on les indications ?
3 - Qu'entend-on par « série limitée » ? Est-ce un argument de vente ?
4 - Comment interprétez-vous « ce mois-ci » ? Les Supercinq sont-elles mises en vente ce mois-ci ou seront-elles en vente un mois seulement ?

### 4 Quels effets sont créés ?

1 - On dit « la salle est allumée », « faire le plein d'essence », « rouler ou accélérer à fond » ; on parle d'un artiste « qui fait un show », et d'un chanteur « en concert » ? Comment sont transformées ces expressions dans le texte de la publicité ?
2 - Que suggèrent les couleurs « menthe » et « bleu nuit » ?
3 - Quels mots évoque « décibelle » ?

## INTERPRÉTEZ

### 5 Qu'en pensez-vous ?

1 - À quel genre d'acheteurs est-ce que cette publicité s'adresse ?
2 - Qu'est-ce qui peut attirer l'attention des jeunes dans cette pub ?
3 - Comment réagissez-vous à cette publicité ?
4 - Connaissez-vous d'autres pubs qui s'adressent aux jeunes ? Lesquelles ? Qu'est-ce qu'elles évoquent ?

### 6 Qu'allez-vous lui demander ?

Vous allez interviewer le créateur de cette pub. Préparez une série de dix questions, puis jouez l'interview avec un(e) autre étudiant(e).

### 7 Devenez créateur / créatrice.

Imaginez une publicité pour :
1 - une petite voiture populaire, familiale, très économique ;
2 - une grosse voiture de prestige.

Dans chacun des deux cas trouvez un nom pour la voiture, un slogan et un texte de présentation.

6

PUBLICITÉ

# Devenez publiciste!

## 1 Qu'est-ce que vous observez ?

1 - Sur cette publicité un bâtiment porte l'indication « Aimé Dujardin ». Qu'est-ce qu'on y vend ?

2 - S'agit-il d'une grande surface ou d'un petit magasin ? S'agit-il d'un petit magasin isolé ou d'une chaîne ?

3 - Que représente ce dessin ? Quels bâtiments reconnaissez-vous ?

4 - Malgré la présence de la tour Eiffel et de Notre-Dame, a-t-on l'impression d'être à Paris ? Pourquoi ?

5 - À quoi fait penser le style de ce dessin ?
☐ art réaliste ☐ naïf
☐ abstrait ☐ humoristique.

6 - Quelle impression donne ce dessin ?
☐ détente ☐ stress de la vie moderne
☐ retour à la tradition

7 - Que porte la femme dans sa brouette ? Est-ce qu'on peut faire de longs trajets avec une brouette ? D'où viennent les légumes ?

## 2 Quel est le message publicitaire ?

1 - Quels sont les mots chargés de sens pour le consommateur ? dans le slogan : « Près de chez vous, des produits toujours frais » ?
Quels sont les avantages offerts aux gens des grandes villes par les petits magasins ?

2 - On ne nomme pas les grandes surfaces (les supermarchés), mais on ne peut pas s'empêcher d'y penser. Qu'est-ce qu'elles ne peuvent pas offrir aux consommateurs ?

3 - À quoi fait allusion le slogan : « Aimé Dujardin, c'est vraiment bien » ? Pourquoi est-ce qu'on s'y sent bien ?

4 - « Aimé Dujardin » est un nom propre, probablement celui du fondateur de la chaîne de magasins. En quoi le nom d'un individu peut-il donner au consommateur plus de confiance qu'un nom anonyme (comme Intermarché, Carrefour...) ?

5 - Quels sont les points faibles que cette publicité passent sous silence ?

6 - À quoi fait-on appel : à l'intelligence ou à l'affectivité des consommateurs ?

## 3 Devenez publiciste.

Une grande surface vient de s'installer près d'une petite ville de province qui n'avait jusque-là que des petits magasins et qui tient à ses traditions. On vous demande d'imaginer une publicité qui doit paraître dans la presse locale.

1 - Vous devez faire réaliser un dessin. Écrivez les indications pour le dessinateur. Donnez toutes les précisions possibles sur le thème, le style, l'intention, etc.
- Quels avantages des grandes surfaces pouvez-vous mettre en valeur visuellement : la variété des produits, les possibilités de choix, les prix pratiqués, la facilité d'accès, etc. ?
- Quel style de dessin allez-vous choisir : traditionnel, baroque, moderne... ?
- Quels personnages allez-vous inclure dans le dessin :
  • des acheteurs(ses) ou des vendeurs(ses) ?
  • jeunes et enthousiastes ?
  • d'un certain âge et réfléchi(e)s ?
  • prêt(e)s à rendre service ?...

2 - Vous devez écrire un texte d'accompagnement. Trouvez des arguments pour essayer de changer les habitudes actuelles de ces consommateurs. Le texte doit être court donc sélectif.
- Que peut offrir la grande surface à des consommateurs habitués à faire leurs courses souvent, qui ont des relations amicales avec les petits commerçants, qui connaissent l'origine des produits, etc. :
  • moins de perte de temps ?
  • la qualité garantie des produits et la fraîcheur assurée par des arrivages plus fréquents (renouvellement rapide du stock) ?
  • la facilité d'accès ?...

3 - Qu'évoquent pour vous les noms choisis par quelques chaînes de supermarchés en France ?
Par exemple : Carrefour, Intermarché, Auchan, Euromarché, Continent, Mammouth.
- Inventez un nom pour la grande surface qui vient s'installer dans la ville et expliquez ce qu'il évoque.

## 4 Mise au point et synthèse.

Montrez vos textes à un(e) autre étudiant(e) et révisez-les en tenant compte des critiques.
Demandez-vous si :
- le texte tient vraiment compte de la mentalité des gens qu'il veut convaincre ;
- les arguments sont bien choisis ;
- les arguments ne sont pas trop nombreux ;
- chaque publicité présente une argumentation différente ;
- les slogans lus à haute voix ont un bon rythme, sont faciles à retenir.

Faites la synthèse. Comparez les publicités réalisées. Discutez de leur qualité et de leur efficacité.

# UN BEAU COUP DE FILET

## CHAPITRE 6

... Une voiture ? « Oui, mais si c'était mes tueurs ! » Arielle resta à l'abri de la forêt quelques instants. Une vieille Jeep avançait lentement en soulevant un nuage de poussière. Cette antiquité n'avait rien à voir avec la superbe Range Rover de monsieur Vandame ! Arielle s'élança sur la piste sans même se rendre compte qu'elle pointait le revolver vers le conducteur. Celui-ci s'arrêta net en levant les bras.

— Qu'... est... ce qui vous prend ? Qu'est-ce que vous voulez ?

Arielle sauta à côté de lui.
— Démarrez. Je vous expliquerai.
— Oui, ben, d'abord rangez ça. Je ne conduirai pas sous la menace.
— Quelle menace ?... Oh, ce revolver ! Excusez-moi. Je ne me suis pas rendu compte.
— Il est chargé.
— Je suppose. C'était pour me tuer.
— Vous voulez vous tuer ? Ah non, hein... pas dans ma voiture. Moi, je ne veux pas d'histoire avec les autorités.
— Mais non, pas moi, la bande à Vandame. Ils pensent que mon père est archéologue et que je suis venue ici pour chercher une statuette. Alors ils m'ont kidnappée à l'aéroport, ils m'ont emmenée dans sa propriété, un vrai paradis, et...
— Vous êtes sûre que ça va ?
— Ça va mieux, merci... Vous n'avez pas vu une Range Rover rouge avec deux hommes à l'intérieur par hasard ?
— Si. Je les ai dépassés tout à l'heure. Ils étaient arrêtés sur le bord de la piste.
— Quoi ? Accélérez. Vous roulez comme une tortue.
— Non, mais pour qui vous vous prenez ? Vous me menacez avec un revolver, vous montez de force dans ma voiture, vous me racontez une histoire à dormir debout et, maintenant, vous critiquez ma façon de conduire !

Sur ces mots, Patrice ralentit et s'arrêta.
— Qu'est-ce que vous faites ?
— Descendez. Moi, je suis lépidoptériste. Alors, vos histoires, hein...
— Vous êtes quoi ?
— Je suis spécialiste de papillons.

Arielle partit d'un grand éclat de rire. Après la tension des dernières heures, que c'était bon de rire. Pauvre Patrice ! Le plus grand spécialiste européen. Être ridiculisé par cette... cette... Il ne trouvait pas le mot. Il allait lui ouvrir la porte quand un coup de feu retentit. La Range Rover venait de les dépasser et les deux hommes avaient reconnu Arielle.

— Faites demi-tour, hurla Arielle, ils vont nous tuer !

Patrice obéit sans un mot. Arielle se glissa à l'arrière de la Jeep, et visa les pneus de la Range Rover qui avait fait demi-tour, elle aussi, et se rapprochait dangereusement. Elle remercia silencieusement son père de lui avoir appris à tirer...

# Je peux vous aider?

Une boutique dans une galerie marchande.

***Le vendeur / la vendeuse...***

***propose de l'aide :***
– Je peux vous aider ?
– Vous avez vu un modèle qui vous plaît ?

Un marché aux puces : on peut y acheter des affaires neuves ou d'occasion.

***L'acheteur / l'acheteuse...***

***refuse :***
– Non, merci. Je regarde.

***s'informe :***
– Vous avez... / Je voudrais... / Je cherche...
– J'ai vu un modèle dans la vitrine...
– Vous n'avez pas plus petit / grand ?
– Vous avez d'autres coloris ?
– Vous faites les retouches ?

***hésite :***
– Vous croyez ?
– C'est un peu cher.
– Je n'aime pas beaucoup...

***se décide :***
– D'accord, je le prends.

***termine l'échange :***
– Je vais réfléchir...
– Vous fermez à quelle heure ?

***donne des renseignements :***
– Mais oui, nous avons...
– Je vais voir...
– Cette robe n'existe pas en...
– Nous pouvons la raccourcir / rallonger / reprendre à la taille...

***essaie de convaincre :***
– Vous serez très content(e).
– Vous en serez satisfait(e).
– Vous le mettrez souvent...

***insiste :***
– N'attendez pas trop longtemps.
– C'est notre dernière taille dans ce coloris.
– Nous n'en aurons plus cette saison.

# J. M. G. Le Clézio

*Des mots à tout faire*

Les Maîtres du langage ont la science et la puissance. Ils savent les mots qu'il faut prononcer pour envahir[1] l'âme[2]. Ils savent les mots qui détruisent, ils savent les mots qu'il faut pour séduire les femmes, pour attirer les enfants, pour conquérir les affamés[3], pour réduire[4] les malades, les humiliés, les avides.

Ils font simplement résonner leurs syllabes délectables[5], dans le silence du cerveau, et il n'y a plus qu'eux de vivant sur terre. Les mots sont pleins de hâte[6] ; ils n'attendent pas les rêves. Quand quelqu'un, un jour, est plein de tristesse, ou de colère, les mots arrivent à toute allure, et ils remplacent la pensée. Il y a tellement de beauté, qui ne vient pas du hasard ! Elle a été créée au fond des laboratoires pour vaincre les foules. Il y a les mots ESPACE, SOLEIL, MER, les mots PUISSANCE, JEUNESSE, BEAUTÉ, AMOUR, ARGENT, les mots ACTION, ÉTERNITÉ, JOUISSANCE, CRÉATION, INTELLIGENCE, PASSION.

Pour ceux qui ont faim il y a PAIN, FRUITS, DÉLICES, AVENIR. Pour ceux qui meurent d'obésité[7] il y a le mot MAIGRIR, pour ceux qui meurent de solitude il y a le mot AMOUR, pour ceux qui meurent de désir il y a le mot JEUNESSE, pour ceux qui rêvent d'être des hommes il y a IMPALA, PUISSANCE, BALAFRE[8], TABAC, pour ceux qui rêvent d'être femmes, il y a GALBE[9], SÉDUIRE, ÉTERNITÉ, BEAUTÉ, pour ceux qui rêvent d'être intelligents il y a TOTUS[10], pour ceux qui rêvent de muscles il y a BODYBUILD, pour ceux qui rêvent d'être riches il y a MANPOWER, GILETTE SILVER PLATINE, pour ceux qui rêvent de soleil il y a MAROC, INDE, MEXIQUE, pour ceux qui voudraient bien appeler au secours il y a S.O.S. S.O.S. S.O.S. Il y a tellement de mots partout ! Des milliers, des millions de mots. Il y a un mot pour chaque seconde de la vie, un mot pour chaque geste, pour chaque frisson[11]. Quand donc s'arrêtera ce tumulte[12] ? Les Maîtres du langage enfermés dans leurs usines bouillonnantes[13] fabriquent sans cesse les mots nouveaux qui parcourent les allées du monde. Dès que les mots s'usent, dès qu'ils faiblissent[14], il y en a d'autres qui arrivent, prêts au combat.

*Les Géants,* Éd. Gallimard, 1973.

---

1. *envahir :* occuper complètement.
2. *âme :* principe d'existence et de pensée, siège des sentiments et des passions.
3. *affamé :* souffrant de la faim.
4. *réduire (quelqu'un) :* conquérir, soumettre.
5. *délectable :* délicieux.
6. *hâte :* grande rapidité à faire quelque chose, précipitation.
7. *obésité :* caractéristique d'une personne anormalement grosse.
8. *balafre :* marque laissée par une coupure au visage.
9. *galbe :* ligne gracieuse d'une partie du corps humain, du membre d'un animal, d'une partie d'un meuble.
10. *Totus :* marque d'un produit qui aide la mémoire.
11. *frisson :* petit tremblement causé en général par le froid ou la peur.
12. *tumulte :* mouvement et bruit de foule.
13. *bouillonner :* en activité intense, comme de l'eau qui bout à 100 °C.
14. *faiblir :* perdre de sa force.

# VOUS DEVRIEZ FAIRE ATTENTION... 7

INFORMATIONS/PRÉPARATION
**Si vous étiez...**
**Radio-Santé.**

PAROLES
**À PRENDRE AVEC DES GANTS :**
**« Ça se complique. »**

LECTURES/ÉCRITURES
**La gymnastique en douceur.**
**Préparez un voyage.**

SUPPLÉMENT
**FEUILLETON**
**« Un beau coup de filet. »**

**VIE PRATIQUE**
**Où avez-vous mal ?**

**LITTÉRATURE**
Y. Gibeau, *La Ligne droite*.

# *Si vous étiez...*

contrôleur aérien, vous passeriez des heures devant un écran radar pour surveiller le trafic et vous communiqueriez avec les pilotes. Vous auriez constamment peur de ne pas remarquer une petite tache sur l'écran indiquant la présence d'un avion dans le ciel et de provoquer une catastrophe. Quelle victime du stress vous seriez !

Si vous étiez ingénieur et si vous sentiez votre position menacée dans votre entreprise, vous vous diriez que le progrès va trop vite pour vous, que vous n'êtes plus à la hauteur, que vous n'êtes plus capable d'assumer vos responsabilités. Quel mauvais sang vous vous feriez !

Si vous étiez standardiste, vous prendriez chaque jour des appels téléphoniques pendant huit heures. Vous subiriez les réclamations et la mauvaise humeur des correspondants. Vous rentreriez chez vous le soir en répétant mécaniquement : « Allô, j'écoute ! » chaque fois qu'on vous adresserait la parole...

## 1 De quoi ont-ils l'air ?

1 - Regardez les dessins et décrivez la physionomie, l'attitude et le comportement des personnages.

2 - Imaginez ce que demandent les correspondants à la standardiste ? Sont-ils tous aimables et de bonne humeur ?

3 - À quoi pense l'ingénieur le soir chez lui ? Quels rêves fait-il ?

4 - Quelles sont les responsabilités d'un contrôleur aérien ? Est-ce que vous voudriez faire ce métier ? Pourquoi ?

5 - Pourquoi le portier regarde-t-il le monsieur avec curiosité ?

## 2 Que feraient-ils si... ?

*Que feriez-vous si vous étiez ingénieur ?* ⟶ *Je ferais des plans, je construirais des routes...*

1 - Que feriez-vous si vous étiez contrôleur aérien ?

2 - Que ferait un ingénieur s'il n'était plus capable d'assumer ses responsabilités ?

3 - Que feriez-vous si vous voyiez entrer quelqu'un dans son bureau une poubelle à la main ?

4 - Que feriez-vous si vous étiez stressé ?

5 - Que ferions-nous si tout le monde était stressé ?

## 3 Qu'est-ce qui se passerait ?

1 - ... si les contrôleurs aériens refusaient de travailler ?

2 - ... si le téléphone ne fonctionnait plus ?

3 - ... s'il n'y avait plus d'essence ?

Imaginez d'autres cas.

Vous n'êtes ni standardiste, ni ingénieur, ni contrôleur aérien et pourtant ! Ce matin, comme chaque jour, vous avez descendu votre poubelle avant de prendre l'autobus pour aller au bureau. Le portier de votre entreprise vous a regardé curieusement quand vous êtes entré et... vous avez posé la poubelle sur votre bureau !

Il serait temps que vous alliez voir un spécialiste du stress. Mais, rassurez-vous, votre cas n'est pas unique. C'est celui de ceux qui travaillent de nuit, de ceux qui travaillent trop, des mères de famille qui travaillent hors de chez elles, de ceux qui ne travaillent pas et qui sont au chômage...

7

*Alors restons calmes. Détendons-nous.*
*De toutes les manières, quand tout le monde sera « stressé »*
*– et c'est pour bientôt, dit-on –,*
*ça ne se remarquera plus !*

*D'après « L'Express », 23 septembre 1988, « Le stress au boulot » (page 72).*

| LE CONDITIONNEL<br>Si + imparfait (condition imaginée), conditionnel (conséquence) |
|---|
| Le conditionnel permet de faire des hypothèses, d'envisager des possibilités. |

**Radical du futur + terminaisons de l'imparfait**

| | | | |
|---|---|---|---|
| Je | **ser**-ais | Nous | **voudr**-ions |
| Tu | **aur**-ais | Vous | **manger**-iez |
| Il / elle | **fer**-ait | Ils / elles | **grossir**-aient |

Si vous **étiez** standardiste (mais vous ne l'êtes pas), vous **prendriez** des appels.

# Radio-Santé

## LE DOCTEUR JOLLIET RÉPOND AUX AUDITEURS.

*Comme tous les mardis à 18 heures, le docteur Jolliet se fait un plaisir de répondre aux questions de nos auditeurs. Ils sont déjà nombreux sur nos lignes téléphoniques... Commençons par mademoiselle Suzanne Béjart de Manosque.*

*J'aimerais beaucoup faire du cheval mais j'ai souvent mal au dos et on me le déconseille.*

Et on a raison ! L'équitation ne vous aiderait pas à guérir vos douleurs de dos, bien au contraire ! Il faut que vous évitiez le cheval, mais aussi tous les sports brutaux comme le judo ou le basket qui risqueraient d'aggraver votre mal. Au contraire, vous pourriez pratiquer des sports comme le vélo, le ski ou la natation où le poids du corps n'entre pas en jeu.

7

*Dès mon premier jour de vacances, je me suis fait une entorse à la cheville gauche. Je voudrais bouger mais on me dit de me reposer et de ne pas faire de mouvements qui pourraient retarder ma guérison.*

Je ne suis pas du tout d'accord avec le conseil qu'on vous a donné. Il faudrait que vous bougiez ! Le repos absolu est déconseillé en cas d'entorse. Ne restez pas trop longtemps immobile, votre état général et votre moral en souffriraient. Vous devriez avoir des activités qui n'exigent aucun effort de votre cheville. Pourquoi n'iriez-vous pas nager ?

*J'ai tendance à grossir et je fais un régime pour combattre l'obésité. Est-ce que je devrais faire du sport ?*

Certainement. Le sport, associé à un régime conseillé par votre médecin, vous aiderait à maigrir. Quand on ne fait pas de sport, la perte de poids porte sur la graisse et sur les muscles. Avec le sport, seules les graisses disparaîtront. De plus, en faisant du sport, vous supporterez mieux les restrictions alimentaires que vous vous imposerez.

*J'ai 61 ans. Je suis à la retraite et je ne fais pas de sport depuis des années. Je voudrais recommencer à faire du vélo. Qu'est-ce que vous me conseillez ?*

Si vous êtes en bonne santé et si vous vous sentez en condition, vous pourrez faire du vélo, mais en prenant quelques précautions. En reprenant trop brutalement, vous risqueriez un accident. Votre organisme aura besoin de s'adapter progressivement. Mais sachez que les premiers kilomètres seront difficiles et qu'il vous faudra plusieurs semaines peut-être avant de vous sentir tout à fait à l'aise. Cela dit, le vélo sera excellent pour votre forme et votre moral.

### 4 Quel est leur problème ?

Regardez les dessins. D'après la physionomie et l'attitude des personnages dites ce qui ne va pas et essayez de trouver des raisons.

### 5 Quelle est cette émission ?

Écoutez en prenant quelques notes pour répondre à ces questions.

1 - Combien de questions a-t-on posé au médecin ?
2 - De quelle nature sont ces questions ?
3 - Que fait le Dr Jolliet ?
4 - Quelle est sa spécialité ?
5 - Que conseille-t-il à la personne qui a mal au dos ?
6 - Que devrait faire la personne qui a une entorse ?
7 - Comment est-ce que le sport peut aider quelqu'un à maigrir ?
8 - Quel risque court-on si on reprend intensivement un sport longtemps interrompu ?

### 6 Regroupez-les.

Regroupez en réseau des mots du texte et d'autres que vous connaissez autour du mot « corps ».

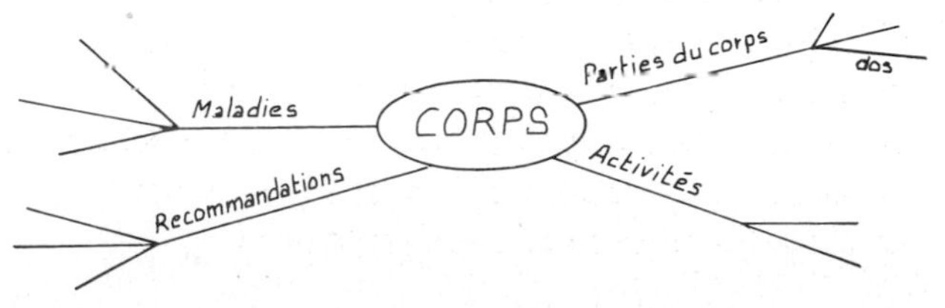

### 7 Donnez-leur des conseils.

Dites-leur quels sont les risques.

1 - Un de vos amis a mal au dos. Il voudrait faire de la moto.
2 - Une de vos amies s'est fait une entorse et ne veut pas bouger.
3 - Un de vos amis a tendance à grossir.
4 - Une de vos amies qui n'a jamais fait de sport veut faire du cheval.
5 - Une de vos amies qui est très mince veut faire un régime amaigrissant.
6 - Une de vos amies veut faire de la danse mais elle s'est fait opérer d'un genou.
7 - Un de vos amis veut rejouer au tennis mais il vient d'être opérer du bras droit.

**LE CONDITIONNEL pour CONSEILLER**

Vous **devriez** faire un régime.

Le sport vous **aiderait**.

### 8 Qu'est-ce qui ne va pas ?

Un(e) étudiant(e) vous expose son problème. Vous lui posez des questions, puis vous essayez de lui donner des conseils.

– *Je voudrais faire du judo.*
– *Tu n'as pas mal au dos au moins ?*
– *Non, mais je me fais quelquefois des entorses...*

ÇA SE COMPLIQUE.

BUREAU DU DIRECTEUR DE LA POLICE.

BEAUCOUP DE GENS ONT ÉTÉ IMPLIQUÉS DANS CE SCANDALE IMMOBILIER ET PLUSIEURS D'ENTRE EUX OCCUPENT TOUJOURS DES POSTES IMPORTANTS. AVEZ-VOUS LU LE DOSSIER?

7

"ILS ONT ÉTÉ CONDAMNÉS À 12 ANS FERMES AU PROCÈS ET ILS SONT TOUJOURS SOUS LES VERROUS."

7

7

### ① Qu'est-ce qui se passe ?

Regardez les dessins.

1 - À votre avis, quelle est la personne qui parle au commissaire Berthier ?
2 - Regardez les titres des journaux. Qu'est-ce que vous en déduisez ?
3 - Qu'est-ce qui se passe dans cet épisode ? Imaginez.

### ② Que faut-il faire ?

Complétez les phrases.

1 - Berthier doit s'occuper de cette affaire parce que...
2 - Fabrice Beaulieu a été impliqué dans...
3 - Berthier va interroger des personnes qui...
4 - L'affaire doit rester secrète. Si les journalistes l'apprenaient...
5 - Berthier demande à ses inspecteurs de...
6 - Il ne sera pas facile de vérifier les emplois du temps parce que...
7 - Les deux personnes en prison ont pu...
8 - Marie-Anne De Latour est...

### ③ C'est dans le dialogue !

Trouvez des formes du conditionnel exprimant :

1 - le souhait (j'aimerais...) ;
2 - la suggestion (vous pourriez...) ;
3 - la conséquence imaginée (si on travaillait, on aurait de l'argent.).

### ④ Comment l'expriment-ils ?

Trouvez :

1 - une expression pour attirer l'attention de quelqu'un ;
2 - deux façons d'exprimer des ordres ;
3 - deux expressions marquant la protestation ;
4 - deux conseils ;
5 - une expression ironique.

### ⑤ Quelles expressions du texte évoquent ces phrases et ces définitions ?

1 - Cette affaire peut devenir très dangereuse.
2 - Soyez discret.
3 - Une peine de prison qu'on doit faire.
4 - Ils sont toujours en prison.
5 - Rencontrer des gens qui peuvent vous être utiles.

### ⑥ Que voudraient-ils ?

*Que voudrait le directeur de la police ? ⟶ Il voudrait que Berthier agisse en douceur / s'occupe personnellement de l'affaire.*

1 - Que voudrait Berthier ?
2 - Que voudrait Frémont ?
3 - Que voudraient les journalistes ?

### ⑦ On peut faire des hypothèses.

Qu'est-ce qui arriverait...

1 - si Berthier n'agissait pas avec prudence ?
2 - si les journalistes s'emparaient de l'affaire ?
3 - si les inspecteurs ne vérifiaient pas tout ?
4 - si tous les gens impliqués avaient des alibis ?
5 - si les deux condamnés s'étaient fait des relations en prison ?

### ⑧ Qu'en pensez-vous ?

1 - Pourquoi Beaulieu a-t-il disparu au moment de l'affaire ?
2 - Pourquoi la vie de sa femme a-t-elle été brisée ?
3 - Pourquoi quelqu'un pouvait vouloir tuer Beaulieu ?
4 - Pourquoi Berthier fait-il recommencer l'enquête ?
5 - Pourquoi serait-il prudent de vérifier l'alibi de Frémont ?

### ⑨ Qu'est-ce que vous avez appris ?

1 - Sur Fabrice Beaulieu.
2 - Sur la nature du scandale.
3 - Sur la façon dont une affaire importante doit être traitée.

## ⑩ Jeu de rôle.

Vous êtes l'inspecteur Martinez et vous allez interroger un des promoteurs impliqués dans le scandale de « Rêve 2000 ». Le commissaire vous a recommandé d'être prudent. Le personnage que vous interrogez veut savoir ce qui se passe et pourquoi vous l'interrogez. Il n'a rien à se reprocher dans cette affaire. Il veut savoir ce qui est arrivé à Fabrice Beaulieu, si on l'a retrouvé, etc. L'inspecteur reste très prudent et essaie de ménager son interlocuteur.

> **Pour vous aider :**
>
> Excusez-moi de vous poser cette question.
> Je ne voudrais pas vous déranger.
> Non, ce n'est pas exactement ce que je voulais dire.
> Je comprends très bien votre discrétion.
> Je ne mets pas votre parole en doute, mais...

## ⑪ Jeu de rôle.

Vous êtes témoin d'un vol dans l'entreprise où vous travaillez. Le voleur est quelqu'un de haut placé. Vous ne savez pas quoi faire. Vous en parlez à un(e) ami(e). Il / elle vous dit que ça peut être dangereux pour vous, ce qui pourrait arriver si vous en parliez, ce que vous devriez faire, etc. Il vous conseille la prudence.

## ⑫ Jeu de rôle.

Vous vous êtes cassé la jambe et vous n'êtes pas complètement guéri(e) mais vous adorez le sport et vous voulez reprendre toutes les activités sportives que vous faisiez avant. Un(e) de vos ami(e)s vous conseille de faire attention, de commencer par des activités plus calmes, etc. Vous faites des objections à tout ce qu'il / elle vous dit.

**ANTICIPEZ**

### 1 Qu'attendez-vous du texte ?

Regardez les illustrations qui accompagnent le texte.

1 - Que font ces gens ?
2 - Voyez-vous une différence entre ces trois types d'exercices ? Quel est le plus violent des trois ?
3 - Qu'est-ce que vous pensez des exercices physiques en général ? Faut-il en faire ? Pourquoi ? Lesquels ?

**METTEZ EN ORDRE**

### 2 De quoi traite le texte ?

Lisez le texte et attribuez une des phrases ci-dessous à chacun des quatre paragraphes.

1 - Il existe d'autres gymnastiques « douces ».
2 - Le stretching est à la mode.
3 - Les bonnes vieilles méthodes ne sont pas si mal.
4 - L'aérobic ne fait plus souffrir les Français.



### 3 Quel en est le contenu ?

Analysez le contenu de chacun des paragraphes.

Exemple : premier paragraphe :
- Le stretching.
- Ses effets.
- En quoi il consiste.
- Un phénomène de mode.

**RECHERCHEZ LES FAITS**

### 4 Quelle est la situation de communication ?

1 - Quel est le type du texte (lettre, rapport, mode d'emploi, article...) ?
2 - À qui s'adresse ce texte ?
3 - Quel en est le thème ?
4 - Quelle en est l'intention (ou le message) ?

### 5 Qu'est-ce qu'on pourrait faire ?

1 - Pour faire travailler la respiration ?
2 - Pour faire fondre les graisses ?
3 - Pour modeler les muscles ?
4 - Pour débloquer les nerfs contractés ?
5 - Pour perdre 100 à 200 calories ?
6 - Pour sculpter sa silhouette ?

*« Grâce au "stretching", vous pourriez agir sur vos muscles et les allonger. Ça débloquerait également vos petits nerfs contractés et ça vous ferait travailler votre respiration. Ça vous détendrait vraiment... » C'est pour cela que Mireille Hermant, 31 ans, essaie d'atteindre, avec les mains devant elle,*

# LA GYMNASTIQUE

*ses talons collés au sol. Elle y arrivera sans doute, mais pas aujourd'hui. Elle n'en est qu'à son premier cours de « stretching », une technique corporelle qui est à la mode actuellement.*

Il y a quelques années, tous les dimanches matin à dix heures, toute la France sautait sur place, levait les bras avec force, lançait les jambes en l'air, se pliait en avant, en arrière, sur le côté, en soufflant et en transpirant, avec l'émission « Gym Tonic » à la télévision. Qui s'intéresserait à l'aérobic de nos jours ? Les temps ont changé. La mode n'est plus à la souffrance. C'est la gymnastique douce qui est maintenant à l'honneur, celle qui peut sculpter votre silhouette et faire fondre vos graisses en douceur. Si on en croit ses adeptes, le « stretching » posséderait toutes les vertus !

# EN DOUCEUR

S'il vous paraît trop monotone et si le taïchi-chuan, la méditation chinoise rythmée qui consiste en séries de mouvements continus, vous semble beaucoup trop lent, vous pourriez essayer l'« aquabuilding », ou « modelage du corps dans l'eau » : « La méthode permet de modeler cinq ou six muscles à la fois. » Elle est à base de mouvements des jambes, de sauts, de mouvements divers. L'eau vous muscle, vous masse et vous rend souple. « Et tout ça à votre rythme : l'eau est un ordinateur qui règle le mouvement. » Le tout est d'y croire. Et ils sont nombreux ceux qui y croient !

Cependant, à ces pratiques douces, vous pourriez fort bien préférer les bonnes vieilles méthodes, les traditionnelles balades à vélo ou à pied. Une heure passée à courir sans forcer vous ferait perdre de 100 à 200 calories. Mais est-ce bien important après tout ? Un récent sondage révèle que, si 25% des Français pratiquent le sport pour se maintenir en forme, 65% d'entre eux s'activeraient d'abord pour le seul plaisir de le faire.

*D'après « L'Express » du 23-29 mai 1986.*

### 6 Comment l'auteur s'adresse-t-il à ses lecteurs ?

1 - Qui est le « vous » du texte ?
2 - Le premier paragraphe contient une illustration, un conseil et un commentaire de l'auteur. Dans quel ordre ?
3 - Le deuxième paragraphe est construit sur une opposition. Quels mots l'indiquent ?
4 - Le troisième paragraphe donne un choix. Lequel ?
5 - Le quatrième paragraphe s'oppose au reste du texte. Comment est marquée cette oppostion ?

### 7 C'est exprimé au conditionnel !

Quelle est la valeur de chacun des conditionnels dans ce texte (recommandation / conseil – possibilité / éventualité – politesse – hypothèse – souhait) ?

## INTERPRÉTEZ

### 8 Qu'en pensez-vous ?

1 - Quelles modes se sont succédé en gymnastique depuis quinze ans ?
2 - Que pense l'auteur de l'article de ces modes passagères (voir la fin du troisième paragraphe) ?
3 - À quoi s'opposent ces gymnastiques à la mode ?
4 - Ces modes ont-elles eu du succès dans votre pays ?
5 - S'agit-il d'un phénomène international ?
Si c'est le cas, quels sont les pays concernés et les classes sociales dans ces pays ?

### 9 Exercez vos talents de publiciste.

Rédigez une publicité présentant un club de sport ou une nouvelle salle de gymnastique.

7

# VOYAGE

Paris, le 3 mai

Cher Juan,

Enfin c'est sûr, tu viens en juin prochain ! C'est un des mois les plus agréables à Paris. Tes questions m'ont un peu amusé, mais je comprends tes inquiétudes. Tu as envie que ton premier voyage en France soit réussi. Sois tranquille, il le sera !
Les contacts avec les gens ne devraient pas te poser de problèmes. Les Français sont moins distants qu'on le dit et ils sont souvent très accueillants.

Ne prends pas trop de vêtements. Cela ne te servirait à rien. En général, il fait chaud en cette saison et, s'il te manquait quelque chose, tu pourrais toujours l'acheter ici. Tu peux quand même emporter quelques vêtements élégants au cas où tu voudrais aller dans des endroits chic...

Je ne pourrai malheureusement pas te loger au mois de juin et il faudrait que tu réserves une chambre d'hôtel dès maintenant. Cependant, j'ai une autre solution à te proposer. J'ai parlé de ta visite à un ami

# Préparez un voyage.

qui habite près de chez moi. Il serait très heureux de t'accueillir. Je pense que ce serait une bonne solution. Tu n'aurais pas d'argent à dépenser pour te loger et ça te permettrait de parler français. Est-ce que cette solution te conviendrait ?

Je ne serai pas souvent libre en juin mais si je peux prendre quelques jours vers la fin du mois, je t'emmènerai chez mes parents, en Bretagne. Tu as raison de vouloir sortir un peu de Paris. Avant de partir, tu devrais acheter un guide. Ça te serait très utile pour t'orienter et choisir les coins où tu veux aller.

J'aurais encore beaucoup à te dire mais il faut qu'il te reste des choses à découvrir !

A bientôt, donc. Précise la date et l'heure de ton arrivée afin que je puisse aller t'accueillir.

Amitiés,

Bertrand

### 1 De quoi s'agit-il ?

1 - À qui la lettre de Bertrand est-elle adressée ?
2 - Dans quelle intention Bertrand l'a-t-il écrite ?
3 - Quel genre de rapports y a-t-il entre Bertrand et Juan ?
4 - Qu'est-ce qui montre qu'il s'agit d'une lettre amicale ?

### 2 Que fait Bertrand dans sa lettre ?

Illustrez chacun des actes de parole ci-dessous par un extrait de la lettre.

1 - Exprimer sa satisfaction.
2 - Rassurer.
3 - Conseiller, recommander quelque chose.
4 - S'excuser.
5 - Offrir de l'aide.
6 - Justifier.
7 - Faire une promesse sous condition.
8 - Exciter la curiosité.
9 - Demander de l'information.
10 - Saluer.

7

### 3 Que contenait la lettre de Juan ?

1 - Quelle nouvelle a été annoncée à Bertrand ?
2 - Pourquoi Juan était-il inquiet ?
3 - Quelles seraient vos propres inquiétudes si vous alliez dans un pays étranger pour la première fois ?
4 - Quelles questions a-t-il posées à Bertrand ?
(Contacts avec les Français ; temps qu'il fera et vêtements à prendre ; logement, prix d'une chambre d'hôtel ; que voir à Paris et en dehors...)

**4** **Écrivez la lettre** que Juan a envoyée à Bertrand.

**5** **Faites-la lire** à un(e) autre étudiant(e) et révisez-la en tenant compte des critiques.

**6** **Vous êtes Juan.** Vous écrivez une nouvelle fois à Bertrand pour le remercier de sa lettre, de son offre, de ses conseils et lui préciser la date et l'heure de son arrivée.

**7** Un(e) ami(e) français(e) doit venir dans votre pays. Il / elle vous pose à peu près les mêmes questions que celles que Juan a posées à Bertrand. Répondez-lui.

# UN BEAU COUP DE FILET

## CHAPITRE 7

Arielle tira. La Range Rover continua sa route quelques minutes en zigzaguant, puis vint s'arrêter à quelques centimètres d'un arbre. Il leur faudrait bien cinq minutes pour changer la roue !

— Je l'ai eue !

Arielle revint s'asseoir à côté de Patrice. Il la regarda, très impressionné par la précision de son tir.
— Vous me croyez maintenant ?
— Hum... Vous pourriez peut-être m'expliquer plus calmement.
— Oui, mais ne ralentissez pas. Ils ne vont pas mettre une heure pour réparer. Voilà, je m'appelle Arielle Barbier, je...
— Vous êtes la fille du professeur Barbier ?
— Ah non, ne me dites pas que vous le connaissez, vous aussi !
— Je le connais de réputation. C'était le plus grand archéologue du XXe siècle.
— Mais vous êtes... chasseur de papillons, pas archéologue.
— Chasseur de papillons ! Figurez-vous, mademoiselle Barbier, que je suis directeur de recherches au CNRS*, détaché dans ce pays pour un an, et qu'il m'arrive de lire des revues scientifiques.
— Je voyage avec un directeur de recherches. Je devrais être très impressionnée...

Patrice freina brusquement, prit un de ses filets à papillon derrière la Jeep et sauta hors de la voiture.
— Mais... revenez. Je ne voulais pas vous vexer.

Il s'approcha d'un massif de fleurs sur la pointe des pieds. Zzzzz, le filet fendit l'air. Arielle eut à peine le temps de voir ce qui se passait. Patrice était déjà de retour. Il tenait le papillon prisonnier dans son filet. Il fouilla dans une boîte et en sortit un bocal. Arielle était folle de rage.

— Non, mais c'est pas vrai ! Je rêve ! Dans cinq minutes les tueurs seront ici et monsieur s'arrête pour attraper un vulgaire papillon.
— C'est un catocala fraxini, mademoiselle. Et je vous ferai remarquer que c'est vous qu'il veulent tuer, pas moi.
— Ils vous ont vu avec moi. Vous pourriez être mon complice. Et d'ailleurs, s'ils me le demandaient, je leur dirais que je vous ai parlé de Malinka et que...
— Malinka ? Vous avez parlé de Malinka ?
— Oui, j'ai dit Malinka. Et alors ?... Eh ! Vous êtes fou !

Patrice démarra en trombe. La voiture sautait sur la piste. Il tourna à gauche et s'enfonça dans la forêt. La piste devenait de plus en plus étroite.

— Vous ne voudriez pas me dire où on va ?
— On verra plus tard...

---

* CNRS : Centre national de la recherche scientifique.

# Où avez-vous mal?

### *Le malade*

***entre en contact :***

- Pouvez-vous me donner un rendez-vous ?
- Vous ne pouvez pas me prendre plus tôt ?
- Quelles sont les heures de consultation ?
- Est-ce que vous pouvez m'envoyer un médecin / une ambulance ?

***explique :***

- J'ai très mal à la gorge. / Le ventre me fait mal.
- J'ai de la fièvre.
- J'ai mal / une douleur ici.
- Je suis diabétique / cardiaque.
- J'ai un abcès. / Je me suis cassé(e) une dent.

***montre son inquiétude :***

- Ça va être long ?
- Vous croyez que je vais pouvoir rentrer chez moi ?
- Combien est-ce que ça va coûter ?
- Vous savez si je peux me faire rembourser ?

### *Le médecin*

***s'informe :***

- Qu'est-ce qui vous arrive ?
- Vous avez très mal ?
- Vous ne pouvez pas vous déplacer ?
- Où avez-vous mal ? / Depuis quand ?
- Respirez fort.
- Toussez, s'il vous plaît.
- Étendez-vous ici.
- Quels médicaments prenez-vous ? / Quel traitement suivez-vous ?

***rassure :***

- Dans huit jours vous serez sur pied.
- Vous pouvez conduire, mais ne vous fatiguez pas trop.
- Ce n'est pas grave.
- Je vous fais une ordonnance.

*Les assurés membres de la Communauté économique européenne (CEE) peuvent se faire rembourser les frais médicaux.* (Se renseigner.)

*Le Service d'aide médicale urgente (SAMU) est rattaché à l'hôpital et fonctionne 24 heures sur 24.*

# Yves Gibeau

*Souviens-toi*

« Souviens-toi de ce que j'ai toujours dit, Stefan. Le 800 mètres, c'est la course la plus belle et la plus dure qui soit. Plus dure que le 400, épreuve de vitesse prolongée, puisqu'il s'agit, comme le faisait Harbig, de couvrir quatre 100 mètres successifs à 11 secondes 5 de moyenne. Mais s'il suffit, pour gagner un 400, d'être fort, bien sûr, de partir à fond[1] dès le coup de pistolet et de ne pas céder d'un pouce[2] jusqu'à l'arrivée, le 800, lui, réclame davantage. C'est une course de vitesse de longue haleine[3], où il y a temps, toutefois, pour la réflexion, l'habileté et l'intelligence. Il faut donc en tirer parti au maximum. Il faut regarder ses voisins, épier[4] l'allure[5] de ceux qui vous précèdent, jauger[6] leur forme, écouter le souffle de ceux qui vous suivent, le bruit de leurs pointes[7], pesant ou léger, en déduire quelque chose de profitable, une indication, un avertissement, un soutien. Il faut lutter comme un diable[8] pour se placer, et surtout à la meilleure place, penser à se dégager au bon instant, parer toutes les attaques, toutes les ruses[9]. Il faut calculer l'endroit exact où il convient d'improviser, de se lancer soi-même à coup sûr, avec toutes les chances, tous les atouts. Très bien, parfait, si l'on s'acquitte[10] entièrement de ces tâches, si l'on se montre avisé et psychologue. Il importe encore que tous ces soucis ne nuisent[11] pas à l'effort physique, à son épanouissement, et que la coordination soit totale. Je rabâche[12], d'accord ! Tu sais tout cela aussi bien que moi. Tu l'as prouvé. Mais tu sais de même que les bonnes habitudes se perdent mieux et plus vite qu'elles ne s'acquièrent[13], que la clairvoyance[14], l'audace, l'esprit de décision sont, comme le reste, simple affaire d'entraînement. Ton avenir serait limité, ton ambition modeste, je te laisserais agir à ton gré[15], en me disant : « Ne nous fatiguons ni l'un ni l'autre. Il « viendra bien à bout de quelques seconds rôles que je lui offrirai. À défaut de « technique, de science plutôt, et d'une éducation suffisante de tous ses moyens, « il a du courage, de l'orgueil, des souvenirs... » Mais nous visons[16] loin, Stefan. Et très haut. Les garçons que tu rencontreras connaîtront leur métier sur le bout du doigt, par cœur, comme on dit. Eux aussi penseront à regarder, à épier, à estimer, à tirer des plans. Le plus fort, le plus fin, le plus intelligent à la fois battra tous les autres. À chaque course. Parce que c'est la logique même et qu'en athlétisme tout est logique. Et moi, je veux que tu sois celui-là. À chaque course... Alors, ne précipite rien. Aie autant de patience que j'en ai. Si tu crois que ma manière est bonne, obéis-moi sans rechigner[17], sans grimaces[18] comme tu l'as fait jusqu'ici... »

*La Ligne droite*, Éd. Calmann-Lévy, 1956.



1. *à fond :* à toute vitesse, en donnant tous ses moyens.
2. *ne pas céder d'un pouce :* rester sur ses positions, ne rien céder à l'adversaire.
3. *de longue haleine :* qui prend du temps.
4. *épier :* surveiller.
5. *l'allure :* la vitesse et la façon de courir.
6. *jauger :* évaluer.
7. *pointes :* chaussures de course munies de pointes.
8. *comme un diable :* de toutes ses forces.
9. *ruse :* moyen habile employé pour tromper.
10. *s'acquitter de :* faire ce qu'on doit, accomplir.
11. *nuire à :* porter tort à.
12. *rabâcher :* redire, répéter sans arrêt.
13. *acquérir :* obtenir.
14. *clairvoyance :* lucidité, vision claire des choses.
15. *à ton gré :* comme tu veux.
16. *viser :* se fixer comme objectif.
17. *sans rechigner :* sans montrer sa mauvaise humeur, son opposition.
18. *grimaces :* airs hypocrites qui cachent l'opposition.

# C'EST DU PASSÉ ! 8

INFORMATIONS/PRÉPARATION

**Les inventions étaient à la mode.**
**Les années 50.**

PAROLES

**À PRENDRE AVEC DES GANTS :**
**« C'était des gens bien informés. »**

LECTURES/ÉCRITURES

**Le tragique épilogue du Cessna.**
**Faites vos débuts de journaliste.**

SUPPLÉMENT

**FEUILLETON**
**« Un beau coup de filet. »**

**VIE PRATIQUE**
**Vous savez vous en servir ?**

**FAITES LE POINT.**

# *Les inventions étaient à la mode.*

*Sur 2 000 ouvrages publiés en 1789, 300 étaient consacrés à des sujets scientifiques. En ce Siècle des Lumières, la science et la raison étaient à l'honneur. Cela ne pouvait que servir la Révolution française qui avait bien besoin que des savants l'aident à fabriquer de la poudre à canon, à surveiller les troupes ennemies depuis le ciel, à communiquer par télégraphe optique, à mieux soigner et à sauver les blessés de guerre, à produire mieux et plus grâce aux nouvelles machines agricoles et industrielles... et à créer l'école publique, obligatoire pour tous, le 25 décembre 1793.*

Les soldats de la Révolution avaient besoin de chaussures. Or, il fallait deux ans à l'époque pour tanner les peaux de bêtes et préparer le cuir. Un nouveau procédé de Berthollet, Seguin et Fourcroy ramena ces deux ans à deux semaines.
On écrivait beaucoup dans ces années troublées ! Mais la France devait acheter son encre en Angleterre et en Prusse et elle était en guerre avec ces pays ! Conté inventa le crayon à papier : il fit une mine avec un mélange d'argile, de plomb et de mercure.
Le 2 juillet 1793, un message transmis par télégraphe optique de Paris fut déchiffré 11 minutes plus tard à 35 kilomètres de là. Une première ligne télégraphique régulière relia bientôt Paris à Lille.

Première expérience aérospatiale de Blanchard et Lespirard (1785).

Les gens s'éclairaient depuis toujours avec des lampes à huile, mais fort mal. Philippe Lebon imagina d'enflammer du gaz. Il ne restait plus qu'à installer des tuyaux et des compteurs pour mesurer la consommation.

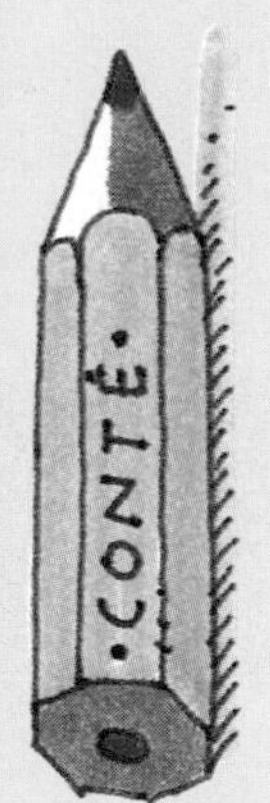


Nicolas Jacques Conté (1755-1805).

Qui n'avait envie de voler, de se sentir plus léger que l'air ? Les frères Montgolfier inventèrent leur fameuse montgolfière et, bientôt, des ballons purent survoler les champs de bataille et surveiller les mouvements des armées ennemies.
Plus audacieux encore : un jour de 1797 on put voir quelqu'un sauter d'un ballon et descendre du ciel accroché à une sorte de grand parapluie. Le parachute était inventé !
À la liste de ces inventions on pourrait ajouter la boîte de conserve, l'ambulance, le métier à tisser, le système métrique et... la guillotine, invention égalitaire qui donna la possibilité à tous les condamnés, nobles ou pas, d'être traités de la même manière !
Et les savants pouvaient désormais inventer sans craindre qu'on copie leurs inventions. Le 7 janvier 1791, l'Assemblée nationale vota une loi destinée à protéger les inventions. Mais les inventeurs, eux, ne l'étaient toujours pas puisque la Révolution coupa quelques têtes célèbres, entre autres celles de Bailly, l'astrologue, et de Lavoisier, le physicien !

## 1 Pourquoi les révolutionnaires en avaient-ils besoin ?

1 - La poudre à canon.
2 - Le cuir.
3 - L'encre.
4 - Le télégraphe.
5 - Le gaz d'éclairage.

*Le métier à tisser inventé par J.-M. Jacquard (1752-1834).*

## 2 Que firent les savants à cette époque ?

*fabriquer de la poudre ⟶ Ils fabriquèrent de la poudre.*

1 - Inventer le télégraphe.
2 - Tanner les peaux en 15 jours.
3 - Sauver les soldats blessés.
4 - Surveiller les troupes ennemies en ballon.
5 - Pouvoir transmettre des messages à distance.
6 - Installer l'éclairage à gaz.

*Le télégraphe aérien sur le clocher de l'église Sainte-Catherine à LIlle.*

## 3 Pourquoi est-ce qu'ils les inventèrent ?

*Ils fabriquèrent des mines de crayon parce qu'ils ne pouvaient plus acheter d'encre en Angleterre.*

1 - Le télégraphe optique.
2 - Le ballon.
3 - La lampe à gaz.
4 - Le métier à tisser.
5 - La guillotine.
6 - L'ambulance.

INCANDESCENCE PAR LE GAZ
17. Boulevard Montmartre

*Au siècle suivant...*

## 4 Comment est-ce qu'ils y arrivèrent ?

*Ils diminuèrent le nombre des illettrés... ⟶ en créant l'école publique.*

1 - Ils communiquèrent à distance...
2 - Ils surveillèrent les troupes ennemies...
3 - Ils fabriquèrent assez de chaussures...
4 - Ils purent s'éclairer...
5 - Ils sauvèrent des blessés...

### LE PASSÉ SIMPLE

| Formes : | Verbes en -ER | Irrégularités | | |
|---|---|---|---|---|
| | Il / elle sauta. | Être : | Il /elle fut | Ils / elles furent. |
| | Ils / elles volèrent. | Pouvoir : | Il / elle put | Ils / elles purent. |
| | | Faire : | Il / elle fit | Ils / elles firent. |

⚠ Dans la langue écrite, **le passé simple** s'emploie le plus souvent à la 3e personne du singulier et du pluriel : c'est le temps des récits et des faits divers, des journaux, de la littérature et des livres d'histoire.

**Le passé composé** donne au fait une valeur plus actuelle, plus proche.
On **a créé** l'école publique en 1793.

**L'imparfait** insiste sur l'état, décrit, indique l'habitude.
On **achetait** l'encre en Angleterre.

# Les années 50

*Parler maintenant de la décennie 1950-1960, c'est faire entrer la nostalgie dans le cœur des Français, surtout de ceux qui l'ont connue.*
*Après de dures années de guerre et d'occupation, ce fut une période de renouveau, de liberté, d'épanouissement, de grandeur même.*
*Et ce fut aussi le début de la société de consommation en France !*

*La 2CV Citroën, la voiture pour tous, venait de sortir en 1948.*

*Les Français commencèrent à s'équiper en appareils électro-ménagers. Le Salon des arts ménagers devint une attraction annuelle.*

8

C'était l'époque de la Vespa, des autobus à plate-forme et des débuts du bikini.

L'information prit de plus en plus d'importance, se répandit et se modernisa surtout grâce à la télévision. Les écrivains les plus connus, comme Jean-Paul Sartre et Albert Camus, signèrent des articles de presse et dirigèrent des publications. Ils étaient « engagés ».
En 1955, les téléspectateurs purent voir, pour la première fois, un match de football sur leurs petits écrans. C'était le match Lille-Bordeaux (5 à 0). La même année fut créée une nouvelle radio, Europe n° 1, d'un style plus jeune et plus direct.

*La DS 19, la voiture de prestige, une merveille technique à l'époque.*

## LE PASSÉ SIMPLE

**FORMES :**

| | | | | |
|---|---|---|---|---|
| **Majorité des verbes en -IR :** | Finir | Il / elle finit | Ils / elles finirent | |
| **mais** | Tenir, venir et composés : | Il / elle tint | Ils / elles vinrent | |
| | Courir : | Il / elle courut | Ils / elles coururent | |
| **Verbes en -RE :** | Conduire, dire : | Il /elle conduisit. | Il / elle dit | |
| | Suivre, prendre : | Il / elle suivit. | Il / elle prit | |
| **mais** | Vivre, paraître, croire : | Il / elle vécut. | Il / elle parut. | Il / elle crut |
| | Boire, lire, mourir : | Il / elle but. | Il / elle lut. | Il / elle mourut |
| **Verbes en -OIR :** | Avoir, vouloir, devoir : | Il / elle eut. | Il / elle voulut. | Il / elle dut |
| | Savoir, falloir, pleuvoir : | Il / elle sut. | Il fallut | Il plut |
| **mais** | Voir, s'asseoir : | Il / elle vit. | Il / elle s'assit | |

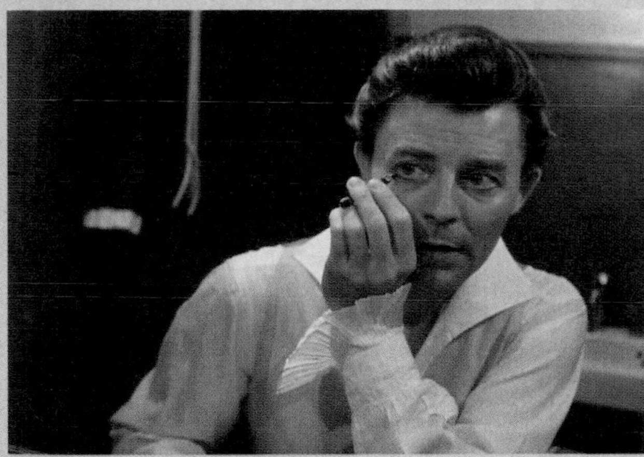

*En 1951, Jean Vilar créa le TNP (Théâtre national populaire) où on put bientôt applaudir Gérard Philipe.*

*Christian Dior et sa collection « new-look » de 1947 continuaient de dominer la haute couture.*

*Édith Piaf, l'idole de la chanson, lança Yves Montand.*

Ce fut la décennie de l'art et des artistes. Sartre, Camus, Simone de Beauvoir, d'autres « existentialistes » et la jeune Françoise Sagan se retrouvaient à Saint-Germain-des-Prés.

Matisse, Braque et Picasso dominaient la peinture.

C'est alors que Brigitte Bardot fit une entrée très remarquée au cinéma et que le Général de Gaulle revint, en 1958, sur la scène politique.
Mais il ne faut pas oublier que ce fut aussi l'époque du désastre en Indochine et du début de la guerre d'Algérie !

**5 Est-ce que vous les avez déjà vus ?**

1 - Qu'évoquent pour vous les photos ci-dessus ?
2 - Qu'est-ce qui se passait dans les années 50 dans votre pays ?

**6 Quels furent les événements marquants des années 50 en France ?**

1 - Quelle fut la voiture de prestige de l'après-guerre ? Qu'est-ce qu'elle avait de particulier ?
2 - Comment l'information se répandit-elle ? Quels étaient les grands noms dans la presse de l'époque ?
3 - Quand fut retransmis le premier match de football à la télévision ? Quelles équipes jouaient ?
4 - Quand fut créée Europe n° 1 ? Quelles nouveautés cette station apportait-elle en matière de radio ?
5 - Quel nom donna-t-on au courant philosophique et littéraire créé par Jean-Paul Sartre ?
6 - Dans quelles guerres la France était-elle engagée ? Comment se termina l'expédition d'Indochine ?
7 - Quel grand événement politique eut lieu en 1958 ?

**7 Faites un rapide bilan des années 50.**

(Vie sociale, économique, artistique, politique.)

**8 Comparez les années 50 à l'époque actuelle.**

*À l'époque il y avait peu de voitures dans les rues et elles roulaient moins vite que maintenant.*

C'ÉTAIT DES GENS BIEN INFORMÉS.

ALLÉE DE TOURNY, BORDEAUX.

8

"IL A PRÊTÉ DE GROSSES SOMMES D'ARGENT À UN GROUPE DE PROMOTEURS POUR L'ACHAT DE TERRAINS."

"C'EST ALORS QU'IL A PRIS PEUR. LES INTÉRÊTS EN JEU ÉTAIENT TRÈS GROS ET LES RESPONSABLES HAUT PLACÉS!"

8

## 1 Qu'est-ce qui se passe ?

Regardez les dessins.

1 - Où se trouve le commissaire Berthier ? Qui le fait entrer ?
2 - À quel milieu social appartient cette femme ? Relevez tous les détails qui vous permettent de répondre.

*Allées de Tourny (Bordeaux).*

## 2 Vrai ou faux ?

Rétablissez la vérité si nécessaire. 

1 - Madame Beaulieu reçoit le commissaire dans le hall d'entrée.
2 - Norbert travaille chez madame Beaulieu depuis quelques mois.
3 - Au moment de l'affaire, Fabrice Beaulieu était architecte.
4 - Les gens qui voulaient acheter les terrains n'étaient pas des gens bien.
5 - Ils voulaient acheter ces terrains pour y vivre.
6 - Beaulieu est parti parce qu'il a touché de l'argent.
7 - La police cherchait toujours Beaulieu au moment de sa mort.
8 - Madame Beaulieu va hériter de son mari grâce au testament.

## 3 Il y va en douceur !

Le patron du commissaire Berthier lui a conseillé de faire son enquête « en douceur ». Relevez trois phrases qui montrent que le commissaire obéit à son chef.
Comparez cette façon de faire avec l'interrogatoire de Frémont par les deux inspecteurs.

## 4 Dites-le autrement.

Trouvez dans le texte des expressions d'un niveau de langue soutenu équivalentes à ces expressions plus familières.

1 - Je vais dire que vous êtes là.
2 - Je suis un peu en retard. Excusez-moi.
3 - C'était des gens bien.
4 - Elle n'y a jamais pensé.
5 - Je crois que non.

## 5 Changez de peau ! 

Écoutez les deux dialogues. Prenez des notes, puis jouez-les avec un(e) autre étudiant(e) dans un registre de langue plus familier.

*Exemple :*

• Ah, chère amie, quel plaisir de vous voir !
– Je suis désolée de vous déranger. Je faisais quelques courses dans votre quartier. Je voudrais bien saluer votre femme.
– C'est très aimable à vous. Vous permettez, je vais la prévenir de votre visite...

• Tiens, bonjour Sophie, ça fait plaisir de te voir.
– Excuse-moi, mais je passais dans le quartier. Je suis montée dire bonjour à Nicole.
– C'est sympa. Bouge pas, je vais lui dire que tu es là.

## (6) Qu'en pensez-vous ?

1 - Pourquoi le commissaire Beaulieu s'est-il rendu à Bordeaux ?
2 - Pourquoi le dossier a-t-il été fermé deux ans après ?
3 - Pourquoi est-il important de connaître le nom de l'héritier ?
4 - Pourquoi faut-il s'adresser au notaire ?

## (7) Qu'est-ce que vous avez appris ?

1 - Sur Fabrice Beaulieu.
2 - Sur sa famille.
3 - Sur l'affaire « Rêve 2000 ».

## (8) Prenez sa place !

Comment continueriez-vous l'enquête si vous étiez à la place du commissaire Berthier ?

*J'irais voir les personnes qui travaillaient à la banque. Je leur demanderais...*

## (9) Jeu de rôle.

Madame Beaulieu doit annoncer à sa fille la mort de son père et la visite de l'inspecteur. Sa fille veut tout savoir sur « Jean Lescure » et sur son père qu'elle n'a presque pas connu. Elle voudrait en savoir plus sur le scandale qui a éclaté quand elle avait 6 ans et sur le rôle que son père a joué. Faites les dialogues avec un(e) autre étudiant(e) et jouez la scène.

## (10) Jeu de rôle.

Un de vos amis a eu un accident de voiture. Il est blessé. Vous devez l'annoncer à sa femme. Vous le lui dites avec précaution. Elle veut savoir comment ça s'est passé, où il est, ce qu'il a, ce qu'ont dit les médecins, etc.

8

## (11) Interview.

Vous êtes enquêteur pour un institut de sondage et vous interviewez des jeunes pour savoir ce qu'ils pensent de la vie de leurs parents quand ils avaient leur âge. Vous leur demandez ce qui a changé en mieux, en pire, ce qu'ils aimaient de cette époque, s'ils en parlent avec leurs parents et ce qu'ils en pensent. Préparez l'interview avec un(e) autre étudiant(e) et jouez la scène.

# Le tragique épilogue du Cessna

**_Nice, le 13 mai._ Le mystère entourant la disparition, depuis cinquante-sept jours, du Cessna 210 parti le 17 mars en début d'après-midi de l'aéroport de Fréjus avec cinq personnes à son bord, s'est dissipé hier matin avec la découverte sur la face nord de la montagne de Lure (Alpes-de-Haute-Provence), à 1 500 mètres d'altitude, de l'épave de l'appareil et des corps de ses occupants.**

Au moment du dernier contact radio, une demi-heure après son décollage, le monomoteur survolait la Haute-Provence dans des conditions météorologiques très défavorables. Pendant une semaine les recherches mobilisèrent quatre hélicoptères et plus d'une centaine de gendarmes qui fouillèrent le terrain. Mais, le 24 mars, restées sans résultat, elles durent être abandonnées. Par la suite, les enquêteurs menèrent leurs investigations de façon sporadique en fonction des renseignements qui leur étaient communiqués.

Mais, jeudi, en début de soirée, un promeneur découvrit, dans une forêt de pins près du col de la Graille, un débris de fuselage. Il en informa les gendarmes qui envoyèrent aussitôt une patrouille sur place. À 21 h 15, l'information fut confirmée et les autorités aussitôt alertées.

## En perdition dans le brouillard

À Digne toutes les dispositions furent prises pour mettre en place, dès le lendemain, un plan opérationnel de recherches. À 7 h 30, l'hélicoptère de la gendarmerie de Briançon décolla et, trois quarts d'heure plus tard, l'épave du Cessna fut repérée.

Selon les premiers éléments de l'enquête, le pilote de l'avion qui, apparemment, se trouvait en perdition dans le brouillard et la neige, voulut entreprendre un virage afin de rallier l'aérodrome de Saint-Auban à moins de 15 kilomètres à vol d'oiseau. Hélas ! et sans qu'il soit possible d'en déterminer les causes – erreur de pilotage, instruments de navigation défaillants ou perte brutale d'altitude – l'appareil heurta de l'aile le sommet d'un arbre avant de s'écraser au sol. Trois des occupants furent éjectés et sans doute tués sur le coup, alors que les deux autres passagers trouvèrent la mort dans le cockpit en flammes.

Hier, en milieu d'après-midi, cinq ambulances réquisitionnées par les gendarmes ont pris en charge les corps des victimes qui ont été transportés à Marseille. ■

*D'après « Nice-Matin » du 13 mai 1989.*

*Photo d'archives : une catastrophe aérienne le 7 décembre 1983 (Espagne).*

## ANTICIPEZ

### 1 De quoi s'agit-il ?

Regardez les photos, le titre et le « chapeau » de l'article (le texte en caractères gras).

1 - Qu'est-ce qui s'est passé ?
2 - Qu'est-ce qu'un Cessna ?
3 - Où a eu lieu l'accident ?
4 - Y a-t-il des survivants ?
5 - Depuis combien de temps le Cessna a-t-il disparu ?

## METTEZ EN ORDRE

### 2 Distinguez les faits.

Lisez l'article du journal et remplissez le tableau ci-dessous.

| Événements | Qui ? | Quoi ? | Quand ? | Où ? | Comment ? |
|---|---|---|---|---|---|
| du 17 mars | | | | | |
| du 12 mai | | | | | |

### 3 Qu'est-ce qu'ils contiennent ?

Attribuez un de ces titres à chacun des six paragraphes.

1 - L'épave retrouvée.
2 - Premiers résultats de l'enquête.
3 - La gendarmerie sur les lieux.
4 - Des recherches infructueuses.
5 - Le mystère de la disparition du Cessna résolu.
6 - Le transport des corps à Marseille.

## RECHERCHEZ LES FAITS

### 4 Comment les distinguer ?

1 - De quelle manière sont différenciés les événements du 17 mars, ceux des 11 et 12 mai, et les événements intermédiaires ? Relevez les expressions qui marquent la chronologie.
2 - Comment (dans le 5e paragraphe) sont distingués les faits – qu'on peut décrire avec certitude – des suppositions ?

### 5 Qu'est-ce qui est arrivé ?

1 - Quand a eu lieu l'accident ?
2 - D'où était parti l'avion ?
3 - Combien y avait-il de personnes à bord ?
4 - Quand a-t-on découvert l'épave de l'appareil ?
5 - Comment a-t-elle été découverte ?
6 - Qu'ont fait les gendarmes ?
7 - Quelle a été la cause de l'accident ?
8 - Pourquoi l'avion s'est-il écrasé ?

### 6 Pourquoi le journaliste a-t-il utilisé ces temps ?

1 - Le mystère s'est dissipé hier matin.
2 - Une demi-heure après son décollage, le monomoteur survolait la Haute-Provence.
3 - Les recherches mobilisèrent quatre hélicoptères.

## INTERPRÉTEZ

### 7 Quelle est l'information essentielle ?

Écrivez un résumé de l'article.

1 - Éliminez tout ce qui n'est pas essentiel. (Reportez-vous à vos réponses à l'exercice 1.)
2 - Modifiez les éléments restant pour en faire un texte suivi.

### 8 Passez à la radio !

Vous devez annoncer la nouvelle à la radio. Vous n'avez droit qu'à trente secondes du bulletin d'information. Écrivez un court texte à partir de votre résumé.

*Attention !* Il s'agit d'un texte destiné à être lu aux auditeurs, portant sur des informations récentes. Quel temps allez-vous employer ?

### 9 Pourquoi ne l'a-t-on pas retrouvé plus tôt ? 

Écoutez la déclaration du chef du groupe de gendarmerie qui a mené les recherches et dites :

1 - pourquoi l'avion est resté invisible ;
2 - quelles conditions étaient nécessaires pour que l'avion puisse être repéré plus tôt ;
3 - quels temps utilise le chef du groupe de gendarmes pour parler des faits.

8 | FAITS DIVERS

# Faites vos débuts de journaliste.

*Un hold-up a été commis à la grande bijouterie Alex, rue du Général-Leclerc. Les journalistes sont aussitôt sur les lieux.*
*Voici ce qu'ils ont pu recueillir de la bouche des témoins.*

Madame Gilles habite en face de la bijouterie.

« J'étais en train d'arroser mes plantes à la fenêtre. J'écoutais "Le jeu des 1 000 francs" à France-Inter. Il était une heure moins le quart. J'ai vu un homme sur le trottoir d'en face, près de la porte de la bijouterie. D'abord je n'y ai pas prêté attention. Vous savez, à cette heure-là, il y a du monde dans les rues ! Et puis une femme a voulu entrer dans la bijouterie. L'homme lui a dit quelque chose et elle est repartie. Aussitôt après une voiture s'est garée en double file devant la bijouterie.
– Vous avez reconnu la voiture ?
– Ah, ça oui. Mon fils a la même. C'était une R25 noire. Ensuite, tout s'est passé très vite. Un homme et une femme sont sortis en courant de la bijouterie. Ils portaient deux sacs. Ils sont montés dans la voiture avec celui qui faisait le guet. La voiture est partie à toute allure. C'est à ce moment que l'alarme s'est déclenchée. Cinq minutes après, la police était là. »

Notre deuxième témoin, madame Lefèvre, est la personne qui a essayé d'entrer dans la bijouterie au moment du cambriolage.

« Je venais chercher une montre que j'avais donnée à réparer. Lorsque j'ai voulu entrer, un homme, très aimable, m'a dit que la bijouterie était fermée exceptionnellement pour cause d'inventaire. Cela m'a étonnée parce qu'on m'avait dit que je pouvais passer aujourd'hui, mais je n'ai pas insisté.
– Vous pourriez décrire cet homme ?
– Bien sûr. Il était assez grand, les cheveux bruns, des lunettes et une grosse moustache.
– Vous n'avez pas pensé que ça pouvait être un déguisement ?
– Sur le moment non, mais maintenant... »

Mademoiselle Olivieri et monsieur Alex sont les principaux témoins de cette affaire puisque ce sont eux qui se trouvaient dans le magasin. Voici leur version des faits.

*Mademoiselle Olivieri :* « Nous ne sommes que deux entre 12 h 30 et 14 heures. La porte est fermée, bien sûr. J'étais seule dans le magasin, monsieur Alex était dans son bureau. J'ai ouvert à cette femme parce qu'elle était déjà venue et qu'elle semblait être intéressée par une bague. Un homme est entré avec elle. Il m'a menacée avec un revolver. Je n'ai pas eu le temps de faire un geste. La femme m'a ligotée et bâillonnée. Ensuite elle a appelé monsieur Alex par l'interphone et lui a demandé de venir. »
*Monsieur Alex :* « L'homme m'attendait derrière la porte. Il m'a menacé avec son revolver et m'a demandé de le conduire aux coffres. J'ai débranché tout le système d'alarme et je lui ai ouvert les coffres. En moins de dix minutes ils ont volé pour plus de 5 millions de francs de bijoux.
– Pourriez-vous les décrire ?
– La femme est blonde, des cheveux longs jusqu'aux épaules. Pas très grande, très élégante. L'homme est brun, plutôt grand. Mais en fait, aucun signe distinctif. » ■

**1 Rassemblez les faits et les idées.**

Lisez les déclarations des témoins et prenez des notes. Avez-vous assez d'informations pour répondre aux questions suivantes : qui ? quoi ? où ? quand ? pourquoi ? comment ? Faites une grille et remplissez-la.

**Écrivez le « chapeau ».**

Si vous pouvez répondre aux six questions ci-dessus, écrivez le chapeau (l'introduction) de votre article en donnant l'essentiel de l'information.
Pourquoi certains lecteurs ne lisent-ils que le chapeau ? À quoi sert le reste de l'article ?

**Rédigez l'article.**

Continuez d'écrire votre article en traitant de chacun des points suivants.

1 - Donnez des détails sur les malfaiteurs.
2 - Précisez l'importance de la bijouterie et la qualité des bijoux vendus.
3 - Précisez le lieu et l'heure.
4 - Surtout, racontez et expliquez la stratégie utilisée par les cambrioleurs. (Pourquoi ils ont choisi cette heure-là. Comment ils s'étaient organisés...)
Quels indices aura la police pour les retrouver ?...

**Quel temps allez-vous employer ?**

1 - Pour le récit.
2 - Pour les circonstances.

**Échangez vos textes** entre étudiants et discutez-en.

**6 Révisez vos textes** en fonction des critiques et recopiez-les en vérifiant l'orthographe, la ponctuation, le découpage en paragraphes...

**Projet libre.**

Imaginez un fait divers à partir de la photo ci-dessous et du titre du journal.

*ATROCE DÉCOUVERTE*

# UN BEAU COUP DE FILET

## CHAPITRE 8

La forêt devenait de plus en plus épaisse. La voiture roulait au pas.

— Il va falloir continuer à pied, dit Patrice.
— Vous ne pensez tout de même pas que je vais vous suivre dans cette forêt, sans savoir où on va. Après tout... je ne vous connais pas.
— Ah, ça c'est la meilleure ! Vous auriez pu y penser plus tôt. Et puis je n'ai pas de revolver, moi.
— C'est vrai... Excusez-moi. Dites... qu'est-ce qu'elle a de spécial, cette statuette ? Elle est en or ?
— Non. D'après ce que j'ai lu, c'est une simple statuette en bois. Mais c'est la plus vieille statuette du continent. Beaucoup de musées et d'amateurs d'art seraient prêts à payer une fortune pour la posséder. Mais vous ne vous intéressez peut-être pas beaucoup à l'art...
— C'est ça, je ne connais rien à la science, je ne m'intéresse pas à l'art... vous me prenez vraiment pour une idiote ?
— Une ravissante idiote.

Surprise, Arielle lui fit son plus charmant sourire. Patrice sourit à son tour.
— Vous devriez sourire plus souvent, vous êtes très mignon.
— On ne me l'avait jamais dit !
— Ça m'étonnerait... Je ne connais même pas votre nom.
— Patrice Leconte.

Ils continuèrent leur route en silence. « C'est vrai qu'il est mignon », pensa Arielle, « avec ses cheveux bruns et ses yeux verts. »

— Ah ! Patrice. Là... derrière l'arbre, il y a un homme, caché.
— Oui, je sais. Et il y en a trois autres qui nous suivent. Ne vous inquiétez pas. C'est une tribu pacifique. Leur chef est un ami.

Ils arrivèrent bientôt dans un village. Les habitants, une centaine de personnes, avaient été prévenus de leur arrivée. Ils étaient tous là. Les enfants et les femmes légèrement en arrière. Un groupe d'hommes s'avança vers eux. Patrice s'arrêta et salua leur chef.
— Yaca oma, koreta.
— Yaca oma, koreta.

Arielle le regarda. À son tour d'être admirative...
— Vous parlez leur langue ?
— Je parle cinq langues... plus quelques dialectes.
— Ça mène à tout, les papillons !

Pendant que Patrice parlait avec le chef dans sa hutte, Arielle fit le tour du village, suivie des enfants et des femmes qui admiraient en riant ses cheveux blonds et ses yeux bleus.
Une heure plus tard Patrice la rejoignit à l'entrée du village.
— Nous restons ici cette nuit. Ils organisent une fête en notre honneur.
— Mais qu'est-ce qu'il vous a dit pour la statuette ?
— On va chercher des cadeaux pour eux dans ma voiture. Je vous expliquerai là-bas.

# Vous savez vous en servir?

QUELQUES INVENTIONS RÉCENTES UTILES AU QUOTIDIEN.

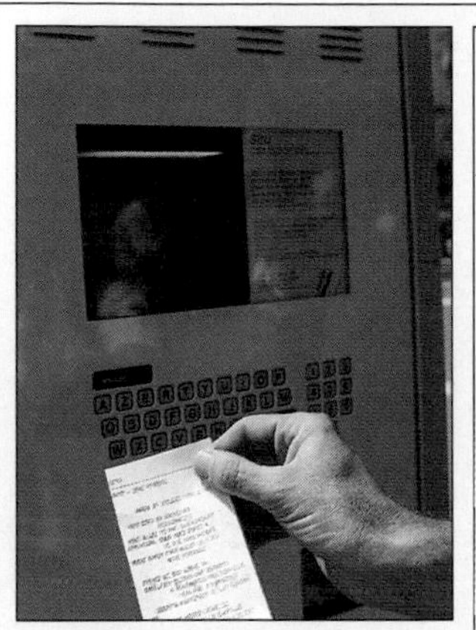

```
SITU                                RATP
VOUS UTILISEZ LE NOUVEAU SITU
PARIS-BANLIEUE.
VOUS ETES 109 BOULEVARD VOLTAIRE.
          PARIS 11EME
VOUS ALLEZ STATION BASTILLE
VOUS AVEZ ECRIT :
          BASTILLE
VOTRE CHOIX POUR PRENDRE LE BUS
          SEULEMENT
PRENEZ LE BUS LIGNE 69
DIRECTION CHAMP DE MARS-SUFFREN
        A VOLTAIRE-LEON BLUM
          (FACE AU 136 RUE DE LA
          ROQUETTE)
   JUSQU'A BASTILLE-RUE ST ANTOINE
VOUS METTREZ ENVIRON DIX MINUTES.
AU DOS DU SITU, LE PLAN DU QUARTIER
ET SUR MINITEL, 3616 SITU.
A BIENTOT.
```

### Itinéraire Situ

Trouvez facilement votre chemin dans Paris. Interrogez les postes Situ.

### La télécarte

Utilisez-la
pour téléphoner.
Achetez-la
dans les postes
et les bureaux de tabac.

### Un panneau d'information

Informez-vous en lisant les panneaux.

mairie de paris
informations

FESTIVAL CHOPIN
A BAGATELLE
BOIS DE BOULOGNE
TOUS LES JOURS
A 12H30
SAM.ET DIM. A 15H

### Le Minitel

Il permet d'obtenir : des renseignements sur la Bourse, les spectacles, la presse ; l'annuaire électronique ; les horaires Air-France et SNCF... (On peut aussi effectuer les réservations.)

• ***Vous cherchez un numéro de téléphone.***

– Vous pouvez consulter l'Annuaire dans les postes ou les cafés.

– Composez le 12, vous demandez le renseignement à l'opérateur / l'opératrice des Télécom.

– Interrogez le Minitel en composant le 11.

• ***Vous voulez faire une réclamation téléphonique.***

Composez le 13 et expliquez votre problème à l'opérateur / l'opératrice.

• ***Vous pouvez vous faire appeler de l'étranger.***

Donnez le numéro d'appel d'une cabine située près de chez vous ou dans une poste.

• ***Vous voulez appeler hors de France.***

– *Je voudrais un numéro en Floride.*
– *Oui, dans quelle ville ?*
– *Orlando.*
– *Quel numéro ?*
– *Le 345-3780.*
– *Vous connaissez le code ?*
– *Oui. C'est le 407.*
*[En cas de PCV* :*
– *Quel est le nom de votre correspondant ?*
– *Monsieur Robert Richards.*
– *C'est de la part de qui ?*
– *De monsieur Delcour.]*
– *Bien. Attendez un instant. Je compose votre numéro... Voilà. Vous pouvez parler. Votre correspondant est en ligne.*

* La communication est payée par la personne que l'on appelle.

***Souvenez-vous :***

*Paris-province :* 16 + 8 chiffres
*Province-Paris :* 16 + 1 + 8 chiffres
*Province-province :* 8 chiffres
*International :* 19 + indicatif du pays
+ indicatif de la ville
+ numéro du correspondant

Faites le point.

SUPPLÉMENT 8

**1** **Devinez quels sont ces objets.** 

**2** **Qu'est-ce qu'ils disent ?**

**3** **Savez-vous utiliser les doubles pronoms ?**

Attention à l'accord du participe passé avec le pronom complément d'objet direct !

1 - Vous avez envoyé les photos à Jean ?
2 - Vous avez rappelé le rendez-vous au patron ?
3 - Ils ont acheté les chaussures pour leur fille ?
4 - Tu as montré les publicités à Coralie ?

**4** Composez un réseau autour du mot « stress ». Pensez aux causes, aux remèdes...

**5** Des amis vous demandent où ils peuvent aller déjeuner. Vous leur conseillez ces trois restaurants en disant chaque fois ce que chacun a de mieux et de moins bien que les autres.

| | La qualité des plats | Le prix | Le cadre |
|---|---|---|---|
| *Le Bistrot* | ★★ | ★ | ★ |
| *L'Étape* | ★ | ★★★ | ★★★ |
| *L'Auberge* | ★★★ | ★★ | ★★ |

**6** Vous venez de prendre possession d'une vieille maison en très mauvais état. Qu'est-ce que vous aimeriez faire faire pour pouvoir y habiter ?

**7** **Conseillez-les !**

1 - Jean fume 20 cigarettes par jour.
2 - Annie ne travaille pas assez.
3 - Charles dépense trop.
4 - Nathalie ne pense qu'à elle.

**8** **Qu'est-ce qui se passerait si...**

1 - ... vous mangiez trop ?
2 - ... vous aviez beaucoup de fièvre ?
3 - ... vous perdiez totalement la mémoire ?
4 - ... vous décidiez de partir pour un long voyage ?

**9** **Décrivez cette publicité et dites :**

– à qui elle s'adresse.
– quel est le message publicitaire.

# ON N'ARRÊTE PAS LE PROGRÈS.

# 9

INFORMATIONS/PRÉPARATION
**Le plus grand défi du siècle !**
**L'Eurotunnel a une longue histoire.**

PAROLES
**À PRENDRE AVEC DES GANTS :**
**« Elle n'était pas au courant. »**

LECTURES/ÉCRITURES
**À la conquête du ciel !**
**Un article à la une.**

SUPPLÉMENT
**FEUILLETON**
**« Un beau coup de filet. »**
**VIE PRATIQUE**
**Comment y aller ?**
**LITTÉRATURE**
R. Barjavel, *La Nuit des temps*.

# *Le plus grand défi du siècle!*

*Paris-Londres en trois heures: l'Angleterre n'est plus une île! L'Europe se sera unifiée même sur le terrain!*

*Une des plus grandes barrières naturelles, la Manche, qui depuis des siècles séparait les Îles britanniques du continent européen, aura été enfin surmontée.*

9

## EUROTUNNEL

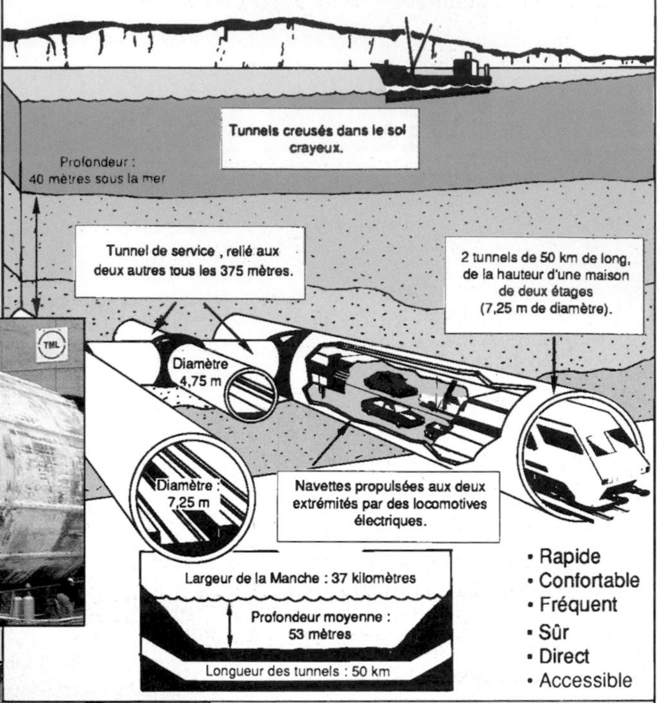

Tunnels creusés dans le sol crayeux.

Profondeur : 40 mètres sous la mer

Tunnel de service, relié aux deux autres tous les 375 mètres.

2 tunnels de 50 km de long, de la hauteur d'une maison de deux étages (7,25 m de diamètre).

Diamètre 4,75 m

Diamètre : 7,25 m

Navettes propulsées aux deux extrémités par des locomotives électriques.

Largeur de la Manche : 37 kilomètres

Profondeur moyenne : 53 mètres

Longueur des tunnels : 50 km

- Rapide
- Confortable
- Fréquent
- Sûr
- Direct
- Accessible

GRANDE-BRETAGNE

TERMINAL NAVETTES DOUVRES

TERMINAL FRET & PASSAGERS

FOLKESTONE CHERITON

LIMITES DE PROPRIÉTÉ DE LA SOCIÉTÉ CONCESSIONNAIRE FRANCO-ANGLAISE DU TUNNEL SOUS LA MANCHE

CALAIS

TERMINAL NAVETTE

SANGATTE

TERMINAL FRET & PASSAGERS

FRANCE

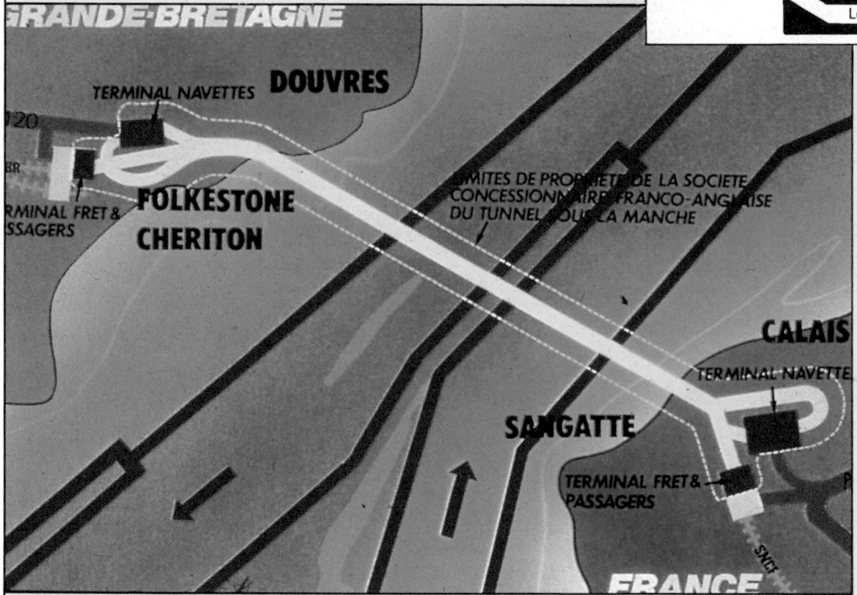

*Paris-Londres en 3 heures.*

*Calais-Folkestone en 35 minutes.*

*Une navette pour les voitures toutes les 20 minutes.*

*Des trains roulant à 300 kilomètres à l'heure en France.*

*12 millions de voyageurs en 1994*

*et 20 millions en l'an 2000!*

**Voilà l'Eurotunnel.**

**8 heures du matin :** Un homme d'affaires a pris le TGV à Lyon. Confortablement installé, il va pouvoir relire ses dossiers. Il sera au centre de Londres pour discuter avec ses partenaires britanniques tout l'après-midi. Il pourra même être de retour chez lui le soir et il aura pu traiter ses affaires dans la journée.

**12 h 30 :** Un couple de vacanciers – des jeunes mariés peut-être – prennent un rapide à Londres. Ils auront déjeuné avant d'arriver à Paris et ils continueront leur voyage vers le Sud sans descendre du train. Ils seront à Cannes pour le dîner.

**18 heures :** Deux cents voitures, exportées en Grande-Bretagne, vont quitter Francfort. Demain matin, à 10 heures, elles seront arrivées à Birmingham.

### De quoi s'agit-il ?

Regardez les documents de la page précédente.

1 - Combien y a-t-il de tunnels ?
2 - D'où partent-ils ? Où arrivent-ils ?
3 - Où passent-ils ? Dans quoi sont-ils creusés ?
4 - Quelle est leur longueur ? Leur diamètre ?
5 - À quoi servent les deux gros tunnels ? Celui du milieu ?
6 - Comment les tunnels sont-ils reliés ?
7 - Que transportent les navettes ?
8 - Comment sont-elles propulsées ?

### Qu'est-ce qu'on aura fait ?

Complétez les phrases en utilisant des futurs antérieurs.

1 - Les travaux du tunnel se terminent. ⟶ Bientôt...
2 - L'Angleterre se relie au continent. ⟶ Bientôt...
3 - Les voyageurs déjeunent dans le train. Quand ils arriveront...
4 - Le voyageur est en train de lire ses dossiers. Dans une heure ....
5 - Le train s'engage dans le tunnel. Dans 35 minutes...
6 - Quand l'homme d'affaires reviendra de Paris, il...

#### LE FUTUR ANTÉRIEUR

Il partira demain à 8 heures. Demain soir, il **sera arrivé**.

**Formation :**
Comme pour les autres temps composés, l'auxiliaire est soit « avoir » (aurai, auras...), soit « être » (serai...).

⚠ Avec les verbes dits de mouvement (entrer, sortir, arriver...) et les verbes pronominaux on emploie l'auxiliaire « être ».
À 8 h 30 il **sera** parti.
Dans vingt ans, l'Europe se **sera** unifiée. (Accord sujet / participe.)

### Qu'est-ce qui aura été réalisé ?

*Mettre deux siècles pour donner suite au projet. ⟶ On aura mis deux siècles pour donner suite au projet.*

1 - Réussir à vaincre de grands obstacles matériels.
2 - Accomplir un tour de force technologique.
3 - Surmonter une grande barrière naturelle.
4 - Réunir l'Angleterre au continent.
5 - Faire avancer l'unité de l'Europe.

### Rédigez la pub !

Préparez un court texte pour faire la publicité d'Eurotunnel.

*Rapidité ⟶ Grâce à Eurotunnel il ne faut que trois heures pour aller de Londres à Paris.*

1 - Confort.
2 - Fréquence.
3 - Sécurité.
4 - Pas d'arrêts.
5 - Facilité d'accès.

9

### Qu'est-ce qui aura changé ?

*Pour le commerce britannique. ⟶ Il aura augmenté grâce à la liaison avec le continent. Il aura été aidé par le prix et la rapidité des transports.*

1 - Pour le tourisme.
2 - Pour les contacts entre Européens.
3 - Pour le prix des voyages.
4 - Pour les bateaux qui font la traversée actuellement.
5 - Pour l'avenir de l'Europe.

### Tout le monde n'est pas aussi content !

Avec un(e) autre étudiant(e), discutez de l'intérêt de l'Eurotunnel dans le contexte actuel.
Soutenez des points de vue opposés : beaucoup / trop de touristes ; campagne traversée par une ligne de chemin de fer importante (bruit, esthétique...) ; coût de l'opération...

*L'Angleterre ne sera plus une île. / Justement ! Elle sera plus vulnérable en cas de guerre.*

# L'Eurotunnel a une longue histoire.

9

## Saviez-vous que l'Eurotunnel avait deux siècles d'histoire ?

Dès 1802, un ingénieur français, Albert Mathieu, avait fait les plans d'un tunnel réservé aux véhicules tirés par des chevaux. Mais l'époque troublée ne portait pas à l'amitié franco-britannique !

En 1867, Napoléon III et la reine Victoria avaient fort bien accueilli le projet et deux compagnies s'étaient même constituées de part et d'autre de la Manche. Des travaux de forage furent entrepris en 1881 après la signature d'un protocole d'accord par les deux gouvernements.

Pendant soixante-dix ans, cependant, jusqu'en 1955, tous les projets avaient été bloqués, du côté anglais, pour des raisons de défense militaire. Un tunnel aurait rendu la Grande-Bretagne vulnérable en cas de guerre. Que se serait-il passé en effet si les tanks allemands avaient pu traverser la Manche en 1940 !

En 1960, deux tunnels jumeaux pour des voies de chemin de fer furent proposés, mais ce n'est qu'en 1971 qu'on décida d'entreprendre la construction. En 1974, la Grande-Bretagne, alors confrontée à une grave crise économique, se retira du projet qui ne fut repris qu'en 1979.

Enfin, en 1985, les deux gouvernements invitèrent les promoteurs privés à financer et à construire trois tunnels.

**On connaît la suite.**

Une grande entreprise réussie ne doit pas faire oublier les problèmes qu'a posés la plus gigantesque réalisation privée du XXe siècle. À la fin de 1987 et au début de 1988, « Brigitte », l'Américaine, n'avançait pas ! « Brigitte », c'était l'énorme machine à percer, un tunnelier de plusieurs centaines de tonnes, qui devait à la fois forer le tunnel, pomper l'eau et poser les 700 000 anneaux de cinq tonnes qui, mis bout à bout, devaient constituer les 150 kilomètres des trois tunnels. « Brigitte » était alimentée en matériel par des trains qui remportaient le roc et la terre jusqu'à d'immenses tapis roulants qui les remontaient à la surface. ■

Après « Brigitte » et ses problèmes sont venus dix autres tunneliers des deux côtés de la Manche. Toutes les dix minutes, ils posaient un anneau en béton composé de six éléments. Il fallait voir l'« atmosphère James Bond » qui entourait l'opération. Les tunneliers partaient d'une immense base secrète située au fond d'un énorme trou éclairé d'une lumière verte. Là se trouvaient les bouches d'entrée des tunnels et des centaines d'ouvriers en combinaison couraient dans tous les sens et poussaient des wagonnets pleins de terre... ■

## 7 Pourquoi les projets antérieurs n'avaient-ils pas abouti ?

Complétez les phrases en utilisant des verbes au plus-que-parfait.

1 - En 1802, l'Angleterre ..... *(ne pas vouloir)*.
2 - On ..... *(ne pas trouver)* l'argent nécessaire.
3 - On ..... *(ne pas mettre au point)* la technologie appropriée.
4 - En 1867, deux compagnies ..... *(se constituer)*.
5 - Napoléon III et la reine Victoria ..... *(se mettre d'accord)*.
6 - Les travaux ..... *(commencer)*.
7 - Les deux gouvernements ..... *(signer)* un protocole d'accord.

### LE PLUS-QUE-PARFAIT

Le plus-que-parfait marque qu'une action s'est produite avant une autre action passée prise comme point de repère.

Napoléon Ier voulait faire construire un tunnel.
Un ingénieur **avait fait** les plans.

**Formation :**
Comme pour tous les temps composés, l'auxilliaire est « avoir » (avais...) sauf pour les verbes dits de mouvement et les verbes pronominaux.

Il **était venu** les lui montrer.
Ils s'**étaient entendus**.

## 8 Un peu d'histoire.

1 - Qu'avait proposé Albert Mathieu ?
2 - Comment avaient réagi la reine Victoria et Napoléon III ?
3 - Comment avait-on envisagé de financer le projet à l'époque ?
4 - Qu'est-ce qui avait marqué l'année 1881 ?
5 - Pourquoi aucun projet n'avait été accepté jusqu'en 1955 ?

## 9 Qu'est-ce qui se serait passé ?

Complétez les phrases en faisant des hypothèses.

1 - Si le tunnel avait été construit en 1867...
2 - Si on n'avait compté que sur le financement des gouvernements...
3 - Si la Grande-Bretagne n'avait pas traversé une grave crise économique en 1974...
4 - Si la Grande-Bretagne s'était retirée du projet en 1985...
5 - Si la construction d'une Europe unie n'avait pas préoccupé les chefs d'État.
6 - Si la Grande-Bretagne n'avait pas eu besoin de développer son commerce extérieur...

## 10 Qu'est-ce qu'on avait dû faire avant de commencer le forage en 1987 ?

*Obstacles à surmonter.* ⟶ *On avait dû / Il avait fallu surmonter beaucoup d'obstacles.*

1 - Accord entre les deux gouvernements.
2 - Accord des techniciens sur un projet.
3 - Financement.
4 - Réponse aux objections.
5 - Planification des travaux.
6 - Mise en place des tunneliers.

## 11 **Lisez les extraits du texte** décrivant la construction du tunnel.

1 - Décrivez les étapes du fonctionnement d'un tunnelier.
2 - Vous avez visité la « base secrète ». Racontez ce que vous avez vu.

### LE CONDITIONNEL PASSÉ

Le conditionnel passé est utilisé pour parler d'actions ou d'événements possibles dans le passé mais qui ne se sont pas réalisés.

Il est employé pour faire des hypothèses.

S'il y avait eu un tunnel... Napoléon **aurait** envahi l'Angleterre. La crise se **serait** aggravée. *(mais on n'en est pas certain.)*

**Formation :**
Comme pour tous les temps composés, l'auxilliaire est « avoir » (aurais...) sauf pour les verbes dits de mouvement et les verbes pronominaux.

Les tanks allemands **seraient** arrivés à Londres en 1940.

ELLE N'ÉTAIT PAS AU COURANT.

RUE DE VARENNE.

À CE PROPOS, PARLEZ-MOI DE MARIE-ANNE BEAULIEU. QUELLE GENRE DE FEMME EST-CE?

9

9

" ELLES SONT PARTIES PEU DE TEMPS APRÈS LE DÉBUT DU SCANDALE."

## ① Que se passe-t-il ?

Regardez les dessins, écoutez le dialogue et répondez aux questions.

9

1 - Comment maître Degas réagit-il en apprenant la mort de Fabrice Beaulieu ?
2 - Que veut savoir le commissaire ?
3 - Que va devenir l'entreprise familiale des De Latour ?
4 - De quoi vivra Marie-Anne Beaulieu après la fermeture de la conserverie ?
5 - D'après le testament, à qui irait la fortune de Fabrice Beaulieu s'il mourait ? S'il disparaissait plus de vingt ans ?
6 - Pourquoi serait-il étonnant que Marie-Anne Beaulieu ne soit pas au courant du testament ?
7 - Quelle aurait pu être la raison du silence de Fabrice ?

## ② Que pensent-ils ?

Mettez-vous dans la peau des deux personnages et dites tout haut ce qu'ils pensent ou ce qu'ils doivent penser quand ils disent :

*Le commissaire : – Je dirais... calmement.* ⟶ *– En fait, elle a complètement oublié son mari. Pour elle, il est mort quand il est parti. Ça l'ennuie qu'on parle du passé, etc.*

1 - Le notaire : [...] et finir comme ça ! *(1re vignette)*
2 - Le notaire : Marie-Anne aura un petit revenu confortable, sans plus. *(8e vignette)*
3 - Le commissaire : Hum. *(8e vignette)*
4 - Le notaire : J'espère que ça ne va pas lui porter tort ? *(13e vignette)*
5 - Le commissaire : Non, ne lui dites rien. Nous nous en chargerons. *(Dernière vignette)*

## ③ C'est dans le texte !

Trouvez des expressions équivalentes.

1 - Ne pas manquer d'argent.
2 - Un couple qui s'entend très bien.
3 - Faire du mal.
4 - Ne plus agir comme on a l'habitude de le faire.

## ④ Qu'est-ce qu'ils se disent ?

Regardez les dessins, imaginez la situation puis écrivez un court dialogue pour chaque dessin en utilisant une ou plusieurs des expressions ci-dessus. Jouez-les avec un(e) autre étudiant(e).

## ⑤ Qu'est-ce que vous avez appris ?

1 - Sur la personnalité de Marie-Anne Beaulieu.
2 - Sur sa famille.
3 - Sur sa situation financière.
4 - Sur la façon de s'adresser à un notaire, à un commissaire de police...

### 6 Quelles hypothèses peut-on faire ?

1 - Si madame Beaulieu avait hérité d'une grosse fortune de ses parents...
2 - Si sa fille avait hérité de son père, madame Beaulieu...
3 - Si Fabrice Beaulieu et sa femme n'avaient pas de secrets l'un pour l'autre...
4 - Si Fabrice Beaulieu n'avait pas fait de testament...
5 - Si maître Degas avait prévenu madame Beaulieu...

### 7 Jeu de rôle.

Le commissaire Berthier parle de son entrevue avec maître Degas à l'inspecteur Martinez. Ils font des hypothèses au sujet du testament et de madame Beaulieu. Jouez la scène avec un(e) autre étudiant(e).

### 8 Jeu de rôle.

Un ami arrive chez vous sans vous avoir prévenu. Tout est en désordre. Vous n'avez rien à manger. Vous ne pouvez pas l'héberger en ce moment. Vous lui reprochez de ne pas vous avoir téléphoné... Si vous aviez su....

### 9 Jeu de rôle.

Vous devez passer un examen à la fin de l'année. Vous êtes persuadé(e) de le réussir et vous n'écoutez pas vos parents qui vous conseillent de travailler dur. Vous faites des projets pour les vacances, pour l'année prochaine... Vous échouez. Vous parlez avec un(e) ami(e) de tout ce que vous auriez pu faire si...

### 10 Jeu de rôle.

Une amie a hérité d'une grosse somme d'argent. Vous lui conseillez de la mettre à la banque. Elle ne vous écoute pas et elle la laisse chez elle sans la cacher. Quelques jours plus tard elle est cambriolée. Elle vous en parle.

### 11 Jeu de rôle.

Une agence de publicité vient de se voir refuser un projet pour une campagne concernant des yaourts. Les trois responsables se réunissent et essayent de s'expliquer les raisons du refus. Ils mettent en cause successivement tous les éléments du projet : l'étude préalable, la cible visée, le slogan, le support, le dessinateur, le prix...

*Je crois que le problème vient de l'étude préalable. Nous aurions dû...*

## DESSINS PUBLICITAIRES :

**LE PROJET REFUSÉ**

**LE PROJET ACCEPTÉ**

Pour transformer les arguments de votre adversaire :

Justement !
C'est bien ça le problème !
(+ votre interprétation des faits)

Nous y voilà !
C'est bien ça qui ne va pas !

9

En 1918, les avions à un seul moteur issus de la guerre étaient peu fiables, leur rayon d'action dérisoire, leur insécurité et leur fragilité évidentes. Il n'existait ni radio, ni météo, ni terrains de secours. C'est pourtant en 1918 que Pierre Latécoère, constructeur d'avions et homme d'affaires avisé, conçut le grand dessein d'une ligne aérienne qui relierait la France à l'Amérique du Sud !

Le 1er septembre 1919, fut créé le premier tronçon de la future ligne, Toulouse-Casablanca. Grâce à un chef exceptionnel, ancien commandant d'escadrille, Didier Daurat, et à des pilotes pour qui l'acheminement du courrier était devenu une religion, la ligne prit de l'extension. D'hebdomadaire, le courrier devint quotidien au prix d'un courage et d'efforts extraordinaires.

En 1925, la ligne fut prolongée jusqu'à Dakar malgré le danger mortel d'un atterrissage forcé en plein désert. Restait à engager la bataille la plus dure, celle de la traversée de l'Océan.

En 1927, un Américain, Lindbergh, avait traversé l'Atlantique Nord. Pierre Latécoère n'était donc pas un rêveur. On pouvait franchir l'océan en avion. Didier Daurat décida d'envoyer en Argentine un de ses meilleurs éléments, Jean Mermoz, un jeune pilote de 26 ans qu'il avait recruté trois ans auparavant, afin d'organiser la future exploitation de la ligne Latécoère, devenue l'Aéropostale.

# À la conquête

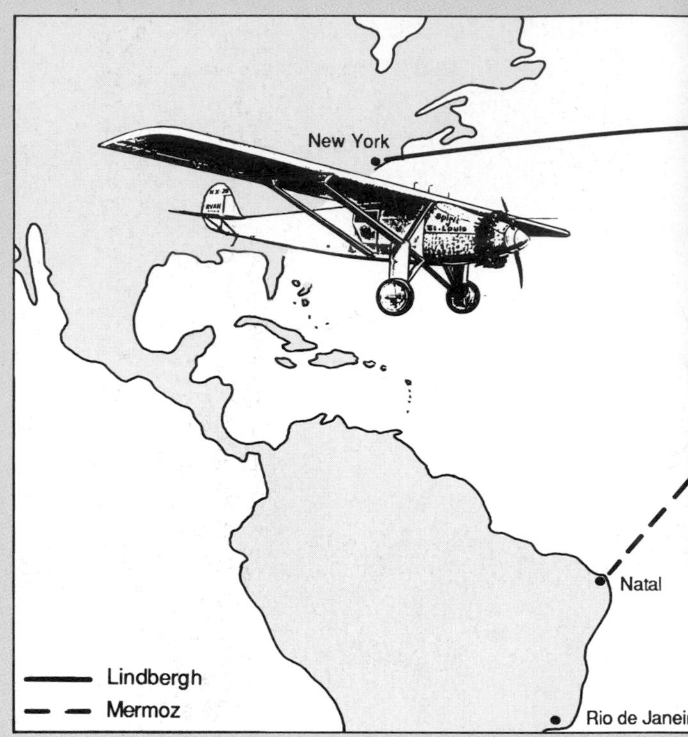


*Après l'histoire des frères Wright, le récit de la traversée de la Manche par Louis Blériot, la page des exploits des pilotes de chasse de la Seconde*

## ANTICIPEZ

### 1 Vous intéressez-vous à l'histoire de l'aviation ?

1 - Que savez-vous des débuts de l'aviation ?
2 - Qui rivalisait d'efforts pour traverser l'Atlantique ?
3 - Examinez la carte.
Quel trajet devaient faire les avions ?
Quelle était l'étape la plus problématique ?

## METTEZ EN ORDRE

### 2 Quelles sont les articulations du texte ?

Ce texte est un récit. Quelle période couvre-t-il ? Relevez les marques de temps qui le structurent.

## RECHERCHEZ LES FAITS

### 3 Qu'apprend-on sur eux ?

1 - Pierre Latécoère.
2 - Didier Daurat.
3 - Jean Mermoz.

### 4 Comment la ligne fut-elle ouverte ?

1 - Que firent les pilotes qui contribuèrent à la création de la ligne ?
2 - Qu'est-ce qui les motivait ?
3 - Quels obstacles avaient-ils quotidiennement à surmonter ?
4 - Avec quels avions volaient-ils ?
5 - Quelles qualités et quelles compétences devaient avoir les pilotes ?

# du ciel !

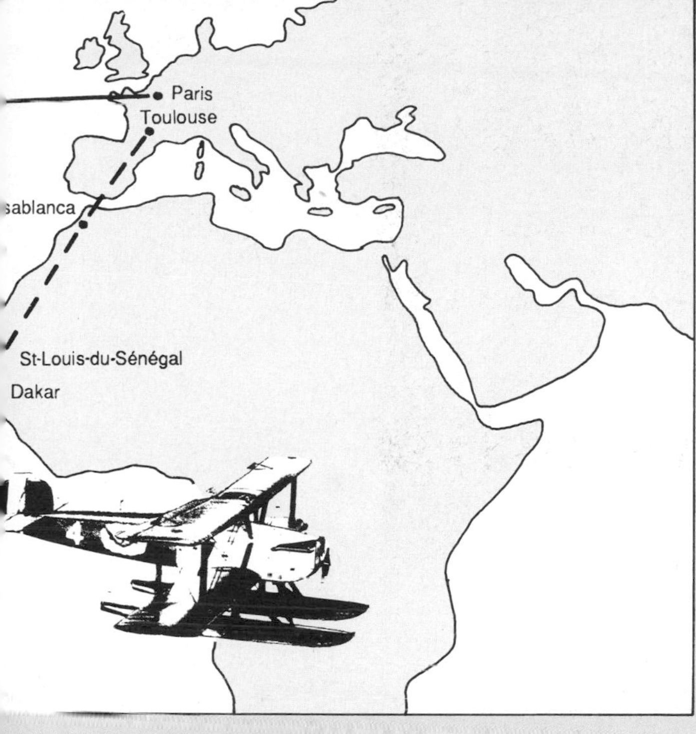


*Guerre mondiale, nous vous présentons aujourd'hui un autre grand moment de la conquête du ciel, l'épopée de l'Aéropostale.*

Le courrier partait de Buenos Aires pour la France. Les avions se posaient à Montevideo, Rio et Natal. Les sacs postaux rejoignaient Dakar par bateau, puis étaient acheminés vers Toulouse par avion. Jean Mermoz venait d'ouvrir la ligne la plus longue du monde : 13 000 kilomètres. Pourtant, il restait insatisfait. Si on mettait deux jours pour aller de Buenos Aires à Natal et le même temps de Dakar à Toulouse, et couvrir ainsi 10 000 kilomètres, il fallait dix jours pour traverser les 3 000 kilomètres de l'Atlantique Sud, de Natal à Dakar. Mermoz était déterminé à vaincre cette barrière que l'on disait infranchissable.

Un autre obstacle d'importance se dressait contre son projet. Le ministère de l'Air français avait interdit le survol de l'Atlantique avec un appareil qui ne pouvait pas se poser sur la mer. Restait l'hydravion. Jean Mermoz passa donc son brevet de pilote d'hydravion et battit sur un nouvel appareil, le *Laté 28*, le record du monde de durée et de distance : 4 308 kilomètres en 30 heures et 25 minutes. C'est à bord de cet hydravion qu'il s'embarqua le 12 mai 1930, à Saint-Louis-du-Sénégal.

Vingt et une heures plus tard, il avait relevé le défi américain, vaincu l'obstacle, et se posait sur le fleuve qui baigne Natal. L'Atlantique Sud était enfin vaincu !

Quelques années plus tard, le 6 décembre 1936, Mermoz disparaissait à bord de son hydravion *La Croix du Sud* au large de Dakar.



### 5 Quelles étaient les circonstances ?

Utilisez l'imparfait ou le plus-que-parfait selon le cas.

*Mermoz.* ⟶ *Il avait été nommé responsable de la ligne d'Amérique du Sud.*

1 - La ligne de l'Amérique du Sud ..... *(ouverte)*
2 - Les premiers courriers ..... *(mettre dix jours pour...)*
3 - Lindbergh ..... *(traverser l'Atlantique Nord)*
4 - Le ministère de l'Air ..... *(interdire...)*
5 - Pierre Latécoère ..... *(nouvel hydravion)*
6 - Le 13 mai 1930, Mermoz ..... *(relever le défi)*
7 - Le 6 décembre 1936 .....

### 6 Retrouvez-les dans le texte.

Regroupez en réseau les termes techniques :

- types de manœuvres
- lignes aériennes
- pilotage
- type d'avions

## INTERPRÉTEZ

### 7 Qu'en pensez-vous ?

1 - Pourquoi l'Atlantique était-il réputé infranchissable ?
2 - Pourquoi Daurat et ses pilotes étaient-ils si déterminés à ouvrir la ligne de l'Amérique du Sud ?
3 - Pourquoi le ministère de l'Air français interdisait-il de traverser l'Atlantique avec un appareil à roues ?
4 - À quels pionniers d'aujourd'hui pouvez-vous comparer ces hommes ?

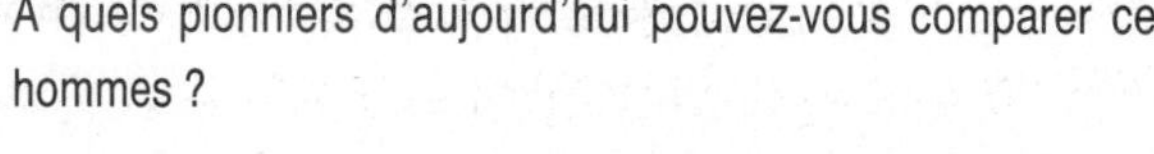

9

# DÉPÊCHES

## Un article à la une

*Vous travaillez à la rédaction d'un grand journal du soir. En arrivant au bureau vous trouvez sur votre télex plusieurs dépêches transmises dans la nuit au sujet d'un tremblement de terre qui vient de ravager Guanába, la capitale d'un pays où les secousses sismiques sont fréquentes.*

Étant donné l'importance de l'événement, vous devez écrire un article qui paraîtra en première page. Aucune photo n'étant encore parvenue à la rédaction, vous devrez peut-être utiliser des photos d'archives. *(Attention ! n'oubliez pas les légendes.)*

San Francisco, 1906

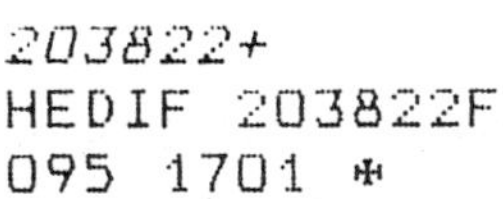

203822+
HEDIF 203822F
095 1701 *

LUNDI, 1 H 30 - SECOUSSE SISMIQUE DE FORTE INTENSITE SIGNALEE A 8 H 25, HEURE LOCALE DANS LA REGION DE GUANABA PAR CENTRE ETUDES SISMIQUES DE HOUSTON. IMPORTANTS DEGATS PROBABLES.

LUNDI, 3 H 15 - TREMBLEMENT DE TERRE PUISSANCE 7 SUR ECHELLE DE RICHTER. PRE-MIERE SECOUSSE, LA PLUS FORTE, A DURE 25 SECONDES. CENTRE-VILLE SERAIT GRAVE-MENT TOUCHE. ELECTRICITE COUPEE, CONDUITES D'EAU DETRUITES, COMMUNICATIONS TELEPHONIQUES INTERROMPUES. NOMBRE DE VICTIMES APPAREM-MENT TRES ELEVE.

LUNDI, 5 H 40 - SELON SOURCES SURES, PALAIS PRESIDENTIEL SERAIT TRES ENDOMMAGE. NOU-VELLES CONCERNANT PRESIDENT PEREZ CONTRADICTOIRES.

LUNDI, 7 H 20 - PRESIDENT PEREZ SAIN ET SAUF.
SE TROUVAIT RESIDENCE DE TERRABAL, 50 KM CAPITALE.
A LANCE MESSAGE PAR RADIO A LA POPULATION.

LUNDI, 8 H 50 - BILAN CATASTROPHE GUANABA TRES LOURD. IL Y AURAIT PLUS DE 1000 MORTS ET DES CEN-TAINES DE BLESSES. DES MILLIERS DE PERSONNES SANS ABRI. DEGATS MATE-RIELS S'ELEVANT SANS DOUTE A DES MILLIONS DE DOLLARS. L'ARMEE, LA POLICE ET DES CENTAINES DE VOLONTAIRES FOUILLENT LES DECOMBRES.
PLUSIEURS PAYS ETRANGERS OFFRENT AIDE HUMANITAIRE.
EQUIPES DE SECOURS SERONT ENVOYEES PAR AVION DANS LA JOURNEE. AEROPORT SITUE AU NORD DE LA VILLE SERAIT ENCORE PRATICABLE.

## 1 Rassemblez les informations.

1 - Relisez les informations parvenues sur le télétype.
Sont-elles présentées comme absolument sûres ? Qu'est-ce qui le montre ?

2 - Classez-les selon le thème.
Que savez-vous :
*a)* de l'aspect technique du séisme ?
*b)* de l'état de la ville ?
*c)* du sort du président ?
*d)* de l'importance des dégâts ?
*e)* de l'organisation des secours ?
*f)* de la réaction des autres pays ?

3 - Que vous manque-t-il pour informer vos lecteurs ?
*a)* Quand ont eu lieu les précédents tremblements de terre à Guanába ? Quelle était leur importance ? Etc.
*b)* Dans quelle zone est située la ville ?
*c)* Y a-t-il au journal des photos des catastrophes précédentes ? Etc.

## 2 Organisez votre article.

Gros titre

Chapeau

(Résumé de l'information connue, sous forme de réponse aux questions de base : quoi, où, quand, comment... ?)

Corps de l'article

(Paragraphes développant les informations données dans le chapeau, par ordre d'importance.)

Conclusion

(Conclusion ouverte, les informations continuant d'arriver.)

Légendes

(Utilisation de photographies d'archives.)

## 3 Écrivez l'article.

Comme les informations ne sont pas toutes certaines, prenez vos précautions en rédigeant. N'affirmez rien de manière catégorique pour ne pas engager la responsabilité de votre journal.

**Pour donner des informations,**
utilisez des tournures comme :

D'après les informations qui nous sont parvenues jusqu'à maintenant...
D'après des sources dignes de foi...
Il semble / semblerait que...
Il est probable / possible que...
(Le nombre des victimes) doit être / est probablement / sans doute / serait...
Il y aurait...

## 4 Faites lire votre article par un(e) autre étudiant(e), puis révisez-le en tenant compte des critiques.

1 - Le titre attire-t-il suffisamment l'attention ?
2 - Le chapeau indique-t-il tous les éléments de la situation ?
3 - Avez-vous pris vos précautions en présentant les faits qui ne vous paraissent pas absolument certains ?
4 - Est-ce que chacun des paragraphes développe bien un point et un seul ?

# UN BEAU COUP DE FILET

## CHAPITRE 9

Patrice et Arielle retournèrent à l'endroit où ils avaient laissé la voiture et s'assirent près d'un arbre pour se reposer. Patrice commença à raconter sa conversation avec le chef sans se douter, qu'à quelques mètres de là, deux hommes les épiaient et ne perdaient pas un mot de ce qu'ils se disaient.

— La statuette appartient à la tribu des Bomkeba qui vit à une centaine de kilomètres d'ici, au nord du fleuve Bomke. Tout le monde ici a peur d'eux. On dit qu'ils possèdent un pouvoir extraordinaire.
— Grâce à cette statuette, j'imagine.
— Exactement. Le professeur Barbier a vécu parmi eux il y a plus de 40 ans. Il y serait retourné souvent et il serait devenu très ami avec le chef. En dehors du chef et des prêtres de cette tribu, il serait le seul homme au monde à avoir vu cette statuette. Il a écrit de nombreux articles à son sujet sans jamais dire où elle se trouvait exactement.
— Sauf à sa fille.
— Sans doute. Elle l'a souvent accompagné dans ses missions.
— Mais pourquoi Vandame voulait-il se servir d'elle ! Il pouvait très bien envoyer ses tueurs pour voler la statuette.
— Plusieurs trafiquants ont déjà essayé de voler cette statuette. On ne les a jamais retrouvés...
— De toute façon, il faudrait les prévenir. On part demain matin et....
— Quoi ? Vous êtes folle ! Je vous ai dit ce que je savais et j'ai été ravi de vous connaître, pour le reste vous vous débrouillerez toute seule !
— Moi qui commençais à vous trouver sympa...
— Désolé de vous décevoir. Venez, ils nous attendent.

Les chants et les danses retentissaient dans la nuit. Un grand feu éclairait tout le village. Arielle avait oublié Vandame, la Range Rover, la statuette. Elle se laissait bercer par le rythme des tam-tams. Tout d'un coup, le silence. La fête était finie. Patrice se pencha vers elle.
— Ça vous a plu ?
— C'était féerique.

Elle en avait même oublié ses reproches !

Au milieu de la nuit, un bruit d'explosion déchira la nuit. Patrice fut le premier à sortir de sa hutte et à comprendre ce qui s'était passé.
— Ma voiture !

# Comment y aller?



## Prenez le bus.

*Le voyageur*
- Il y a un bus pour aller à… ?
- Vous savez où se trouve l'arrêt de l'autobus 84 ?
- Pour aller à… il faut combien de tickets ?
- Vous pouvez me dire où je dois descendre pour aller à… ?
- Il y a combien d'arrêts d'ici à… ?

*Le chauffeur d'autobus*
- Prenez le (numéro) 84.
- L'arrêt est en face de la pharmacie, sur l'autre trottoir.
- Deux tickets. / Faites l'appoint, je n'ai pas de monnaie.
- Descendez à l'arrêt Louis-Legrand.
- C'est le huitième arrêt.

## Prenez le métro.

*Au guichet d'une station de métro*
- Je voudrais un carnet 1re/ 2e classe / un ticket / un coupon jaune / de carte orange.
- Quelle ligne / direction je dois prendre pour aller à… ? / Vous savez si c'est direct ?
- Je dois changer à quelle station ?

*L'employé du métro*
- Prenez la ligne Vincennes-Neuilly.
- Vous devez changer à Châtelet et prendre la direction Porte-d'Orléans.

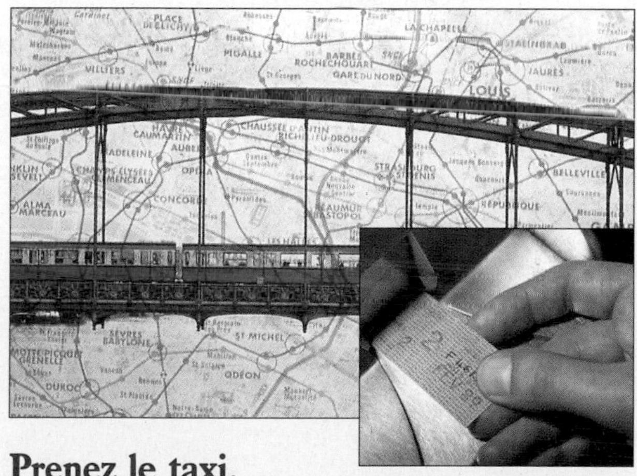


## Prenez le taxi.

*La standardiste d'une société de taxi*
- Où allez-vous ? Ne quittez pas. Je vais chercher / voir.
- Quel est votre nom et votre adresse ?
- Il n'y a pas de taxi libre pour le moment.
- Il sera là dans 5 minutes.

*Le passager*
- Je vais au 233 boulevard Saint-Germain.
- Vous pouvez m'aider à mettre mes bagages dans le coffre, s'il vous plaît ?
- Vous pouvez m'attendre quelques minutes ?
- Je suis très pressé.
- Vous pourriez remonter votre fenêtre ?

# René Barjavel

*Une expédition internationale.*

Un engin monstrueux s'enfonçait dans le flanc[1] de la montagne de glace, projetant derrière lui un nuage de débris[2] transparents que le soleil transperçait[3] d'un arc-en-ciel[4].

La montagne était déjà creusée[5] d'une trentaine de galeries tout autour desquelles avaient été installés, au cœur vif de[6] la glace, les entrepôts[7] et les émetteurs[8] radio et TV de l'Expédition Polaire Internationale, en abrégé l'E.P.I. C'était un beau nom. La ville dans la montagne se nommait EPI 1 et celle qui était abritée[9] sous la glace du plateau 612 se nommait EPI 2. EPI 2 comprenait toutes les autres installations, et la pile atomique[10] qui fournissait la force, la lumière et la chaleur aux deux villes protégées et à EPI 3, la ville de surface, composée des hangars, des véhicules et de toutes les machines qui attaquaient la glace de toutes les façons que la technique avait pu imaginer. Jamais une entreprise internationale d'une telle ampleur[11] n'avait été réalisée. Il semblait que les hommes y eussent trouvé, avec soulagement[12], l'occasion souhaitée d'oublier les haines[13], et de fraterniser dans un effort totalement désintéressé.

La France étant la puissance invitante, le français avait été choisi comme langue de travail. Mais pour rendre les relations plus faciles, le Japon avait installé à EPI 2 une Traductrice universelle à ondes courtes. Elle traduisait immédiatement les discours et dialogues qui lui étaient transmis, et émettait la traduction en 17 langues sur 17 longueurs d'ondes différentes. Chaque savant, chaque chef d'équipe et technicien important, avait reçu un récepteur adhésif[14], pas plus grand qu'un pois[15], à la longueur d'onde de sa langue maternelle, qu'il gardait en permanence dans l'oreille, et un émetteur-épingle[16] qu'il portait agrafé[17] sur la poitrine ou sur l'épaule. Un manipulateur[18] de poche, plat comme une pièce de monnaie, lui permettait de s'isoler du brouhaha[19] des mille conversations dont les 17 traductions se mélangeaient dans l'éther[20] comme un plat de spaghetti de Babel, et de ne recevoir que le dialogue auquel il prenait part.

La pile atomique était américaine, les hélicos lourds étaient russes, les survêtements molletonnés[21] étaient chinois, les bottes étaient finlandaises, le whisky irlandais et la cuisine française. Il y avait des machines et des appareils anglais, allemands, italiens, canadiens, de la viande d'Argentine et des fruits d'Israël. La climatisation[22] et le confort de l'intérieur d'EPI 1 et 2 étaient américains. Et ils étaient si parfaits qu'on avait pu accepter la présence des femmes.

*La Nuit des temps,* Éd. Presses de la Cité, 1968.

1. *flanc :* côté.
2. *débris :* ce qui reste après la destruction d'un objet, morceaux inutilisables.
3. *transpercer :* percer, traverser d'un côté à l'autre.
4. *arc-en-ciel :* demi-cercle qu'on peut voir dans le ciel après la pluie montrant les 7 couleurs du spectre.
5. *creuser :* trouer, faire un trou.
6. *au cœur vif de :* en plein centre de.
7. *entrepôt :* bâtiment où l'on conserve des marchandises.
8. *émetteur :* appareil qui diffuse des programmes, des messages.
9. *abriter :* protéger.
10. *pile atomique :* machine produisant du courant électrique par action nucléaire.
11. *ampleur :* importance.
12. *avec soulagement :* avec satisfaction et la sensation que ça les délivrait d'un poids.
13. *haine :* violent sentiment d'hostilité ; contraire : amour.
14. *adhésif :* qui colle, qui tient tout seul.
15. *pois :* graine verte, comestible, d'une plante grimpante.
16. *épingle :* petite tige de métal pointue.
17. *agrafer :* attacher avec un petit crochet de métal.
18. *manipulateur :* appareil qui fait fonctionner.
19. *brouhaha :* bruit confus.
20. *éther :* espace.
21. *molletonné :* doublé d'une épaisse étoffe de laine.
22. *climatisation :* système de régulation maintenant l'atmosphère d'une pièce à une température donnée.

# QUELLE DÉCISION PRENDRE ? 10

INFORMATIONS/PRÉPARATION
**Faut-il aménager ce terrain ?**
**Le pour et le contre.**

PAROLES
**À PRENDRE AVEC DES GANTS :**
**« Qu'auraient-ils à cacher ? »**

LECTURES/ÉCRITURES
**Paris fait peau neuve.**
**Élections : préparez un programme.**

SUPPLÉMENT
**FEUILLETON**
**« Un beau coup de filet. »**
**VIE PRATIQUE**
**Changer d'espace.**
**LITTÉRATURE**
É. Zola, *Les Rougon-Macquart* (« La Curée »).

# Faut-il aménager ce terrain ?

*Nous sommes dans une petite commune rurale (3 500 habitants) du Sud de la France, Saint-Paul-d'Orques, située près d'une grande ville, à 25 kilomètres de la mer.*

*Le conseil municipal est réuni. Il y a dix-neuf conseillers présents sur vingt-sept. Le maire présente deux projets d'aménagement d'un terrain municipal.*

PROJET 1

Salle couverte
Vestiaires
Piscine
terrain de basket
piste d'athlétisme
terrain de football
Gradins
Courts de tennis

PROJET 2

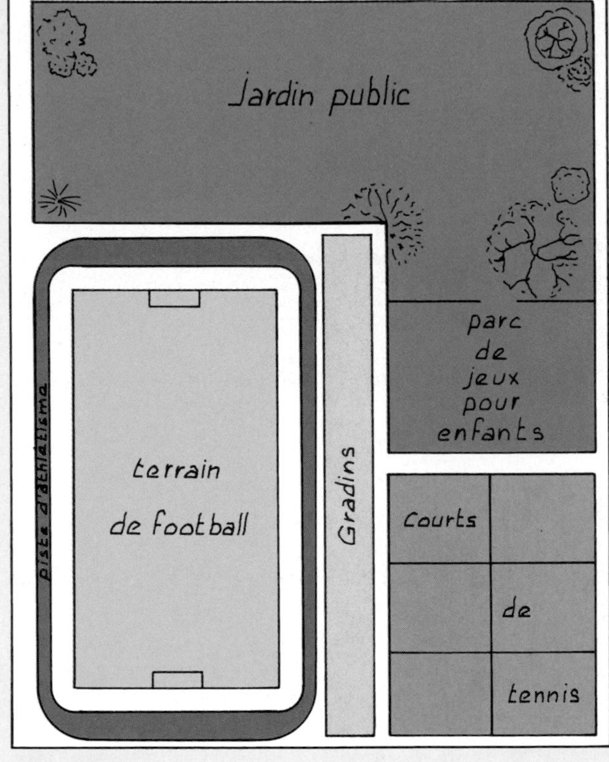


***Le maire :*** Comme vous le savez, notre commune possède un terrain de trois hectares bien situé près du centre-ville. Cet espace n'a jamais été aménagé. Or notre commune ne possède ni installations sportives ni lieu de rencontre pour retenir les jeunes. La plupart d'entre eux vont habiter à la ville dès qu'ils trouvent un travail parce qu'ils n'ont le choix qu'entre la télévision et le café ! Dans notre propre intérêt, nous devons faire quelque chose pour eux.

C'est pourquoi, puisque nous possédons ce terrain, je vous propose de l'aménager. J'ai fait réaliser deux projets pour que vous puissiez les examiner.

– Le premier utilise la totalité de la surface pour la construction d'un complexe sportif comprenant un terrain de football avec gradins, une piste d'athlétisme, six courts de tennis, un terrain de basket-ball, une piscine de 25 mètres, une salle couverte et des vestiaires. C'est le projet le plus ambitieux.

– Le second n'utilise que la moitié de la surface pour les installations sportives et prévoit un parc de jeux pour les jeunes enfants et un petit jardin public où les gens de la commune pourraient se retrouver, jouer aux boules et organiser des fêtes. Mais il ne comporte ni piscine ni salle couverte pour les réunions.

Le premier projet est évidemment le plus coûteux. Il se monterait à 2 millions de francs. Mais nous pourrions obtenir une subvention de 750 000 francs du Conseil général de la région. Il faudrait que nous empruntions 1,250 million de francs. Les travaux dureraient dix mois…

### Quelles possibilités a la commune ?

Regardez les deux projets, puis écoutez la présentation du maire et dites quelles sont les caractéristiques du premier projet.

| | Projet 1 | Projet 2 |
|---|---|---|
| Coût de la construction | | |
| Subvention possible | | |
| Charge restant à la commune | | |
| Durée des travaux | | |

**LA DOUBLE NÉGATION : ...ni ...ni...**

La commune **ne** possède **ni** installations **ni** lieu de rencontre.

⚠ Avec **ni**... **ni**... on ne trouve pas le deuxième élément habituel de la négation (pas, plus, jamais...).

### Qu'est-ce que la commune ne possède pas ?

1 - Salle couverte / piscine.
2 - Aéroport / gare.
3 - Terrain de football / terrain de basket.

Imaginez également ce que les jeunes et les vieux n'ont pas dans cette commune.

### Le deuxième projet est-il préférable ?

Écoutez la fin de la présentation du maire et complétez le tableau de l'exercice 1 pour le deuxième projet.

### Qu'est-ce qu'ils pourraient faire ?

Complétez les phrases.

1 - S'ils obtenaient une subvention...
2 - S'ils empruntaient 1 250 000 F...
3 - S'ils avaient une salle couverte...
4 - S'ils pouvaient retenir les jeunes...
5 - S'il y avait plus de contacts entre les jeunes et les autres...

### Puisque vous êtes d'accord...

*Nous pouvons obtenir une subvention. Profitons-en.* ⟶ *Puisque nous pouvons obtenir une subvention, profitons-en.*

1 - Il nous faut un terrain de sport. Construisons-le.
2 - Nous voulons moderniser notre commune. Étudions ces projets.
3 - Nous voulons retenir les jeunes. Construisons un parc de sports.
4 - Vous avez examiné ces projets. Prenons une décision.

### Complétez avec « puisque » ou « parce que ».

1 - Il n'y a que vingt-sept conseillers municipaux ..... la commune est petite.
2 - Ils peuvent envisager ce projet ..... ils possèdent déjà le terrain.
3 - ..... nous le pouvons, faisons quelque chose pour retenir les jeunes.
4 - Le projet mérite une discussion approfondie ..... il est très important pour la commune.
5 - Essayons de prendre une décision assez vite ..... la chose est urgente.

### Qu'est-ce que vous en pensez ?

1 - Quel est l'organe élu qui gère la commune ?
2 - Comment est-il composé ?
3 - D'où viennent les recettes de la commune ?
4 - Pourquoi l'aménagement d'un parc de sports est-il « dans leur propre intérêt » ?
5 - Que pourraient-ils faire d'autre avec ce terrain ?
6 - Quels seraient les avantages pour la commune si l'un des deux projets était réalisé ?

**PARCE QUE ≠ PUISQUE**

**Parce que** introduit **une cause** souvent utilisée comme justification d'une affirmation.

Les jeunes ne restent pas **parce** que nous n'avons rien à leur offrir.

**Puisque** introduit **un fait connu** pour justifier l'idée qu'on propose.

**Puisqu'**on nous offre une subvention *(tous les conseillers sont au courant)*, nous pouvons aménager le terrain. *(La conséquence s'impose.)*

10

# Le pour et le contre

*Le maire a terminé de présenter les projets et la discussion est ouverte.*

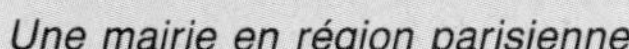

Une mairie en région parisienne.

Une réunion d'un conseil municipal.

*Conseiller n° 1 :* Je suis totalement d'accord avec le projet d'aménagement. Nous devons donner à nos jeunes des raisons de rester dans cette commune et il faut que notre école puisse avoir un terrain de sport. Mais il faut également penser aux autres habitants de cette commune qui ont droit, eux aussi, à des équipements collectifs. C'est pourquoi, bien qu'il soit coûteux pour notre commune, je serais en faveur du projet numéro 2.

*Conseiller n° 2 :* Pour ma part, je pense que ce n'est pas parce que nous possédons un terrain qu'il faut nous lancer dans une aventure. Je crois qu'il y aurait des projets plus urgents, et moins coûteux, à réaliser. Il faut que nous modernisions l'école, que nous pensions aux personnes âgées qui n'ont pas de foyer. Nous n'avons pas de centre de soins médicaux...

*Conseiller n° 3 :* Si nous votions en faveur d'un de ces projets, il faudrait augmenter considérablement les impôts locaux et beaucoup de gens ne pourraient pas payer ! Je suis donc contre ces deux projets. Après tout, nous avons bien vécu jusqu'ici sans terrain de sport. Si les jeunes veulent nager, ils peuvent aller à la piscine de la ville ou à la plage. Et, dans les projets qui nous sont présentés, il est prévu plus de terrains de sport qu'il n'y a de jeunes dans notre commune !

*Conseiller n° 4 :* Malgré le coût du premier projet, je voterai pour. Le Conseil général nous offre 750 000 francs. C'est une occasion à ne pas manquer.

*Conseiller n° 5 :* Comme la majorité d'entre vous, je pense que notre commune est sous-équipée et que nous avons le devoir de la moderniser. Ce n'est pas une raison pour nous laisser entraîner trop loin. Le projet n° 2 a deux gros avantages à mes yeux : il coûte moins cher, même si la subvention est plus faible, et il intéresse l'ensemble des habitants de la commune. Il pourra favoriser les contacts entre les jeunes et les autres qui auraient ainsi des occasions nombreuses de se retrouver.

## 8 Ils ne sont pas d'accord !

Écoutez la discussion du conseil municipal et dites qui est pour et qui est contre.

| EXPRIMEZ LA CONCESSION |
|---|
| « Bien que » / « quoique » + subjonctif<br>**Bien que** le projet **soit** coûteux... |
| « Malgré » + nom<br>**Malgré son coût,** le projet... |

## 9 On peut faire des concessions !

Exprimez la concession autrement et terminez les phrases.

*Malgré son coût élevé... ⟶ Bien que son coût soit élevé, je suis pour le premier projet.*

1 - Malgré l'importance de la subvention...
2 - Malgré l'intérêt des deux projets...
3 - Malgré le souci général de moderniser la commune...
4 - Malgré l'éloquence du maire...
5 - Malgré les risques...

## 10 Quels sont les avantages et les inconvénients ?

Faites la liste des raisons pour ou contre les deux projets et trouvez-en d'autres.

| L'ARGUMENTATION : LES TYPES DE BASE |
|---|
| **Oui, parce que...**<br>**Non, parce que...**<br>**Oui, mais** (restriction)...<br>**Non, mais** (autre proposition)... |

10

## 11 Comment le dire ?

Dans les interventions des conseillers municipaux, trouvez les types suivants de raisonnement.

1 - Oui... mais ... – C'est pourquoi...
2 - Malgré... – je décide.... parce que....
3 - Si (irréel du présent)... – conséquence inacceptable – donc...

## 12 Qu'est-ce que vous en pensez ?

Présentez vos arguments et vos conclusions.

*Je suis contre les deux projets, mais il ne faut pas abandonner l'idée.*

## 13 Vous y avez assisté.

Rapportez les commentaires d'un partisan et d'un adversaire du projet après la réunion.

*On aurait dû insister sur...*
*Il faudrait...*
*Si on adoptait le projet, ce serait...*

## 14 Quelle décision prendriez-vous ?

Menez la réunion dans la classe et aboutissez à une décision.

QU'AURAIENT-ILS À CACHER?

BUREAU DU DIRECTEUR DE LA POLICE.

10

XAVIER IMBERT, L'EX-ADJOINT DE BEAULIEU. ACTUELLEMENT DIRECTEUR DE LA BANQUE DELMAS.

PIERRE VIROL, ANCIEN PRÉFET DE LA RÉGION, AUJOURD'HUI RETRAITÉ ET EN VACANCES EN SUISSE.

MICHEL CORDELIER, QUI ÉTAIT L'EXPERT COMPTABLE DE LA SOCIÉTÉ "RÊVE 2000".

ALLÔ, XAVIER...

OÙ ÉTAIS-TU ? JE TE CHERCHE DEPUIS TROIS JOURS.
EN AUTRICHE, TU SAIS BIEN.
AH OUI... TU AS LU LES JOURNAUX ?
OUI, JE VOULAIS T'APPELER. D'UNE CERTAINE FAÇON, TU DOIS ÊTRE SOULAGÉE.
SOULAGÉE ? MAIS C'ÉTAIT MON MARI !

10

LA POLICE EST VENUE CHEZ MOI... JE CROIS QU'IL FAUDRAIT QUE NOUS ÉVITIONS DE NOUS VOIR PENDANT QUELQUE TEMPS.

POURQUOI ? NOUS N'AVONS RIEN À CACHER.
NOUS N'ÉTIONS QUE DEUX À SAVOIR QUE FABRICE ÉTAIT LÀ.
QUE VEUX-TU DIRE ?
JE N'AI PAS DIT À LA POLICE QUE J'AVAIS PARLÉ À FABRICE ET QUE TU ÉTAIS AU COURANT.

C'EST RIDICULE ! S'ILS L'APPRENAIENT, ILS TE SOUPÇONNERAIENT.
OU TOI ! TU ÉTAIS SON ADJOINT. TU N'AS PAS ÉTÉ TOUT À FAIT AUSSI HONNÊTE QUE LUI DANS CETTE AFFAIRE, ET IL LE SAVAIT. DEPUIS, TU AS PRIS SA PLACE À LA BANQUE ET... PRÈS DE SA FEMME. TU N'AVAIS PAS INTÉRÊT À LE VOIR REVENIR...

MAIS QU'EST-CE QUE TU RACONTES ? TU ES FOLLE ! MÊME SI CE QUE TU DIS ÉTAIT VRAI, JE N'AURAIS JAMAIS PU...

OUI. EXCUSE-MOI. JE NE SAIS PLUS CE QUE JE DIS.
REPOSE-TOI. JE VIENDRAI TE VOIR SAMEDI ET ON REPARLERA DE TOUT ÇA.

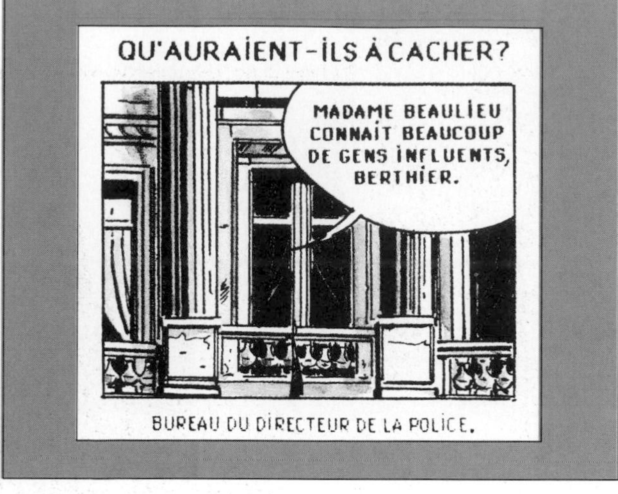


10

### ① Que se passe-t-il ?

Regardez les dessins.

1 - Où se situent les trois scènes ?
2 - Que font les inspecteurs ?
3 - Qui peut être l'homme qui téléphone à madame Beaulieu ?

### ② Aidez la secrétaire.

Écoutez le dialogue et complétez le rapport que le commissaire Berthier a dicté à sa secrétaire sur les derniers événements.

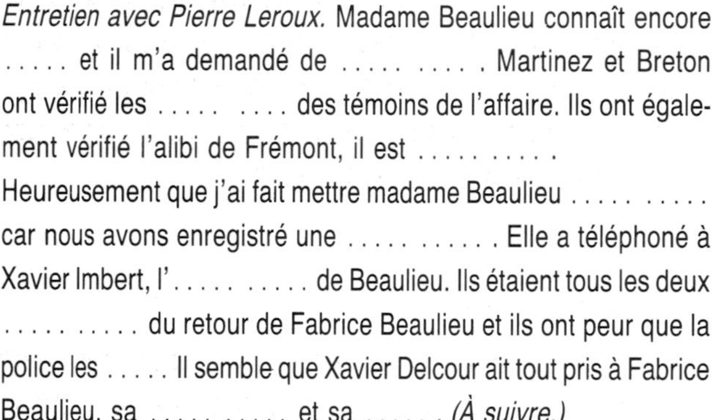

*Entretien avec Pierre Leroux.* Madame Beaulieu connaît encore ..... et il m'a demandé de .......... . Martinez et Breton ont vérifié les .......... des témoins de l'affaire. Ils ont également vérifié l'alibi de Frémont, il est .......... . Heureusement que j'ai fait mettre madame Beaulieu .......... car nous avons enregistré une .......... . Elle a téléphoné à Xavier Imbert, l'.......... de Beaulieu. Ils étaient tous les deux .......... du retour de Fabrice Beaulieu et ils ont peur que la police les ..... Il semble que Xavier Delcour ait tout pris à Fabrice Beaulieu, sa .......... et sa ...... *(À suivre.)*

### ③ Qu'est-ce qu'ils peuvent penser ?

Imaginez ce qui se passe dans la tête de ces gens.

1 - Quand le directeur dit : « Si les journalistes apprenaient qu'on soupçonne madame Beaulieu... »
 – quand il fait : « Hum. »
2 - Quand Xavier Imbert dit :
 – « D'une certaine façon tu dois être soulagée. »
 – « Que veux tu dire ? »
 – « Je n'aurais jamais pu... »
3 - Quand Marie-Anne Beaulieu dit :
 – « Tu n'avais pas vraiment intérêt à le voir revenir. »

### ④ C'est dans le texte !

Trouvez les expressions qui correspondent à :

1 - Ne pas être trop direct.
2 - Des informations sont parvenues à l'extérieur.
3 - Placer des micros pour écouter les conversations téléphoniques de quelqu'un.
4 - L'emploi du temps qui l'innocente.
5 - Inattaquable.

### ⑤ Quelles conséquences attribuer à ces causes ?

1 - Comme madame Beaulieu connaît des gens influents...
2 - Puisque dix personnes affirment que Frémont était bien au café ce soir-là...
3 - Si les journalistes l'apprenaient...
4 - Comme Marie-Anne Beaulieu est très éprouvée...

### ⑥ « Puisque » ou « parce que » ?

Trouvez un argument fort et une affirmation attaquable.

*Frémont a un alibi en béton. ⟶ Puisque Frémont a un alibi en béton, il est hors de cause. / Frémont a un alibi en béton, mais ce n'est pas pour ça qu'il est hors de cause.*

1 - Berthier prend des précautions.
2 - Berthier fait surveiller Marie-Anne Beaulieu.
3 - Xavier Imbert était en Autriche.
4 - Marie-Anne Beaulieu et Xavier Imbert n'ont rien à cacher.
5 - Xavier Imbert n'avait pas intérêt à voir revenir Beaulieu.

### ⑦ Qu'en dites-vous ?

1 - Qu'est-ce qui a décidé le commissaire Berthier à faire surveiller madame Beaulieu ?
2 - Qu'est-ce qui pourrait se passer si madame Beaulieu se croyait soupçonnée ?
3 - Pourquoi Marie-Anne Beaulieu n'a-t-elle pas dit à la police que son mari l'avait contactée ?
4 - Pourquoi préfère-t-elle ne pas revoir Xavier Imbert pendant quelque temps ?
5 - Pourquoi ne se sent-elle pas « soulagée » ?

**⑧ Jeu de rôle.**
**D'où vient la fuite ?**

Un journaliste en panne d'articles se souvient de l'assassinat de Jean Lescure et contacte un de ses amis policiers pour savoir ce que devient l'enquête. Son ami est visiblement gêné. Il reste très évasif dans ses réponses. Le journaliste devient de plus en plus curieux et le policier finit par lui dire une partie de la vérité. Jouez la scène avec un(e) autre étudiant(e).

**⑨ Jeu de rôle.**

On veut construire un grand monument dans votre ville soit pour commémorer un événement, soit pour embellir la ville. Discutez-en avec un(e) autre étudiant(e). Adoptez deux points de vue opposés. Échangez des arguments, puis mettez-vous d'accord.

**⑩ Jeu de rôle.**

Vous venez d'acheter une maison de campagne en assez mauvais état. Vous voulez refaire toutes les pièces, le toit, les salles de bains, etc. Votre femme (ou votre mari) a d'autres projets. Par exemple, il / elle ne veut refaire qu'une partie de la maison et faire construire une piscine avec le reste du budget ou acheter une voiture, etc. Jouez la scène en donnant chacun vos arguments.

**⑪ Jeu de rôle.**

On veut construire une centrale atomique dans votre commune. Au cours d'une séance publique, le maire, qui est favorable au projet, expose les avantages : nouveaux emplois, modernisation des routes et des transports, apport d'argent... Une partie des présents s'élèvent contre le projet.

**⑫ Jeu de rôle.**

Discutez d'un projet à réaliser par votre groupe. Choisissez entre la préparation d'une pièce de théâtre, la création d'un journal bilingue et la préparation d'un voyage en France.

10

## ANTICIPEZ

### 1 Connaissez-vous Paris ?

Regardez le plan de Paris.

1 - Quel est l'axe principal de Paris ?
2 - Où sont situés les nouveaux édifices ?
3 - Avez-vous une opinion sur les transformations de Paris ? En a-t-on parlé dans la presse de votre pays ?

## METTEZ EN ORDRE

### 2 Qu'est-ce qu'il contient ?

Lisez l'article et choisissez un des titres suivants pour chacun des six paragraphes.

1 - Un Paris rénové pour le XXIe siècle.
2 - Les ajouts des années 80.
3 - Les réactions des nostalgiques du passé.
4 - Les constructions des années 70.
5 - Des audaces qui n'ont rien de nouveau.
6 - Les mutations de la capitale.

## RECHERCHEZ LES FAITS

### 3 Associez le mot et son équivalent.

| | |
|---|---|
| 1 - Faire peau neuve. | *a)* Transformer complètement. |
| 2 - Gratte-ciel. | *b)* Détruire en partie. |
| 3 - Périphérie (à la). | *c)* Percer, passer à travers. |
| 4 - Aménager. | *d)* Autour de, à l'extérieur de. |
| 5 - Trouer. | *e)* Ouverture qui donne de la lumière à une pièce en sous-sol. |
| 6 - Bouleverser. | *f)* Très haut bâtiment. |
| 7 - Mutiler. | *g)* Changer de peau, se moderniser. |
| 8 - Bariolé. | *h)* Réorganiser, améliorer. |
| 9 - Soupirail. | *i)* Couvert de couleurs qui ne vont pas ensemble. |

### 4 Vrai ou faux ?

Rétablissez la vérité si nécessaire.

1 - On a implanté des voies rapides dans d'anciens quartiers.
2 - On a construit des gratte-ciel sur l'emplacement des Halles de Baltard.
3 - La gare d'Orsay a été transformée en musée.
4 - L'Institut du monde arabe a été érigé là où se trouvait l'ancienne Halle aux vins.

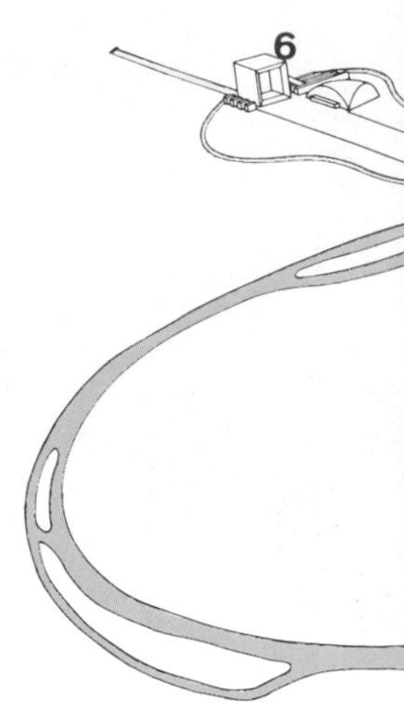


*Depuis le début des années 70, Paris fait peau neuve. Il ne s'agit plus seulement de nettoyer les vieilles façades, de réhabiliter d'anciens quartiers comme le Marais, d'implanter des voies rapides sur les berges de la Seine, ou même de créer une ville de gratte-ciel à la périphérie comme à La Défense. Non, c'est du cœur de Paris qu'il s'agit.*

Ce fut d'abord la construction du musée Beaubourg /1/, ce vaisseau-usine couvert de tuyaux posé dans un décor des siècles antérieurs, le remplacement des Halles de Baltard par un centre commercial souterrain surmonté de jardins, l'aménagement de l'ancienne gare d'Orsay en musée/2/ et l'implantation d'une université et de l'Institut du monde arabe/3/ au bord de la Seine, là où se trouvait la Halle aux vins.

Il n'y a pas si longtemps, le bicentenaire de la Révolution a donné lieu à quatre inaugurations spectaculaires : celle du nouveau ministère des Finances à Bercy, position avancée sur la Seine ; celle de l'Opéra-Bastille/4/, forteresse du chant et de la danse ; et surtout, dans l'axe majestueux des deux arcs de triomphe/5/ et des Champs-Élysées, celle de l'Arche de La Défense/6/, grande trouée sur le monde, et celle de la Pyramide de la cour du Louvre/7/, qui projette la lumière sur le mystère de collections prestigieuses. Et ce sera bientôt la construction d'une bibliothèque monumentale...

5 - L'Opéra-Bastille a été inauguré en 1989.
6 - On a profondément transformé Paris au cours des siècles.
7 - La plupart des Parisiens semblent favorables aux transformations de la capitale.

### 5 Quels sont les mots et les expressions significatifs ?

1 - Regroupez des verbes du texte autour de « construire » et « rénover ».
2 - Relevez les expressions qui valorisent les transformations.
3 - Relevez les expressions qui les dévalorisent.
4 - Quelles expressions articulent les paragraphes entre eux ?

# PARIS FAIT PEAU NEUVE.

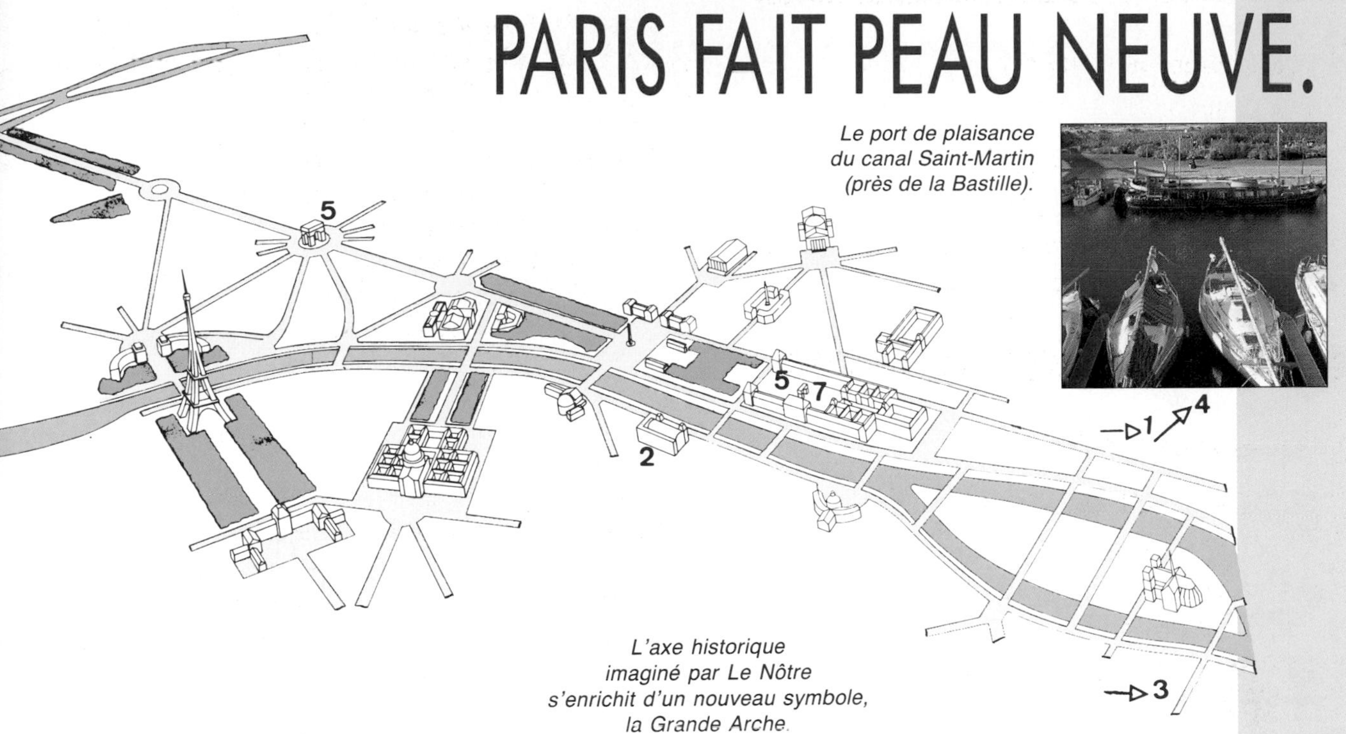

Le port de plaisance du canal Saint-Martin (près de la Bastille).

L'axe historique imaginé par Le Nôtre s'enrichit d'un nouveau symbole, la Grande Arche.

10

Ces transformations, ces bouleversements disent certains, n'ont pas été accueillies sans opposition. Les critiques les plus fortes viennent des amoureux du vieux Paris. « A-t-on le droit de mutiler cette ville musée ? D'ériger une usine bariolée dans un quartier ancien et de l'entourer d'un dérisoire décor de théâtre ? De démolir les élégantes arabesques de Baltard pour les remplacer par les arceaux d'une ville d'eau ? De ridiculiser la cour du Louvre par un gigantesque soupirail qui détruit la perspective ? C'est le patrimoine culturel du pays qu'on dénature ! C'est l'âme de Paris qu'on détruit ! »

Mais ces critiques sont celles qui se calment le plus vite. L'œil s'habitue à ces audaces et finit par y trouver des vertus. Et, d'ailleurs, ces audaces sont là pour rester. Alors ? N'a-t-on pas, au cours des siècles, agrandi le Louvre, érigé des arcs de triomphe, percé les avenues du Paris moderne. Les princes qui nous gouvernent veulent laisser leur marque. C'est dans l'ordre des choses.

Dans le cas présent, les nouveaux monuments s'accompagnent d'un réaménagement général de la capitale, d'un rééquilibrage est-ouest bien nécessaire. Le XXI<sup>e</sup> siècle a déjà son Paris qui recueille une majorité d'opinions favorables.

## INTERPRÉTEZ

### 6 Quelles sont les critiques les plus fréquentes ?

1 - Quels paragraphes décrivent les transformations, énumèrent les critiques et les discutent ?

2 - De quelle nature sont les critiques (économiques, fonctionnelles, esthétiques, politiques...) ?

3 - Quels arguments répondent aux critiques formulées ?

4 - Quelle est la conclusion de l'auteur de l'article ? Quelle est votre opinion ?

5 - Pouvez-vous citer des exemples de transformations critiquées dans votre propre pays ?

6 - Ces transformations vous paraissent-elles inévitables ? Pourquoi ?

### 7 Exprimez les protestations des amoureux du vieux Paris.

*Il est intolérable de voir détruire l'harmonie d'une ville !*

**Utilisez des expressions comme :**

On n'a pas le droit de...

C'est un scandale de...

Il devrait être interdit de...

On ne peut pas accepter que ...

10

ÉLECTIONS

# ÉLECTIONS MUNICIPALES DU 12 MARS 1989
# ÉLISEZ
# 7 À PARIS

Parce que rien ne sert de se prendre au sérieux pour faire avancer les choses, *7 à Paris* a décidé de représenter les non-professionnels de la politique aux élections municipales dans 7 secteurs de la capitale, les 4ᵉ, 5ᵉ, 6ᵉ, 11ᵉ, 15ᵉ, 18ᵉ et 20ᵉ arrondissements. Nous sommes 205 simples Parisiens comme vous et moi.

Voici nos principales propositions :

Transport par hydro-bus sur la Seine ■ Bibliothèques ouvertes toute la journée du dimanche ■ Les éboueurs la nuit ■ Une carte orange du cinéma ■ Musées et jardins ouverts la nuit ■ Système de transport nocturne par des bus sillonnant les principaux axes de la capitale ■ Grande fête de Paris, où tout serait à prix réduits : restos, cinémas, boîtes, taxis, etc. ■ Une bourse d'échange des logements ■ Bourse permanente d'échanges entre particuliers, par Minitel ■ Des ciné-clubs municipaux ■ Ramassage des crottes de chiens par les propriétaires des mêmes chiens ■ Une ferme modèle en plein Paris (avec veaux, vaches, cochons, poules) ■ Un podium musical itinérant pour les talents méconnus à la recherche de matériel et de public ■ De vraies pistes cyclables ■ L'ouverture de tous les jardins municipaux réservés à des hauts fonctionnaires absents ■ La prolifération des « Points-Spectacles » pour la vente des billets ■ Des cabines téléphoniques sur les quais de métro ■ Un carnaval annuel ■ Une fête annuelle de la bière ■ Une féria annuelle ■ Un festival international du film, concurrent hivernal de Cannes ■ Des distributeurs automatiques de cigarettes dans les rues ■ Ouverture des Postes tout le samedi. Distributeurs automatiques de timbres ■ Conférence de presse mensuelle des maires ■ Illumination des plaques de rues ■ Parkings périphériques desservis par les transports communautaires ■ Création de lieux de rencontres et d'expression artistiques ■ Métro pour remplacer le bus de la Petite Ceinture (PC) ■ Piétonnisation du « cœur historique » de Paris ■ Des scooters-taxis ■ Multiplier les équipements sportifs municipaux et en assurer la gratuité 1 fois par mois ■ Créer des plages au bord d'une Seine propre, avec du vrai sable ■ Interdiction de la distribution de prospectus dans les boîtes aux lettres ■ Interdiction aux policiers de faire la circulation quand les feux tricolores fonctionnent ■ Interdire la circulation des gros camions dans la capitale ■ Déplacement des « Puces » dans les anciens entrepôts de Bercy, et organisation de journées de troc ■ Systématisation de l'installation du câble dans tout Paris et gratuité pour les personnes âgées ■

### 1 Que proposent-ils ?

Lisez le programme de *7 à Paris* pour les élections municipales parisiennes de mars 1989 et classez ces propositions par catégories (services publics, transports, vie culturelle, vie sportive, logement...).

### 2 Associez le mot et son équivalent.

1 - Éboueurs.
2 - Sillonner.
3 - Cyclable.
4 - Petite ceinture.
5 - Gratuit.
6 - Prospectus.
7 - Les « Puces ».

*a)* Feuille ou brochure publicitaire.
*b)* Marché d'antiquités et d'objets d'occasion.
*c)* Qu'on ne paie pas.
*d)* Parcourir en tous sens.
*e)* Ceux qui ramassent les ordures ménagères.
*f)* Où on peut faire du vélo.
*g)* Boulevards qui entourent Paris.

---

Vous prenez l'initiative de préparer un programme pour les élections municipales de votre ville.

---

### 3 Quels sont les problèmes à résoudre ?

Par groupes, évoquez les problèmes qui se posent dans votre ville. Comment améliorer ce qui existe, répondre aux critiques des habitants, mieux répartir le budget municipal... ? Pour préparer et organiser la discussion, vous pouvez utiliser les techniques de la liste et du réseau :

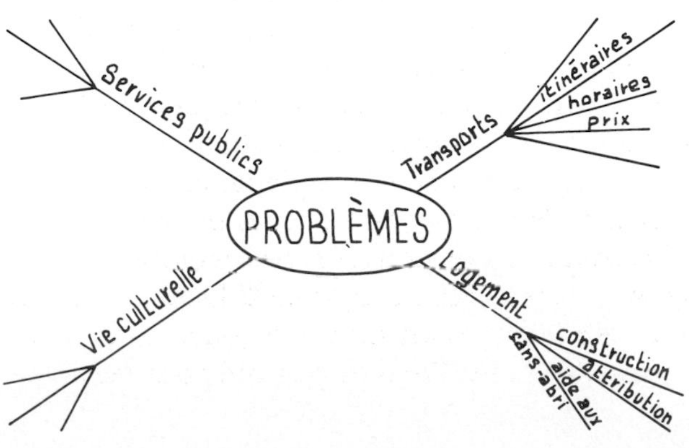


### 4 Quelles solutions proposer ?

Discutez collectivement des solutions possibles et faites-en la liste. Proposez plusieurs solutions pour chaque problème.

*Transports :*
*On pourrait augmenter le nombre des taxis.*
*Il faudrait créer de nouvelles lignes d'autobus.*
*On devrait avoir des autobus plus modernes.*
*Il faudrait créer un couloir réservé aux taxis et aux autobus.*
*On pourrait construire un métro.*
*On devrait interdire le centre de la ville à la circulation des voitures.*
...

### 5 Ce n'est pas aussi simple !

Faites, en groupe, des objections et des contre-propositions.

*Si on augmentait le nombre des taxis, on ne pourrait plus circuler en ville. Il faudrait créer des itinéraires ouverts pour les bus et les taxis.*
*Si on créait de nouvelles lignes d'autobus, il faudrait acheter des voitures et engager des conducteurs. Ça coûterait trop cher à la Ville !*

10

### 6 Faites un choix.

Chacun sélectionne les dix propositions qu'il juge les plus utiles et les plus facilement réalisables, les classe et rédige un programme.

### 7 Évaluez vos textes.

Les étudiants se réunissent par paires, discutent leurs propositions et combinent leurs deux programmes en un seul.

### 8 On peut voter !

Les paires se réunissent par deux et produisent un programme unique.
Les programmes sont rédigés avec soin et affichés dans la classe.
Les étudiants les liront et voteront pour désigner le plus réaliste, le plus imaginatif, le mieux présenté et le plus efficace pour les élections !

# UN BEAU COUP DE FILET

## CHAPITRE 10

Plus de voiture, plus de matériel, Patrice était à la fois en rage et complètement abattu. Il marchait à côté d'Arielle, l'air sombre. Ses amis du village leur avaient donné quelques provisions. Arielle était toujours décidée à aller prévenir cette tribu. De toute façon, même si elle persistait dans sa folie, il était sûr qu'elle n'y arriverait jamais seule. Lui, il commençait à bien connaître la région et savait se repérer dans la jungle, mais il n'était pas question de l'aider. Ils marchèrent dans la forêt plus d'une heure avant d'atteindre la piste. Une voiture était arrêtée, le conducteur se reposait sous un arbre à quelques mètres. Arielle prit Patrice par la main et se mit à courir.
— Vite, une voiture.

En quelques secondes elle était derrière le volant. Patrice grimpa à côté d'elle sans même se rendre compte de ce qu'il faisait. Quand il s'en aperçut, c'était trop tard. La voiture filait déjà sur la piste, son propriétaire, hurlant et gesticulant, disparut dans la poussière. Très vite, ils arrivèrent à un carrefour. Patrice sourit.
— Quel chemin est-ce que je dois prendre ?
— C'est vous le chauffeur.
— Dites-moi. Je suis sûre que les tueurs ont entendu notre conversation et qu'ils vont aller voler la statuette.
— Tournez à gauche.

Arielle réfléchit quelques secondes. Il me dit de tourner à gauche... Donc, je tourne à droite. Patrice sourit et s'installa confortablement dans son siège, son chapeau sur la tête. La piste de terre se transforma bientôt en une route goudronnée. « J'ai peut-être eu tort », pensa Arielle... Quelques kilomètres plus tard ils arrivèrent dans une petite ville. Arielle s'arrêta.
— On tourne le dos au fleuve Bomke, n'est-ce pas ?
— Je vous avais dit de tourner à gauche.
— Oh, vous !
— Arielle, soyez raisonnable. Arrêtez de vous prendre pour une héroïne de bande dessinée. Allez prévenir la police. Ils se chargeront des voleurs.

Malgré la colère qui l'étouffait, Arielle pensa qu'il avait raison et elle se dirigea vers le poste de police.

Elle venait de faire sa déposition. Le policier les laissa seuls quelques instants dans le couloir du commissariat. Il revint bientôt avec un homme en civil, le commissaire.
— Mademoiselle Barbier, vous êtes en état d'arrestation.
— Quoi ? Qu'est-ce que vous dites ?
— Monsieur Vandame a déposé une plainte contre vous, pour vol. De plus il vous soupçonne de vouloir voler une statuette d'une très grande valeur.
— Mais c'est lui qui...
— Monsieur Vandame est un homme très haut placé et très puissant dans ce pays. Nous ne mettons pas sa parole en doute.

Patrice prit la parole :
— Monsieur le commissaire, deux de ses hommes ont fait sauter ma voiture et...
— Je ne sais pas qui vous êtes, monsieur, mais pour moi vous êtes le complice de mademoiselle Barbier, je vais vous faire arrêter, également.

Sans réfléchir, Arielle sortit la petite bombe de son sac et aveugla les deux policiers. Arielle et Patrice sortirent en courant et sautèrent dans leur voiture.

Pendant ce temps-là...

# Changer d'espace.

## En avion

### *Le passager s'informe :*

- Vous pouvez m'indiquer les horaires ?
- Combien coûte le billet aller / aller-retour pour...
- Il y a des tarifs spéciaux ?
- Je voudrais réserver une place pour le vol...
- À quelle heure faut-il arriver à l'aéroport ?

### *L'employé(e) répond :*

- Il n'y a plus de place sur le vol...
- Je peux vous proposer une autre compagnie.
- Il n'y a pas de tarifs spéciaux sur ce parcours.

*Pour vous y rendre : prenez un bus... ou le métro. C'est souvent plus rapide !*

*Dans une gare...*

## En train

### *Le passager :*

- À quelle heure est le prochain train pour Marseille ?
- À quelle heure est-ce qu'il arrive à Lyon ?
- Est-ce qu'il faut réserver sa place ?
- Est-ce qu'il y a un supplément à payer ?
- Je voudrais réserver deux couchettes pour le 22.
- Est-ce qu'il existe des réductions sur ce parcours ?
- Est-ce qu'il y a un wagon-restaurant / une voiture bar ?
- Sur quel quai se trouve le train pour... ?
- Est-ce que le train est à l'heure ? en retard ?
- Je n'ai pas pu utiliser ce billet. Est-ce qu'on peut me le rembourser ? Où faut-il s'adresser ?

### *L'employé(e) :*

- Le train pour Lyon part à 7 h 34 et arrive à 9 h 25.
- La réservation n'est pas obligatoire, sauf pour le TGV.
- Quelle place désirez-vous ? Fumeur, non fumeur, coin fenêtre, coin couloir, dans le sens de la marche ?

## Activités

1. Vous voulez aller de Paris à Nice. Vous demandez des renseignements. Vous hésitez entre le TGV et l'avion...
2. Vous avez acheté un billet de train et réservé votre place mais vous ne pouvez pas prendre le train prévu. Vous demandez qu'on vous change le billet ou qu'on vous le rembourse. L'employé(e) fait quelques difficultés.

# Émile Zola

*On a coupé Paris en quatre !*

[...] Ce grand innocent de Paris ! Vois donc comme il est immense et comme il s'endort doucement ! C'est bête, ces grandes villes ! Il ne se doute guère de l'armée de pioches[1] qui l'attaquera un de ces beaux matins, et certains hôtels[2] de la rue d'Anjou ne reluiraient[3] pas si fort sous le soleil couchant, s'ils savaient qu'ils n'ont plus que trois ou quatre ans à vivre.

Angèle croyait que son mari plaisantait. Il avait parfois le goût de la plaisanterie colossale et inquiétante. Elle riait, mais avec un vague effroi[4], de voir ce petit homme se dresser au-dessus du géant couché à ses pieds, et lui montrer le poing, en pinçant[5] ironiquement les lèvres.

– On a déjà commencé, continua-t-il. Mais ce n'est qu'une misère. Regarde là-bas, du côté des Halles, on a coupé Paris en quatre...

Et de sa main étendue, ouverte et tranchante comme un coutelas, il fit signe de séparer la ville en quatre parts.

*Un excellent système financier.*

[...] sa gloire la plus pure était le Crédit viticole, qu'il avait fondé avec Toutin-Laroche. Celui-ci s'en trouvait le directeur officiel ; lui ne paraissait que comme membre du conseil de surveillance. Eugène, en cette circonstance, avait encore donné un bon coup de main[6] à son frère. Grâce à lui, le gouvernement autorisa la compagnie, et la surveilla avec une grande bonhomie[7]. En une délicate circonstance, comme un journal mal pensant se permettait de critiquer une opération de cette compagnie, le *Moniteur* alla jusqu'à publier une note interdisant toute discussion sur une maison si honorable, et que l'État daignait[8] patronner. Le Crédit viticole s'appuyait sur[9] un excellent système financier : il prêtait[10] aux cultivateurs la moitié du prix d'estimation de leurs biens, garantissait le prêt par une hypothèque, et touchait des emprunteurs[11] les intérêts, augmentés d'un acompte[12] d'amortissement[13]. Jamais mécanisme ne fut plus digne ni plus sage. Eugène avait déclaré à son frère, avec un fin sourire, que les Tuileries voulaient qu'on fût honnête. M. Toutin-Laroche interpréta ce désir en laissant fonctionner tranquillement la machine des prêts aux cultivateurs, et en établissant à côté une maison de banque qui attirait à elle les capitaux et qui jouait avec fièvre, se lançant dans toutes les aventures. Grâce à l'impulsion formidable que le directeur lui donna, le Crédit viticole eut bientôt une réputation de solidité et de prospérité à toute épreuve.

[...] On eût dit une succursale de la Banque. L'hôtel, occupé par les bureaux, avec sa cour pleine d'équipages[14], ses grillages[15] sévères, son large perron[16] et son escalier monumental, ses enfilades[17] de cabinets[18] luxueux, son monde d'employés et de laquais[19] en livrée[20], semblait être le temple[21] grave et digne de l'argent ; et rien ne frappait le public d'une émotion plus religieuse, que le sanctuaire[22], que la Caisse, où conduisait un corridor[23] d'une nudité[24] sacrée[25], et où l'on apercevait le coffre-fort[26], le dieu, accroupi[27], scellé[28] au mur, trapu[29] et dormant, avec ses trois serrures, ses flancs épais, son air de brute[30] divine.

*Les Rougon-Macquart. La Curée (1872).*



1. *pioche :* outil formé d'un fer et d'un manche qui sert à creuser le sol.
2. *hôtel :* hôtel particulier, grande maison / immeuble occupé par une riche famille.
3. *reluire :* briller, avoir de l'éclat.
4. *effroi :* grande peur.
5. *pincer :* serrer, fermer en serrant.
6. *coup de main :* aide.
7. *bonhomie :* bienveillance, amabilité.
8. *daigner :* avoir la bonté de, condescendre à.
9. *s'appuyer sur :* s'aider de.
10. *prêter :* mettre (de l'argent) à la disposition de quelqu'un.
11. *emprunteur :* quelqu'un qui demande de l'argent à quelqu'un d'autre.
12. *acompte :* somme d'argent donnée en avance sur un paiement.
13. *amortissement :* remboursement progressif.
14. *équipage :* voiture à chevaux.
15. *grillage :* fins barreaux de métal placés aux portes et aux fenêtres ou servant de fermeture.
16. *perron :* escalier extérieur devant la porte d'entrée.
17. *enfilade :* suite de pièces disposées en file, bout à bout.
18. *cabinet :* bureau.
19. *laquais :* serviteur portant une livrée.
20. *livrée :* costume que portent les serviteurs hommes d'une grande maison.
21. *temple :* édifice consacré à une divinité.
22. *sanctuaire :* lieu saint, consacré aux cérémonies d'une religion.
23. *corridor :* passage étroit faisant communiquer des pièces.
24. *nudité :* état de ce qui est nu, sans ornements.
25. *sacré :* qui concerne la religion, digne d'un respect total.
26. *coffre-fort :* meuble d'acier à serrure de sûreté destiné à renfermer de l'argent et des titres.
27. *accroupi :* assis sur les talons.
28. *scellé :* fixé solidement dans la pierre.
29. *trapu :* bas et massif.
30. *brute :* homme qui se comporte de manière grossière et violente, qui n'est pas sensible à la pitié.

# DE QUOI DEMAIN SERA-T-IL FAIT ?

INFORMATIONS/PRÉPARATION

**Un monde sans travail ?**
**Colonisez une nouvelle planète.**

PAROLES

**À PRENDRE AVEC DES GANTS :**
**« Ils étaient très liés. »**

LECTURES/ÉCRITURES

**L'aventure de l'innovation technologique.**
**Pour une société nouvelle.**

SUPPLÉMENT

**FEUILLETON**
**« Un beau coup de filet. »**

**VIE PRATIQUE**
**Et si vous aviez une panne ?**

**LITTÉRATURE**
P. Boulle, *La Planète des singes.*

# Un monde sans travail?

Une chaîne de montage dans l'industrie automobile.

« Metropolis », film de Fritz Lang (1926).

11

*Une conséquence du développement rapide des technologies de l'information apparaît dès maintenant certaine. Les nouvelles technologies, systèmes informatisés et robotique, vont, peu à peu, remplacer l'homme, si bien que nous nous dirigeons vers une forme de société où le travail humain aura de moins en moins de place. Il faut nous y préparer car cet horizon n'est pas aussi calme qu'on pourrait le supposer. Pour stimuler la réflexion sur les innombrables problèmes qui vont se poser, voici trois scénarios imaginés par le professeur David Macarov pour la période de transition.*

1 Reconnaître le caractère inévitable de la disparition progressive du travail humain n'ira pas sans peine car il faudra changer bien des attitudes. En particulier, la valeur morale du travail, qui est actuellement un des fondements de nos sociétés, devra être remise en question. Cependant, des politiques sociales pourront être mises en œuvre pour y faire face :

- porter les allocations de chômage à un niveau tel que ceux qui aiment véritablement le travail seraient les seuls à travailler ;
- prêter de l'argent aux travailleurs pour qu'ils achètent les machines qui les remplaceraient ;
- former des groupements communautaires où les ressources seraient également partagées entre tous les membres...

2 À l'autre extrême, il est possible, qu'au lieu de changer, les attitudes des gens se durcissent et qu'ils résistent de toutes leurs forces à l'évolution nécessaire.

- Les emplois devenant de plus en plus rares, les gens lutteront de plus en plus durement pour en obtenir, si bien qu'ils seraient capables d'aller jusqu'à la révolte.
- Les emplois se diviseront en deux catégories très différentes. D'un côté les emplois de haut niveau, de grande responsabilité, très bien payés, et de l'autre les emplois non qualifiés, sans intérêt et très peu payés, de telle sorte que les oppositions et les antagonismes entre chômeurs, ouvriers non qualifiés et personnel de haut niveau deviendront inévitables.

3 C'est la variante romantique : on essaierait de réaliser harmonieusement le passage à la société sans travail. On pourrait encourager, par exemple, chaque travailleur à mettre au point la machine qui pourrait le remplacer.
Les valeurs morales attachées au travail ne seraient plus valorisées. Par contre, on encouragerait les gens à être de bons citoyens, à se consacrer à des œuvres humanitaires et à des activités culturelles désintéressées, à mieux connaître la nature... Pourquoi pas ?

*Dans tous les cas il y a matière à réflexion !*

D'après David Macarov, « Un monde quasiment sans travail : comment s'y préparer », *Revue internationale du travail,* n° 6, vol.124.

## 1 De quoi s'agit-il ?

Lisez le titre et la référence du texte.

1 - D'où est tiré ce texte ? La référence vous paraît-elle sérieuse ?
2 - Est-ce qu'il s'agit d'une description de la réalité sociale actuelle ? Pourquoi l'auteur emploie-t-il le mot « scénario » ?

## 2 Quel scénario ?

Lisez le texte. Dites à quel scénario correspondent les trois adjectifs suivants : romantique, pessimiste, optimiste.

**LES DOUBLES COMPARATIFS**

Trouver un emploi va devenir **de plus en plus** difficile.
Il y aura **de moins en moins** de travail.

## 3 Que va-t-il se passer ?

Complétez avec « de plus en plus » ou « de moins en moins ».

1 - Le travail va devenir ..... rare.
2 - Cela va entraîner ..... de problèmes.
3 - La valeur morale du travail sera ..... valorisée et ..... remise en question.
4 - L'informatique et la robotique prendront ..... de place.
5 - Les gens risquent de résister ..... durement à ces changements.
6 - On assistera à des oppositions ..... violentes.

## 4 Comment les regrouper ?

Mettez ensemble le mot et son équivalent.

| | |
|---|---|
| 1 - Stimuler. | *a)* Conflit, lutte. |
| 2 - Ne pas aller sans peine. | *b)* Presque. |
| 3 - Fondement. | *c)* Appliquer. |
| 4 - Mettre en œuvre. | *d)* Poser des problèmes. |
| 5 - Antagonisme. | *e)* Encourager. |
| 6 - Quasiment. | *f)* Base. |

## 5 Comment le texte est-il construit ?

Relisez le texte et complétez en notant les idées principales.

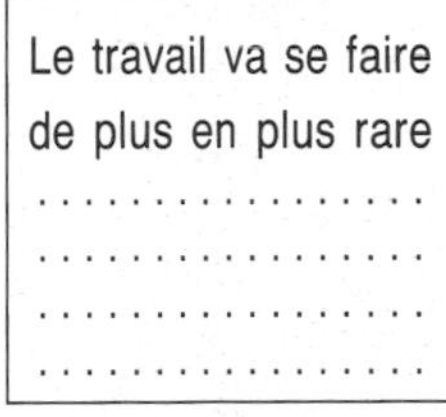

Le travail va se faire de plus en plus rare
................
................
................
................

2 **Catastrophique**
................
................
*Deux conséquences*
................
................

1 **Raisonnable**
................
................
*Trois propositions*
................
................
................

3 **Romantique**
................
................
*Deux possibilités*
................
................

................

## 6 Quelles en seraient les conséquences ?

Complétez les phrases.

1 - La valeur morale du travail ne sera plus valorisée si bien que...
2 - Dans le scénario optimiste, les allocations de chômage seront portées à un tel niveau que...
3 - On prêterait de l'argent aux travailleurs de telle sorte que...
4 - Dans le scénario pessimiste, le travail deviendrait si rare que...
5 - Ceux qui travailleraient devraient donner une proportion si grande de leur salaire pour aider les autres que...
6 - Il y aurait si peu d'emplois de haut niveau que...
7 - Dans le scénario romantique, les gens auraient tellement d'occupations plus intéressantes que...

## 7 Qu'en pensez-vous ?

1 - Par quoi pourrait-on remplacer la valeur morale du travail ?
2 - Les solutions proposées dans le premier scénario vous paraissent-elles raisonnables et efficaces ?
3 - Que pensez-vous des propositions romantiques ?
4 - Que pensez-vous de la possibilité de disparition du travail humain ? Est-ce, à votre avis, une hypothèse raisonnable ?
5 - Comment voyez-vous la société future ?

**LA CONSÉQUENCE**

| | | | | | |
|---|---|---|---|---|---|
| Les nouvelles technologies | vont remplacer<br>remplaceraient<br>avaient remplacé | l'homme | **si bien que**<br>**de telle sorte que**<br>**à tel point que** | le travail humain | va disparaître.<br>disparaîtrait.<br>avait disparu. |

Le travail sera **si / tellement** rare **que** les gens se battront pour en avoir.

Notre grand jeu

« Ici le commandant Chartier qui, au nom de l'équipage du Sartrair, vous souhaite la bienvenue à bord du vol 2001 d'Air Espace à destination de la galaxie du Bélier. Notre vitesse de croisière est de 1 350 nœuds spatiaux et nous comptons atteindre notre destination dans trois années-lumière. Nous survolons en ce moment Mars et nous allons quitter le système solaire dans quelques minutes. »

# Colonisez une nouvelle planète.

11

Votre groupe part coloniser une planète inconnue, Éclar. Vous disposez de moyens technologiques et financiers sans limites. Vous emportez même un transformateur de matière !
On sait seulement qu'Éclar a trois continents : Primatus, Luxus et Perfectus.

Primatus est habité par des grands singes qu'on peut facilement faire travailler mais son climat est difficile à supporter.

Luxus a un climat tempéré, une végétation abondante, et on y trouve des animaux dangereux. Il est inhabité.

Perfectus a un climat merveilleux. Il est peuplé d'êtres supérieurs, surdoués mais insensibles, qui ont créé une société parfaitement organisée.

## *Sur quel continent désirez-vous débarquer ?*

Avant de vous décider, vous serez donc obligés de faire un premier choix de société en considérant les avantages et les inconvénients présentés par chacun des trois continents.

Si vous avez choisi Luxus ou Primatus, l'heure des grandes décisions est arrivée. Quel type de société allez-vous édifier ? Sera-t-elle axée sur le développement technique, la transformation des ressources de la planète et la productivité, ou sur le loisir, la création et les relations interpersonnelles.

Entre ces deux extrêmes, de nombreuses solutions intermédiaires sont possibles. Mais vous aurez ensuite à résoudre tous les problèmes sociaux, économiques et politiques créés par votre choix initial. Qui gouvernera ? Qui planifiera l'économie ? Quel système d'éducation y aura-t-il ?

Par exemple, si vous avez opté pour « une société d'abondance où tout le monde recevrait selon ses besoins après avoir donné selon ses moyens », vous serez amenés à vous demander ce qu'on fera des parasites, comment on décidera des besoins de chacun, ce qu'on fera faire aux uns et aux autres en échange… Vous aurez à discuter de démocratie, d'égalité des salaires, d'accès gratuit à la santé et à la justice, de dialogue et de communication…

Ces réflexions vous feront peut-être tirer la conclusion que, quand on oppose l'imaginaire et la réalité, les possibilités d'innovation des concepteurs et des constructeurs sont assez réduites, surtout quand on essaie d'obtenir l'accord de tous !

Inspiré de *Cap sur l'Avenir*,
publié par l'Office franco-québécois pour la jeunesse.

## 8 De quoi s'agit-il ?

1 - Regardez les illustrations et le titre. Puis écoutez le commandant Chartier et lisez le reste du texte en prenant des notes.

2 - Le texte est :

☐ un reportage, ☐ un jeu de créativité,
☐ un article critique, ☐ un texte de prospective.

3 - Le but du jeu est de :

☐ préparer un véritable départ dans l'espace,
☐ discuter de concepts fondamentaux dans toute société.

4 - À quelle époque se situe cette aventure ?

## 9 Comment les regrouper ?

Mettez ensemble le mot et son équivalent.

1 - Galaxie.
2 - Nœud.
3 - Année-lumière.
4 - Surdoué.
5 - Intermédiaire.
6 - Tirer la conclusion.
7 - Réduit.

*a)* Qui a des qualités intellectuelles supérieures.
*b)* Limité.
*c)* Situé entre deux points de référence.
*d)* Conclure, déduire.
*e)* Unité de vitesse.
*f)* Distance parcourue par la lumière en une année.
*g)* Immense ensemble d'astres et d'étoiles.

## 10 Qu'est-ce qu'il peut se passer ?

Complétez les phrases en utilisant le mode et le temps du verbe qui vous paraît convenir.

*On ... (faire travailler)... les grands singes de Primatus. ⟶ On peut faire travailler les grands singes de Primatus.*

1 - En approchant d'Eclar, le commandant... (réduire la vitesse) du *Sartrair.*
2 - Le climat de Primatus... (souffrir les colons).
3 - La vue des colons... (sourire) les êtres supérieurs de Perfectus.
4 - Le choix d'une société... (réfléchir) les colons.
5 - Toute innovation... (s'opposer) bien des gens.

## 11 Sur quel continent atterrir ?

Quels sont les avantages et les inconvénients présentés par les trois continents d'Eclar ?

*Sur Primatus on pourrait avoir une main-d'œuvre abondante mais...*

## 12 Qu'est-ce qui les caractérise ?

Attribuez les caractéristiques suivantes à un de ces trois types de société : d'abondance, de loisirs, égalitaires.

1 - Elle est orientée vers la production de biens.
2 - Elle est orientée vers la recherche du bonheur et du plaisir.
3 - Les richesses sont également réparties.
4 - On fait faire le travail par d'autres, humains ou machines.
5 - Tout le monde doit consommer.
6 - La justice sociale est l'objectif principal.

## 13 Pour ou contre ?

Utilisez le système : « Oui, parce que... / Non, parce que... / Oui, mais... / Non, mais... » pour vous situer par rapport aux objectifs suivants :

1 - la démocratie directe ;
2 - l'égalité des salaires ;
3 - la justice gratuite et égale pour tous ;
4 - la carte magnétique individuelle pour remplacer l'argent ;
5 - la société de consommation ;
6 - la société de loisirs (ludique).

## 14 Quelle conclusion tirez-vous de ces discussions ?

1 - Quel type de société pourrait-on construire sur chacun des trois continents d'Eclar ?
2 - Est-ce qu'il est facile d'innover en matière de société ? Pourquoi ?
3 - Est-ce que l'égalité entre les hommes serait facile à réaliser ? Pourquoi ?
4 - Est-il facile d'aboutir à l'accord de tous ? Pourquoi ?
5 - Accepteriez-vous de repartir à zéro ? À quelles conditions ?

ILS ÉTAIENT TRÈS LIÉS.

BAR "LE PEPLUM": ANNEXE DU COMMISSARIAT.

11

SI VOUS PERMETTEZ, C'EST MOI QUI POSE LES QUESTIONS. ALORS?

IL Y A SIX MOIS. SON MARI ÉTAIT PARTI EN AMÉRIQUE LATINE PENDANT L'ENQUÊTE. IL CRAIGNAIT QU'ON LE FASSE DISPARAÎTRE. IL CONNAISSAIT TROP DE NOMS IMPORTANTS DANS CETTE AFFAIRE.

LE VÔTRE, ENTRE AUTRES?
JE NE VOUS PERMETS PAS...

BON. CONTINUEZ.
IL EST REVENU IL Y A CINQ ANS...

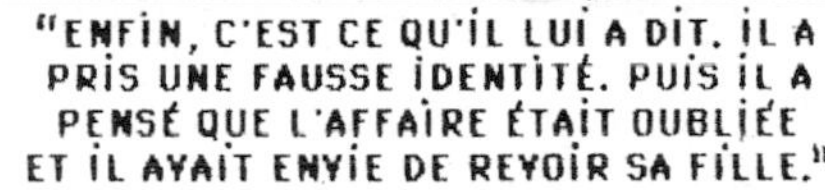
"ENFIN, C'EST CE QU'IL LUI A DIT. IL A PRIS UNE FAUSSE IDENTITÉ. PUIS IL A PENSÉ QUE L'AFFAIRE ÉTAIT OUBLIÉE ET IL AVAIT ENVIE DE REVOIR SA FILLE."

IL AVAIT L'INTENTION DE REPRENDRE SON ANCIENNE VIE?
MARIE-ANNE NE M'A RIEN DIT À CE SUJET.

11

VOUS VOULIEZ ÉPOUSER MADAME BEAULIEU, N'EST-CE PAS?
ELLE ÉTAIT TOUJOURS OFFICIELLEMENT MARIÉE.
DELMAS

MAINTENANT, ELLE EST LIBRE... ET RICHE.
RICHE? JE NE COMPRENDS PAS.
ON EN REPARLERA PLUS TARD. UNE DERNIÈRE QUESTION, MONSIEUR IMBERT: QU'EST-CE QUE VOUS FAISIEZ LE SAMEDI 15 MAI ENTRE 10h ET 11h DU SOIR?

J'ÉTAIS CHEZ MOI.
NOUS SOMMES AU MOIS D'AOÛT ET VOUS VOUS SOUVENEZ AVEC PRÉCISION OÙ VOUS ÉTIEZ LE 15 MAI. FÉLICITATIONS!

J'AVAIS UN CONSEIL D'ADMINISTRATION DE LA PLUS GRANDE IMPORTANCE LE LUNDI 17 MAI. J'AI TRAVAILLÉ CHEZ MOI TOUT LE WEEK-END.
ET... QUELQU'UN VOUS A VU? ON VOUS A TÉLÉPHONÉ?

NON, PERSONNE. MAIS... C'EST CETTE NUIT-LÀ QU'ON A ASSASSINÉ FABRICE!
OUI, ENTRE 10h ET 11h. MERCI, MONSIEUR IMBERT. J'ESPÈRE QUE JE NE VOUS AI PAS FAIT PERDRE TROP DE TEMPS.

ALLÔ, MARIE-ANNE.

## 1 De quoi s'agit-il ?

Regardez les dessins et essayez de deviner ce qui se passe.

11

1 - De qui peuvent parler les policiers sur les premiers dessins ?
2 - Qui le commissaire Berthier va-t-il interroger ? Pourquoi ?
3 - Comment imaginez-vous Xavier Imbert d'après son physique et son comportement ?
4 - À qui téléphone-t-il après le départ du commissaire ?

## 2 Où est la vérité ?

Écoutez les conversations et rétablissez la vérité.

1 - Xavier Imbert ne connaissait pas Fabrice Beaulieu.
2 - Madame Beaulieu n'a pas parlé du retour de son mari à Xavier Imbert.
3 - Xavier Imbert a perdu sa place après le scandale.
4 - Fabrice Beaulieu s'est caché en France pendant dix ans.
5 - Il ne s'est rien passé dans la nuit du 15 mai.
6 - Xavier Imbert était chez des amis cette nuit-là.

## 3 Qu'est-ce qu'ils peuvent penser à ce moment-là ?

1 - Xavier Imbert :
- « Mais il n'y aucune raison pour... »
- « Je ne vous permets pas... »
- « C'est elle qui vous a dit ça ? »

2 - Le commissaire :
- « Le vôtre, entre autres ? »
- « Elle est libre... et riche. »
- « Oui. Entre 10 h et 11 h. »

## 4 Le commissaire Berthier est brusque.

1 - Relevez les expressions qui prouvent que le commissaire Berthier ne prend pas de gants avec Xavier Imbert.
2 - Quelle remarque d'Imbert lui en donne la possibilité ?
3 - Le commissaire Berthier fait deux insinuations assez directes. Lesquelles ?
4 - Quelle est l'attitude de Xavier Imbert au début de l'entretien ? À la fin ?

## 5 C'est dans le texte.

Cherchez les équivalents en langue plus soignée des expressions suivantes :

1 - Je suis pressé.
2 - Tourner autour du pot.
3 - Il avait eu peur qu'on le descende.
4 - Il connaissait trop de gens mouillés dans l'affaire.
5 - Il vivait sous un faux nom.

## 6 Xavier Imbert pourrait-il être le coupable ?

Quelles raisons vous feraient envisager la culpabilité de Xavier Imbert ?
Appliquez le schéma : « Oui, parce que... / Non, parce que... / Oui, mais... / Non, mais... »

## 7 Faites des hypothèses.

Comme l'histoire est sérieuse et que vous n'êtes encore sûr(e) de rien, prenez des précautions de langage pour imaginer ce qui s'est passé au moment du scandale.

*Il n'est pas impossible que Xavier Imbert ait conseillé à Fabrice Beaulieu de fuir en Amérique latine.*

Utilisez des mots qui vous permettent de **dégager votre responsabilité** si vous vous êtes trompé(e) :

Il semblerait que...
Il se pourrait que...
Il a pu ...
Il a peut-être...
Il aurait pu...
Il est possible qu'il ait...
Il ne serait pas impossible qu'il ait...

## (8) Jeu de rôle.

Imaginez la conversation téléphonique entre Xavier Imbert et Marie-Anne Beaulieu : il lui raconte son entrevue avec Berthier, elle est inquiète, elle veut savoir ce qu'il va faire, chacun soupçonne l'autre d'avoir tué ou fait tuer Fabrice, ils se défendent, il / elle donne des conseils à l'autre, etc. Jouez la scène.

## (9) Jeu de rôle. Quel est le coupable ?

Un(e) étudiant(e) soupçonne Xavier Imbert, un(e) autre Marie-Anne Beaulieu. Ils échangent leurs points de vue. Donnez un argument à la fois.

- *Je t'assure que ça ne peut être que lui. Il voulait épouser Marie-Anne Beaulieu.*
- *Mais non. Ce n'est pas le genre d'homme à assassiner quelqu'un. Moi, je te dis que c'est elle...*

## (10) Jeu de rôle.

Vous êtes architecte dans une grande entreprise. Votre patron vous demande de faire un projet pour la construction d'une ville nouvelle idéale.

Vous discutez avec lui des problèmes que vous allez rencontrer.

Pensez aux écoles, aux moyens de transport, aux parcs de loisir pour les jeunes et les personnes âgées ...

## ANTICIPEZ

### 1 Avez-vous réfléchi à la notion de progrès technique ?

1 - Pouvez-vous citer des innovations techniques importantes ?
2 - Comment ont-elles été réalisées ? Par qui ?
3 - D'où viennent les idées des inventeurs ?

### 2 Quels sont les mots clefs ?

Lisez le texte et relevez les dix mots qui vous paraissent les plus importants.

L'innovation et les techniques dites nouvelles sont des mots qui évoquent, pour la plupart des gens, des laboratoires remplis de chercheurs. La recherche fondamentale permet de mieux comprendre les lois de la nature : les connaissances scientifiques ainsi obtenues sont ensuite exploitées par d'autres chercheurs et des ingénieurs pour mettre au point des techniques, des produits nouveaux.

Parfois, cela se passe ainsi. Souvent, il en va tout autrement. Car le hasard, l'intuition et l'empirisme, c'est-à-dire une connaissance concrète bâtie sur l'observation, jouent un rôle déterminant. Il y a deux siècles, les premières machines à vapeur fonctionnaient et faisaient progresser la technique, bien avant qu'on sache expliquer scientifiquement leur principe : la science correspondante, la thermodynamique, ne se développera qu'ensuite...

*Louis Pasteur lors d'une expérience.*

## METTEZ EN ORDRE

11

### 3 Quelle est l'idée centrale du texte ?

1 - Sur quelle opposition l'auteur articule-t-il son texte ?
*a)* innovation / connaissance scientifique ;
*b)* recherche fondamentale / empirisme ;
*c)* progrès technique / perfectionnement ?
2 - Dans quels paragraphes cette idée est-elle exprimée et développée ?
3 - Quelle idée domine le texte ?
*a)* La recherche fondamentale est à la base de toute innovation.
*b)* Il faut être spécialiste dans un domaine pour le faire progresser.
*c)* L'empirisme a un rôle très important à jouer dans la mise au point de techniques et de produits nouveaux.

### 4 Comment s'articule le texte ?

Retrouvez les idées principales et complétez le texte suivant.

*La plupart des gens pensent que... C'est en partie vrai, mais... Donc le progrès technique est dû à...*

## RECHERCHEZ LES FAITS

### 5 Vrai ou faux ?

Rétablissez la vérité si nécessaire.

1 - Seule la recherche fondamentale permet l'innovation.
2 - Une innovation technique précède souvent les explications théoriques.
3 - Peu de grandes innovations ont été réalisées en dehors des laboratoires de recherche.
4 - De bons résultats pratiques valent mieux que des explications.
5 - Seuls les spécialistes d'un domaine innovent efficacement.
6 - Tout le monde peut faire progresser les applications pratiques.

### 6 C'est dans le texte !

Trouvez : une explication, une affirmation renforcée, une simple hypothèse.

# L'aventure de l'innovation technologique

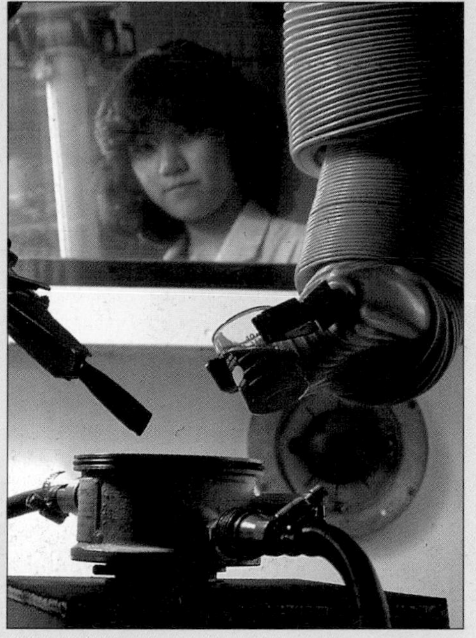
Un robot dans l'industrie.

En technique, ce qui compte, ce sont les résultats, pas les moyens, et encore moins les explications... Il faut réaffirmer avec force l'importance de l'empirisme. C'est lui qui a permis à l'ouvrier belge *Zénobe Gramme* (1826-1901) d'inventer au siècle dernier le moteur électrique, sans se laisser intimider par les conclusions des scientifiques de l'époque : une commission de savants s'était spécialement réunie pour démontrer que le moteur électrique ne pouvait pas fonctionner, pour des raisons théoriques...

Les exemples d'innovations qui ne sont pas nées dans de grands laboratoires de recherche sont en fait très nombreux. Il est important de constater que leurs auteurs n'appartiennent très souvent pas au métier qu'ils vont bouleverser : il semble qu'il faille souvent ne pas être spécialiste dans un domaine pour oser imaginer des solutions vraiment nouvelles... Ainsi, *Louis Pasteur* (1822-1895), le père de la microbiologie, qui a tant fait pour la santé, n'était ni médecin, ni biologiste de formation, mais chimiste et physicien. Plus près de nous, l'inventeur de la carte à mémoire n'est pas un électronicien, mais un journaliste français sans formation scientifique mais passionné d'électronique : *Roland Moreno*. Il a eu l'idée, en 1972, d'introduire dans une carte de crédit un microprocesseur qui garde dans sa mémoire le souvenir de tous les achats réalisés et peut donc indiquer combien d'argent reste disponible sur le compte en banque. Il a fallu plus de dix ans pour passer de l'idée au lancement massif des cartes à mémoire, monnaie électronique, avec la commande par les postes françaises, les télécommunications et les banques de 16 millions de cartes...

L'expression « progrès technique » recouvre deux réalités différentes. Il y a le perfectionnement d'une technique, obtenu en général grâce à l'effort des chercheurs : on fait des circuits électroniques de plus en plus puissants, des centrales nucléaires de plus en plus grandes, des avions, des trains de plus en plus aérodynamiques. Et puis, il y a la progression des applications pratiques, et c'est là que l'imagination de tous devient très importante.

Extrait de « *Vivre la révolution de l'intelligence* », André-Yves Portnoff, Éd. *Sciences & Techniques* et ministère des Affaires étrangères.



## INTERPRÉTEZ

### 7 Comment l'auteur essaie-t-il de convaincre ses lecteurs ?

1 - De quelle idée généralement admise part-il ?
2 - Qu'est-ce qui montre, dès la deuxième ligne, qu'il n'est pas d'accord avec cette idée ?
3 - Où est située l'idée centrale de chacun des paragraphes 2, 3 et 4 ?
4 - Quel genre de preuves l'auteur donne-t-il pour justifier ses affirmations ?

### 8 Peut-on l'affirmer ?

Les affirmations suivantes sont-elles en accord avec le texte ? Sinon, corrigez-les.

1 - L'innovation peut être une aventure.
2 - L'empirisme, la « connaissance concrète bâtie sur l'observation », a été le seul facteur de progrès de l'humanité.
3 - Le raisonnement de l'auteur du texte appartient plus au passé qu'à l'avenir.
4 - La recherche pure est inutile dans le domaine technologique.
5 - Il vaut mieux ne pas être spécialiste d'un domaine pour innover dans ce domaine.

11 SOCIÉTÉ

# DÉCLARATION DES DROITS DE L'HOMME & DU CITOYEN

*Les Représentants du peuple français, constitués en ASSEMBLÉE NATIONALE, considérant que l'ignorance, l'oubli ou le mépris des droits de l'homme sont les seules causes des malheurs publics et de la corruption des gouvernements, ont résolu d'exposer, dans une déclaration solennelle, les droits naturels, inaliénables et sacrés de l'homme, afin que cette déclaration, constamment présente à tous les membres du corps social, leur rappelle sans cesse leurs droits et leurs devoirs : afin que les actes du pouvoir législatif, et ceux du pouvoir exécutif, pouvant être à chaque instant comparés avec le but de toute institution politique, en soient plus respectés ; afin que les réclamations des citoyens, fondées désormais sur des principes simples et incontestables, tournent toujours au maintien de la Constitution et au bonheur de tous. En conséquence, l'Assemblée nationale reconnaît et déclare, en présence et sous les auspices de l'Être suprême, les droits suivants de l'homme et du citoyen.*

I. Les hommes naissent et demeurent libres et égaux en droits. Les distinctions sociales ne peuvent être fondées que sur l'utilité commune.

II. Le but de toute association politique est la conservation des droits naturels et imprescriptibles de l'homme. Ces droits sont la liberté, la propriété, la sûreté et la résistance à l'oppression.

III. Le principe de toute souveraineté réside essentiellement dans la nation. Nul corps, nul individu ne peut exercer d'autorité qui n'en émane expressément.

IV. La liberté consiste à pouvoir faire tout ce qui ne nuit pas à autrui ; ainsi l'exercice des droits naturels de chaque homme n'a de bornes que celles qui assurent aux autres membres de la société, la jouissance de ces mêmes droits. Ces bornes ne peuvent être déterminées que par la loi.

V. La loi n'a le droit de défendre que les actions nuisibles à la société. Tout ce qui n'est pas défendu par la loi ne peut être empêché, et nul ne peut être contraint à faire ce qu'elle n'ordonne pas.

VI. La loi est l'expression de la volonté générale. Tous les citoyens ont droit de concourir personnellement, ou par leurs représentants, à sa formation. Elle doit être la même pour tous, soit qu'elle protège, soit qu'elle punisse. Tous les citoyens étant égaux à ses yeux, sont également admissibles à toutes dignités, places et emplois publics, selon leur capacité, et sans autre distinction que celle de leurs vertus et de leurs talents.

VII. Nul homme ne peut être accusé, arrêté, ni détenu que dans les cas déterminés par la loi, et selon les formes qu'elle a prescrites. Ceux qui sollicitent, expédient, exécutent ou font exécuter des ordres arbitraires, doivent être punis : mais tout citoyen appelé ou saisi en vertu de la loi, doit obéir à l'instant ; il se rend coupable par la résistance.

VIII. La loi ne doit établir que des peines strictement et évidemment nécessaires, et nul ne peut être puni qu'en vertu d'une loi établie et promulguée antérieurement au délit, et légalement appliquée.

*Extrait de la « Déclaration des droits de l'homme et du citoyen », d'après un document imprimé au Moulin-Richard-de-Bas (Ambert).*

# Pour une société nouvelle

## 1 Que contient la « Déclaration des droits de l'homme et du citoyen » ?

Lisez ces huit premiers articles de la « Déclaration des Droits de l'homme et du citoyen ».

1 - De combien de points traite chaque article ?

2 - Quel est l'esprit du texte ? :

☐ Il impose. ☐ Il propose. ☐ Il recommande.

☐ Il traite de vérités générales.

3 - Le texte est-il assez précis, d'après vous ?

4 - Le texte couvre-t-il tous les cas importants ?

5 - Le texte est-il applicable partout ?

*Nouvelles déclarations des droits de l'homme, de la femme et de l'enfant.*

*Les choses ont bien changé depuis deux siècles. Les conditions de vie et les mentalités ont partout évolué. La « Déclaration des droits de l'homme », qui continue à servir de référence, peut vous paraître dépassée...*

Imaginez que vous soyez le rédacteur d'une commission chargée par une organisation internationale de proposer des modifications à la déclaration originale ou de rédiger des déclarations séparées pour les droits de la femme et ceux de l'enfant.

## 2 Définissez votre tâche ?

1 - Quel aspect des droits et des devoirs intéresse le groupe ? Ceux de l'homme, de la femme, de l'enfant ? Une définition globale ?

2 - À qui le texte est-il destiné ?

3 - Sous quelle forme va-t-il être présenté ?

4 - Quelle longueur devra-t-il avoir ?

## 3 Rassemblez des idées.

1 - Utilisez des techniques de recherche d'idées :

*a)* Faites, par exemple, une liste nouvelle des droits et des devoirs du citoyen, ou modifiez la liste de la déclaration originale.

*b)* Faites des listes ou des réseaux à propos de concepts comme :

– la liberté (de religion, d'expression, de choix de vie...),

– les devoirs envers les autres (respect des croyances, des modes de vie...),

– l'égalité des hommes et des femmes...

*c)* Organisez un débat.

– Des notions comme le droit à l'amour et à la tendresse, le droit de gérer son temps et son argent... peuvent-elles être incluses ?

Les droits des enfants et ceux des adultes sont-ils compatibles ?...

2 - Discutez ensuite de ces concepts par groupes de deux et rédigez un article sur chacun des cinq points que vous jugerez essentiels.

3 - Quatre étudiants (deux groupes de deux) mettent leurs idées en commun, choisissent les cinq concepts les plus importants et se mettent d'accord sur un texte. Puis deux groupes de quatre font de même.

## 4 On compare alors les textes proposés par les différents groupes. On les commente collectivement et on propose des modifications.

## 5 Chaque étudiant réécrit son propre texte.

# UN BEAU COUP DE FILET

## CHAPITRE 11

Les deux hommes de main de Vandame étaient arrivés dans la tribu des Bomkeba où se trouvait la statuette. Ils demandèrent à parler au chef. Ils voulaient les prévenir de l'arrivée d'une jeune fille qui se faisait passer pour la fille du professeur Barbier. Un homme l'accompagnait... La conversation terminée, ils firent semblant de repartir. Le chef réunit ses prêtres. À la nuit tombée, cinq hommes quittèrent le village et s'enfoncèrent dans la forêt.

[...]

Les sirènes hurlaient, Arielle et Patrice n'avaient que quelques minutes d'avance. Elle était installée à l'arrière de la voiture tandis que Patrice conduisait. Cette fois, il n'avait plus le choix. Il devait l'aider. Les policiers se rapprochaient de plus en plus et tiraient sur eux.

— Dans la boîte noire, à côté de la roue de secours, il y a des clous, hurla Patrice.

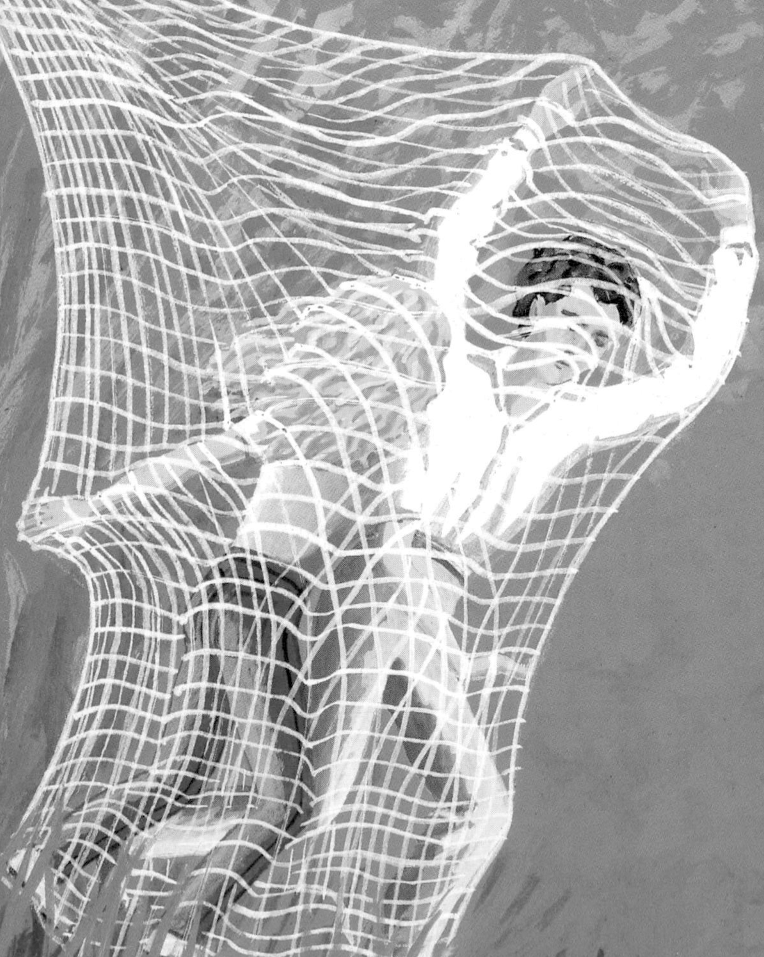

Arielle comprit. Elle jeta une poignée de clous sur la route. Les voitures roulèrent encore quelques centaines de mètres puis la voiture des policiers fit des zigzags et s'immobilisa.

— Ça a marché ! Ils se sont arrêtés.
— Ben, nous aussi on va bientôt s'arrêter, ironisa Patrice. Ils ont percé notre réservoir d'essence. Nous n'irons pas bien loin !

Ils ne leur restaient plus qu'à continuer à pied. Ils avaient roulé une soixantaine de kilomètres. Il en restait bien trente ! Une longue marche, épuisante par cette chaleur. Arielle était prête à abandonner.
— Pas question. Attaque de policier, destruction d'une voiture, je n'ai pas envie de finir mes jours en prison. Allez, du courage !

Le lendemain...
— On est presque arrivés.
— Comment le savez-vous ?
— On nous suit depuis plusieurs kilomètres.

AAAAHHHHHH. Un immense filet s'abattit sur Patrice et Arielle. En quelques secondes une dizaine d'hommes les entourèrent et les entraînèrent vers le village.

— Quel effet ça vous fait d'être pris pour un papillon ?...
— Amusant... Vous rirez moins tout à l'heure !

Au village, le chef les interrogea dans un français parfait.
— Je m'appelle Arielle Barbier.
— Vous mentez. Je connais Arielle Barbier. Vous n'êtes pas la fille du professeur.
— Je sais que je ne suis pas sa fille, mais...

Un homme entra en criant dans la hutte du chef.
— Hakataka, hakataka mumbe !

Le chef se leva. Arielle se pencha vers Patrice.
— Qu'est-ce qu'il a dit ?
— Désolé, je ne parle pas leur langue.
— Pour une fois que vous auriez pu être utile à quelque chose...

On avait volé Malinka !

Le chef fit détacher Arielle et Patrice. Arielle lui raconta toutes ses aventures et elle lui décrivit les deux tueurs. Aucun doute possible. C'est eux qui avaient fait le coup. Vandame devait remettre la statuette dans deux jours. Comment l'en empêcher ?

# Et si vous aviez une panne?

Une borne d'appel sur une autoroute française.

## Au téléphone sur une autoroute

***L'automobiliste :***

- Allô, la gendarmerie ?
- Je suis tombé en panne. / Nous avons eu un accident.
- Pouvez-vous m'envoyer une dépanneuse / des secours ?
- Dans combien de temps arriverez-vous / arriveront-ils ?

***Le gendarme :***

- Qu'est-ce qui vous est arrivé ?
- Près de quelle sortie êtes-vous ?
- Quelle est la marque et le numéro de votre voiture ?
- Où êtes-vous arrêté ? Sur le bas-côté ?
- Est-ce qu'il y a des blessés ?

## Activités

1 Vous vous arrêtez à une station-service sur l'autoroute :
– Vous faites le plein. / – Vous faites réparer un pneu crevé.

2 Vous avez un accident sur l'autoroute :
– Vous téléphonez à la gendarmerie. / – Vous arrêtez un automobiliste pour demander de l'aide.

## Au garage

***L'automobiliste :***

- Je voudrais de l'essence / du super.
- J'ai un pneu crevé.
- J'ai une panne de moteur / de freins / d'allumage...
- C'est grave ? Ça va prendre combien de temps ? Quand est-ce qu'elle sera prête ?
- Vous avez les pièces ?

***Le garagiste :***

- J'en mets combien ?
- Je vérifie l'huile ? / la pression des pneus ?
- Il faut compter trois heures pour la réparation.
- Je ne peux pas vous le faire aujourd'hui. Je n'ai pas les pièces.

## À une station-service

- Je voudrais 20 litres / le plein de super / d'ordinaire / de gas-oil.
- Vous pouvez vérifier l'huile / l'eau / la pression des pneus ?
- Vous pouvez nettoyer mon pare-brise ?

# Pierre Boulle

*À l'affût*

Il y avait plusieurs éléments baroques, certains horribles, dans le tableau que j'avais sous les yeux, mais mon attention fut d'abord retenue tout entière par un personnage, immobile à trente pas de moi, qui regardait dans ma direction.

Je faillis[1] pousser un cri de surprise. Oui, malgré ma terreur, malgré le tragique de ma propre position – j'étais pris entre les rabatteurs[2] et les tireurs – la stupéfaction étouffa[3] tout autre sentiment quand je vis cette créature à l'affût[4], guettant[5] le passage du gibier[6]. Car cet être était un singe, un gorille de belle taille. J'avais beau[7] me répéter que je devenais fou, je ne pouvais nourrir le moindre doute sur son espèce. Mais la rencontre d'un gorille sur la planète Soror ne constituait pas l'extravagance essentielle de l'événement. Celle-ci tenait pour moi à ce que ce singe était correctement habillé, comme un homme chez nous, et surtout à l'aisance[8] avec laquelle il portait ses vêtements. Ce naturel m'impressionna tout d'abord. À peine eus-je aperçu l'animal qu'il me parut évident qu'il n'était pas du tout déguisé[9]. L'état dans lequel je le voyais était normal, aussi normal pour lui que la nudité pour Nova et ses compagnons.

Il était habillé comme vous et moi, je veux dire comme nous serions habillés si nous participions à une de ces battues[10], organisées chez nous pour les ambassadeurs ou autres personnages importants, dans nos grandes chasses officielles. Son veston de couleur brune semblait sortir de chez le meilleur tailleur parisien et laissait voir une chemise à gros carreaux[11], comme en portent nos sportifs. La culotte, légèrement bouffante[12] au-dessus des mollets[13], se prolongeait par une paire de guêtres[14]. Là s'arrêtait la ressemblance ; au lieu de souliers, il portait de gros gants noirs.

C'était un gorille, vous dis-je ! Du col[15] de la chemise sortait la hideuse[16] tête terminée en pain de sucre[17], couverte de poils noirs, au nez aplati et aux mâchoires[18] saillantes[19]. Il était là, debout, un peu penché en avant, dans la posture du chasseur à l'affût, serrant[20] un fusil dans ses longues mains. Il se tenait en face de moi, de l'autre côté d'une large trouée pratiquée dans la forêt perpendiculairement à la direction de la battue.

Soudain, il tressaillit[21]. Il avait perçu comme moi un léger bruit dans les buissons, un peu sur ma droite. Il tourna la tête en même temps qu'il relevait son arme, prêt à épauler[22]. [...] déjà l'homme déboulait[23] comme un chevreuil[24] sur le terrain découvert. Le coup de feu retentit alors qu'il atteignait le milieu du champ de tir. Il fit un saut, s'effondra[25] et resta immobile après quelques convulsions[26].

Mais je n'observai l'agonie[27] de la victime qu'un peu plus tard, mon attention avait été encore retenue par le gorille. J'avais suivi l'altération de sa physionomie depuis qu'il était alerté par le bruit, et enregistré un certain nombres de nuances surprenantes : d'abord, la cruauté[28] du chasseur qui guette sa proie et le plaisir fiévreux que lui procure[29] cet exercice ; mais par-dessus tout le caractère humain de son expression. C'était bien là le motif essentiel de mon étonnement : dans la prunelle[30] de cet animal brillait l'étincelle[31] spirituelle que j'avais vainement[32] cherchée chez les hommes de Soror.

*La Planète des singes,* Éd. Julliard, 1963.

1. *faillir :* être sur le point de.
2. *rabatteur :* personne qui fait sortir le gibier des bois et l'oblige à se rabattre vers les chasseurs.
3. *étouffer :* empêcher de se manifester.
4. *l'affût :* endroit où les chasseurs se placent pour attendre le gibier.
5. *guetter :* attendre avec impatience.
6. *gibier :* animaux qu'on chasse pour les manger.
7. *avoir beau :* s'efforcer vainement de.
8. *aisance :* facilité, naturel.
9. *déguiser :* habiller d'une façon qui change complètement l'aspect.
10. *battue :* chasse qu'on pratique en forçant le gibier à sortir des bois.
11. *à carreaux :* avec des carrés servant de motifs décoratifs.
12. *bouffant :* qui prend de l'ampleur, du volume.
13. *mollet :* partie plus grosse de la jambe au-dessous du genou.
14. *guêtre :* morceau de toile ou de cuir qui couvre le haut de la chaussure et une partie de la jambe.
15. *col :* partie d'un vêtement qui entoure le cou.
16. *hideux(se) :* horrible à voir.
17. *en pain de sucre :* de forme allongée.
18. *mâchoires :* os de la tête qui portent les dents.
19. *saillant :* en avancée.
20. *serrer :* tenir fortement, presser.
21. *tressaillir :* ressentir une secousse dans tout le corps.
22. *épauler :* porter un fusil à hauteur d'épaule pour tirer.
23. *débouler :* descendre rapidement.
24. *chevreuil :* animal qui vit dans les forêts, gibier de qualité.
25. *s'effondrer :* tomber à terre, blessé à mort.
26. *convulsion :* contraction violente des muscles.
27. *agonie :* moment de la vie juste avant la mort.
28. *cruauté :* plaisir de faire souffrir.
29. *procurer :* apporter, fournir.
30. *prunelle :* partie centrale de l'œil.
31. *étincelle :* petit éclair, lueur.
32. *vainement :* sans résultat, sans succès.

# L'EUROPE : QUELS ESPOIRS ?

# 12

INFORMATIONS/PRÉPARATION

**L'Europe, comment s'en servir ?**

**Ce qu'ils en pensent.**

PAROLES

**À PRENDRE AVEC DES GANTS :**

**« Il aurait dû prendre des gants ! »**

LECTURES/ÉCRITURES

**L'Europe et la francophonie.**

**Faut-il enseigner les langues vivantes à l'école primaire ?**

SUPPLÉMENT

**FEUILLETON**

**« Un beau coup de filet. »**

**FAITES LE POINT.**

**Quel apprenant êtes-vous ?**

# L'Europe,

*Dans quelques années, l'Europe aura franchi les étapes décisives et aura une existence propre. Elle ne sera peut-être pas encore celle que prévoient les traités car elle aura dû surmonter des intérêts de toutes natures, des peurs, des nationalismes, des susceptibilités. Mais on peut dès maintenant l'imaginer et proposer un mode d'emploi.*

## ÉTUDIER

Commencer par un DEUG[1] à la Sorbonne, passer sa licence à Edimbourg et conclure par une maîtrise[2] à Barcelone, bref, obtenir des diplômes vraiment européens, deviendra possible grâce au programme « Erasmus ». Une idée choc pour une mosaïque de 3 500 universités et grandes écoles, avec 6,5 millions d'étudiants parlant neuf langues. [...] Afin que les langues ne soient pas un obstacle majeur à ce grand brassage de la future élite européenne, les Douze ont adopté l'ambitieux et coûteux projet « Lingua » pour la formation continue des enseignants, des élèves ou encore des ouvriers... « On va vers une concurrence de plus en plus vive entre les meilleures universités d'Europe. »

## S'EMPLOYER

[...] Le bureau d'études Honda de Francfort emploie déjà des stylistes italiens, des analystes britanniques, des spécialistes allemands et japonais. « Le brassage des cadres de différentes provenances se révèle particulièrement efficace dans les domaines créatifs » explique-t-on chez Thomson. Mais l'eurocadre, ce mutant quadrilingue et multiculturel qui a déjà transformé en tours de Babel des entreprises comme Airbus à Toulouse, ou des lieux comme Sophia-Antipolis, sur la Côte d'Azur, reste un oiseau rare... Pendant ce temps, l'Espagne, le Portugal et l'Irlande attirent les investissements des grandes entreprises, ceux de Volkswagen, de Citroën, de Bosch ou de Moulinex. Pour une raison claire : charges sociales comprises, le salaire horaire moyen, pour une base 100 en France, est de 121 en RFA, 72 en Irlande, 55 en Espagne et 23 au Portugal !

### L'INFINITIF

- L'infinitif peut s'employer comme nom.
  **Voyager** sera plus facile.
- L'infinitif peut suivre une préposition.
  Avant de **voyager** / Après **avoir voyagé**.
- L'infinitif peut s'employer après un mot interrogatif.
  Que **faire** ? / Où **aller** ?
- L'infinitif peut s'employer après un verbe principal (cas de la proposition infinitive).
  On peut l'**imaginer**.

### Qu'est-ce qui va changer ?

Lisez le texte silencieusement et complétez les phrases.

*Habiller ses enfants... sera moins cher à Londres.*

1 - Obtenir un diplôme supérieur européen...
2 - Apprendre les langues...
3 - Travailler dans un pays autre que le sien...
4 - Faire des stages dans des entreprises étrangères...
5 - Acheter par correspondance...

### Que faudra-t-il faire avant ou après ?

*Terminer ses études.* ⟶ *Avant de terminer ses études, il*

# comment s'en servir?

## CONSOMMER

Le choix le plus large au prix le plus bas, tel était l'objectif du traité de Rome. Mais un curieux chassé-croisé se prépare : la production se concentre et, en même temps, les 330 millions de consommateurs de Gibraltar à la mer Baltique se subdivisent en une multitude de types sociaux. « Il n'y a pas d'Européens moyens », déclare le chercheur qui a dessiné seize profils d'Européens que l'on retrouve dans quatre-vingts régions fortement caractérisées...

*Le célèbre magasin Harrods (Londres).*

*Ancien arsenal, siège actuel de l'université (Heidelberg).*

On peut cependant dire que l'Européen avisé aura intérêt à habiller ses enfants à Londres, où il n'existe pas de TVA[3] dans ce secteur. Les magnétoscopes y seront aussi moins chers. Il choisira sa voiture en Belgique ou aux Pays-Bas, en réalisant une économie de 10%, et gagnera 40% sur l'appareil photo acheté en Allemagne. Pas de problèmes pour les déplacements : les grands de la vente par correspondance sont prêts, avec des milliers de téléphones, de Minitel et de téléviseurs pour le télé-achat et la vente directe et polyglotte...

1. DEUG : diplôme d'études universitaires générales (obtenu en deux ans).
2. Maîtrise : diplôme universitaire obtenu en fin de 4e année.
3. TVA : taxe sur la valeur ajoutée.



*faudra obtenir des diplômes dans plusieurs universités.* →
*Après avoir terminé ses études, il faudra faire des stages.*

1 - Trouver un travail.
2 - Se fixer dans un pays.
3 - Acheter des produits de consommation.
4 - Fabriquer un produit.

### 3 Quels seront les effets ?

1 - À quoi serviront les projets Erasmus et Lingua ?
2 - Où et comment formera-t-on les eurocadres ?
3 - Comment se réorganiseront les entreprises ?
4 - Quelle révolution s'introduira dans la distribution par correspondance ?
5 - Comment seront redéfinis les marchés ?

### 4 Quels sont les objectifs de l'Europe ?

Utilisez des infinitifs pour les décrire.

*Former des enseignants de langue.*

1 - Dans le domaine des études et de la formation.
2 - Dans le domaine de l'emploi.
3 - Dans le domaine économique.

### 5 Les avantages et les risques.

Quels sont les avantages et quels sont les risques dans les domaines suivants ?

1 - Études.
2 - Emploi.
3 - Production.
4 - Consommation.
5 - Modes de vie.
6 - Valeurs culturelles.

12

# Ce qu'ils en pensent.

*Nous avons interrogé des Français, des jeunes et des moins jeunes, et nous leur avons posé la question : « Que signifie l'Europe pour vous ? »*
*Voici leurs réponses.*



**1** Il ne faut pas trop se faire d'illusions sur la libre circulation des personnes et des biens. Cette mobilité va profiter, comme toujours, aux grosses entreprises qui pourront établir leurs usines dans les pays où les travailleurs sont le moins payés. Ce sera une Europe des patrons, pas des travailleurs... à moins qu'on ne prenne les mesures nécessaires.

**2** Après qu'on aura réalisé l'intégration économique, on pourra unifier les niveaux de vie dans les différents pays et aider les Européens les plus défavorisés. Mais, bien sûr, il faudra du temps avant d'arriver à ce résultat !

**3** Bien qu'il y ait beaucoup d'obstacles à surmonter, j'espère qu'on pourra mettre en commun les ressources des télévisions européennes afin de produire des émissions mieux adaptées à nos cultures que les séries américaines qui ont envahi nos petits écrans !

**4** L'Europe est un marché de 325 millions de consommateurs, plus que les 280 millions en URSS, les 250 millions aux USA et les 130 millions au Japon. Après avoir été longtemps désavantagés, nous devrions pouvoir bientôt lutter à armes égales avec les autres blocs.

**5** Bien que les conditions de travail et de protection sociale soient très différentes actuellement dans les douze pays qui constituent l'Europe, on pourra peut-être arriver à une harmonisation. Alors, l'Europe serait une chance pour les pays les moins avancés socialement.

**6** Moi, je ne suis pas tellement optimiste. L'Europe existe bien sur le papier et dans des institutions, mais il faudra encore de nombreuses années avant qu'elle existe dans les faits, avant qu'on puisse traverser librement les frontières nationales, qu'on choisisse réellement son lieu de travail et de résidence, que les nationalismes reculent...

**7** L'idée européenne existe depuis cinquante ans, mais il faut lui donner un demi-siècle encore pour qu'elle aboutisse vraiment. Malgré les refus et les obstacles, l'Europe se fera.

## 6 Quelle est leur préoccupation principale ?

Écoutez, lisez et choisissez le thème de chacun des témoignages parmi les propositions ci-dessous.

1 - L'Europe de la liberté de mouvement et du travail n'est pas pour demain.
2 - On produira des émissions de télévision européennes.
3 - Même s'il faut encore longtemps, l'Europe se construira.
4 - On arrivera à unifier les niveaux de vie en Europe.
5 - Le marché européen aura une taille supérieure aux autres dans le monde.
6 - Les conditions sociales seront harmonisées.
7 - La mobilité des travailleurs va profiter surtout aux grandes entreprises.

### LES CONJONCTIONS SUIVIES DU SUBJONCTIF

- Conjonctions de **temps**

  ... **avant que / jusqu'à ce que** l'Europe se fasse.

- Conjonctions de **but**

  ... **pour que / afin que** l'idée aboutisse.

- Conjonctions de **concession**

  ... **bien que / quoiqu'**il y ait beaucoup d'obstacles.

- Conjonctions de **condition**

  ... **à moins qu'**on ne prenne des mesures.
  ... **à condition qu'**on le veuille vraiment.

## 7 Qu'est-ce qui les préoccupe ?

Faites la liste des aspects considérés par les gens comme positifs, puis celle de leurs inquiétudes.

## 8 Que faudra-t-il faire avant d'y arriver ?

1 - ... avant d'avoir une Europe des travailleurs ?
2 - ... avant d'unifier le niveau de vie des gens dans les douze pays ?
3 - ... avant de produire de bonnes émissions de télévision ?
4 - ... avant de faire vraiment aboutir l'idée européenne ?

## 9 Il faudra des années pour que ça se réalise !

Regroupez les deux phrases.

*Il y a beaucoup d'obstacles. On mettra les ressources en commun.*
⟶ *Bien qu'il y ait beaucoup d'obstacles, on mettra les ressources en commun.*

1 - Les conditions de travail sont différentes. On les harmonisera.
2 - Il faudra beaucoup de temps. L'idée aboutira.
3 - La mobilité profitera aux grosses entreprises. On prendra des mesures.
4 - Il faudra changer bien des attitudes. L'Europe se fera.
5 - Bien des mesures devront être prises. Il n'y aura plus de frontières.

## 10 Il y a bien des conditions !

Complétez les phrases suivantes avec des conjonctions.

1 - . . . . . on ne prenne les mesures nécessaires, les avantages iront aux patrons.
2 - . . . . . on réalise l'intégration économique, on pourra élever le niveau de vie des plus défavorisés.
3 - . . . . . on puisse limiter le nombre des séries américaines diffusées en Europe, il faudra mettre les ressources des différentes télévisions en commun.
4 - L'Europe sera économiquement désavantagée . . . . . le grand marché européen soit constitué.
5 - . . . . . un véritable progrès social se réalise, il faut harmoniser les conditions de travail.
6 - . . . . . l'Europe se fasse, il faudra du temps.

## 11 Quels sont leurs espoirs et leurs problèmes ?

Écoutez quatre nouveaux témoignages et prenez des notes.

## 12 Comment voyez-vous les choses ?

Soutenez le point de vue opposé de celui d'un(e) autre étudiant(e) sur les chances de l'Europe.

– *Les Européens sont trop différents pour pouvoir s'entendre !*
– *Tu as tort. Leur intérêt commun sera plus fort que leurs différences.*

IL AURAIT DÛ PRENDRE DES GANTS !

ALLÉE DE TOURNY, BORDEAUX.

12

NORBERT, MONSIEUR LE COMMISSAIRE VOUDRAIT SAVOIR OÙ J'ÉTAIS LE SOIR DU SAMEDI 15 MAI.

MAIS ICI, MADAME. JE VOUS AI SERVI VOTRE REPAS À 8h, COMME D'HABITUDE. VOUS AVEZ LU DANS LE GRAND SALON JUSQU'À 11h.

C'ÉTAIT LE SOIR DE L'ANNIVERSAIRE DE MONSIEUR CHARLES. MADEMOISELLE SOPHIE ÉTAIT ABSENTE.

OUI... JE M'EN SOUVIENS. MERCI, NORBERT.

JE RAPPORTE UNE AUTRE CUILLÈRE.
NON, NON. ÇA VA !

QUELQUES JOURS PLUS TARD...
C'EST LE MAJORDOME.
MAIS NON, C'EST LA FEMME.
UN CRIME PASSIONNEL

BRAVO, BERTHIER. MAIS, DITES-MOI, QUAND AVEZ-VOUS COMMENCÉ À SOUPÇONNER NORBERT ?

J'AI SENTI ENTRE LUI ET MARIE-ANNE BEAULIEU UNE COMPLICITÉ QUI ALLAIT AU-DELÀ DU SIMPLE RAPPORT MAÎTRE-SERVITEUR. NORBERT FAIT PARTIE DE CES DOMESTIQUES QUI SE DÉVOUERAIENT CORPS ET ÂME POUR LEUR MAÎTRE.

12

CHACUN CONFIRMANT L'ALIBI DE L'AUTRE. C'ÉTAIT IMPARABLE.

OUI, ET C'EST CE QUI LES A PERDUS. NORBERT A RÉSERVÉ UNE PLACE SUR LE TRAIN DE 13h50, LE SAMEDI 15 MAI. UN CONTRÔLEUR L'A FORMELLEMENT RECONNU.

IL NE POUVAIT DONC PAS SERVIR LE DÎNER DE MADAME BEAULIEU À 8h DU SOIR.
VOUS N'AVEZ PAS DE PREUVES CONCRÈTES CONTRE MADAME BEAULIEU ?

NON, MAIS IL Y A DE FORTES PRÉSOMPTIONS. ET DE TOUTE FAÇON, ELLE S'EST RENDUE COMPLICE PAR SON FAUX TÉMOIGNAGE.

UN BEAU PROCÈS EN PERSPECTIVE. PAS MAL VOTRE IDÉE DE LA PETITE CUILLÈRE.
J'AI EU DE LA CHANCE. C'EST LA SEULE FOIS QU'IL NE PORTAIT PAS DE GANTS.

IL N'EN PORTAIT PAS NON PLUS LE JOUR OÙ IL A TUÉ BEAULIEU ?
NON. LES MALFAITEURS QUI ATTAQUENT LES PASSANTS DANS LA RUE EN PORTENT RAREMENT. IL VOULAIT FAIRE CROIRE À UN CRIME CRAPULEUX.
FIN

## (1) Qu'est-ce qui se passe ?

1 - Que fait le commissaire sur la 16e vignette de la BD ?
2 - Regardez le dessin et dites ce que vous comprenez.
3 - Que se passe-t-il dans cet épisode ?

12

## (2) Qu'est-ce qu'il voudrait savoir ?

Écoutez la conversation chez Marie-Anne Beaulieu et dites ce que le commissaire Berthier voudrait savoir au sujet :

1 - du coup de téléphone de Fabrice Beaulieu à sa femme ;
2 - du testament ;
3 - de l'alibi de Marie-Anne Beaulieu ;
4 - de l'homme de confiance.

## (3) Qu'est-ce que vous en pensez ?

1 - Pourquoi Marie-Anne Beaulieu n'a-t-elle pas dit à la police qu'elle savait que son mari était de retour ?
2 - Pourquoi Fabrice Beaulieu a-t-il téléphoné à sa femme après dix ans d'absence ?
3 - Pourquoi Marie-Anne Beaulieu n'en a-t-elle pas parlé à sa fille ?
4 - Pourquoi Marie-Anne Beaulieu et Norbert se souviennent-ils si bien de la nuit du 15 mai ?
5 - Pourquoi le commissaire prend-il la petite cuillère ?

| LE FUTUR DANS LE PASSÉ (conditionnel) | |
|---|---|
| Verbe au passé | Conditionnel |
| Elle a dit / disait / avait dit | qu'elle en **parlerait** |

## (4) Qu'est-ce qu'ils croyaient ?

Transposez dans le passé.

*Marie-Anne Beaulieu pense que Berthier croira à son alibi.* →
*Marie-Anne Beaulieu pensait que Berthier croirait à son alibi.*

1 - M.-A. Beaulieu pense que Berthier soupçonnera Xavier Imbert.
2 - M.-A. Beaulieu croit qu'il ne peut rien lui arriver.
3 - Norbert sait qu'on interrogera madame Beaulieu.
4 - Norbert pense qu'il lui fournira un bon alibi.
5 - Berthier sait que Norbert finira par laisser ses empreintes.
6 - Berthier sait que les empreintes serviront de preuve.

## (5) Quels sont les coupables possibles ?

Faites le point avec un(e) autre étudiant(e) en envisageant chacune des possibilités. Trouvez des objections aux hypothèses de votre partenaire.

| L'ACCORD + LA RESTRICTION et LE DÉSACCORD + L'OBJECTION |
|---|
| Vous avez peut-être raison, mais ça n'explique pas tout. |
| Oui, les choses se sont peut-être passées comme ça, mais... |
| Oui, je vois, mais... |
| Je ne vois pas les choses tout à fait comme ça parce que... |
| Ce n'est pas tout à fait exact. Je crois que... |

## 6 Comment a-t-il trouvé ?

Écoutez la conversation entre le directeur de la police et le commissaire Berthier.

1 - À quoi a servi la petite cuillère ?
2 - Pourquoi Norbert ne portait-il pas de gants le soir du 15 mai ?
3 - Qu'est-ce qui a permis au commissaire de découvrir la vérité ?
4 - Qui avait menti au sujet de l'alibi de madame Beaulieu ?
5 - Norbert est-il le seul coupable ?
6 - Pourquoi le commissaire Berthier a-t-il soupçonné Norbert ?

## 7 Qu'a-t-il fait ce soir-là ?

Retracez l'emploi du temps de Norbert le 15 mai.

## 8 Retrouvez dans les conversations comment...

1 - on essaie de se justifier ;
2 - on exprime sa sympathie à quelqu'un ;
3 - on félicite ;
4 - on exprime son appréciation.

## 9 À vous d'expliquer !

1 - Pourquoi Marie-Anne Beaulieu n'a-t-elle pas parlé du testament ?
2 - Quelles sont les preuves qui vont permettre d'accuser Norbert d'assassinat ?
3 - Quelles étaient, d'après vous, les mobiles de Norbert ?
4 - Pourquoi l'histoire a-t-elle pour titre « À prendre avec des gants » ? Donnez plus d'une explication.

## 10 Jeu de rôle.

Vous êtes journaliste et vous interviewez le commissaire Berthier pour connaître le déroulement de l'enquête depuis la découverte du corps de Jean Lescure jusqu'à l'arrestation de Norbert. Jouez la scène avec un(e) autre étudiant(e).

## 11 Qu'est-ce qu'ils peuvent se dire ?

Faites tous les dialogues que vous inspire le dessin. Puis jouez-les avec un(e) autre étudiant(e).

*– C'est à cette heure-là que vous arrivez ?*
*– Alors, encore en retard...*
*– Vous avez vu l'heure ?...*

12

## 12 Jeu de rôle.

Vous êtes « européen ». Vous avez un entretien avec le chef du personnel d'une entreprise française. Il veut savoir combien de langues vous parlez, quelles études vous avez faites, où vous avez déjà travaillé, pourquoi vous avez choisi la France pour y travailler, pourquoi vous désirez travailler dans son entreprise, etc.

12

*Nos derniers articles sur l'Europe nous ont valu un volumineux courrier de la part de ceux qui s'inquiètent de l'avenir de la francophonie. Il nous a donc semblé nécessaire de consacrer notre éditorial et plusieurs articles de ce numéro à ces questions.*

***Europe, en avant toute !*** Le vaisseau Europe accélère sa progression. La grande échéance est proche. Naturellement, des craintes s'expriment. La cohésion nationale, le sens de la patrie, le patrimoine culturel, la langue même sont menacés ! Notre identité risque de se diluer dans celle d'un super-État ! Que répondre à ceux qui, à l'extérieur, nous ont fait confiance, ont adopté notre langue et se tournent vers la France pour y trouver inspiration et soutien ?
D'abord que l'Europe ne sera pas nécessairement un facteur réducteur. Les cultures européennes sont toutes millénaires. Elles se sont souvent heurtées les unes aux autres sans jamais se détruire. Une culture forte s'enrichit le plus souvent des apports extérieurs et les intègre pour son profit.
Ensuite, l'Europe de demain risque de donner plus de prestige aux réalisations françaises.
Elle proposera des débouchés décuplés et elle offrira à chacun des pays membres des ressources

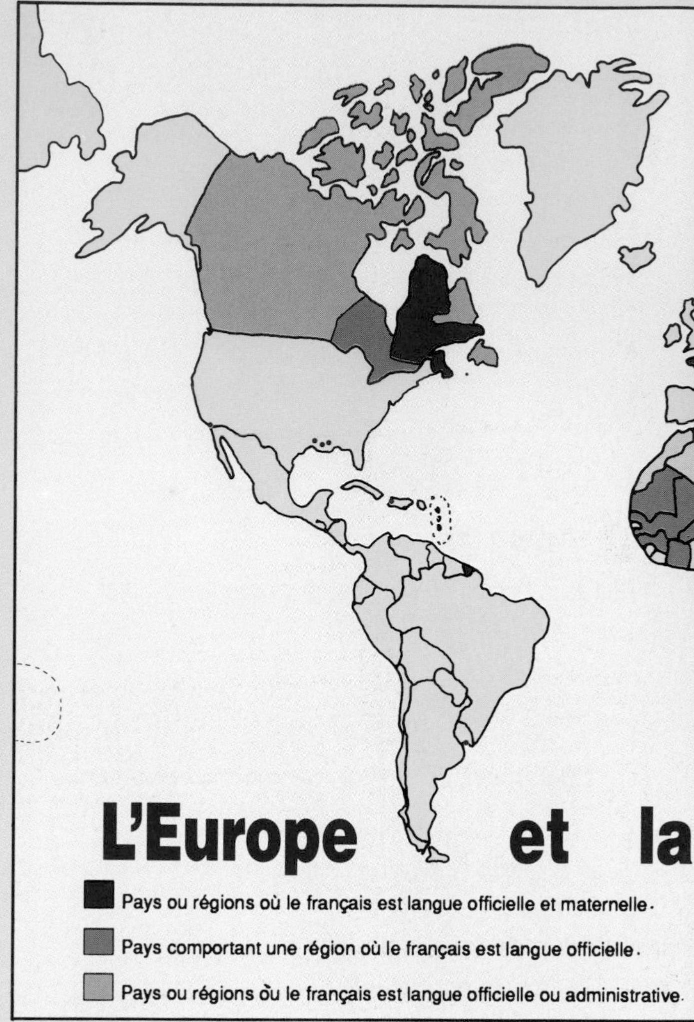


*Carte produite par l'Institut géographique national (France) à la demande du ministère chargé de la francophonie.*

## 1 Que savez-vous de la francophonie ?

1 - Pouvez-vous citer des pays où le français est la langue maternelle ou la langue officielle ?
2 - Où se situent ces pays ?
3 - Dans quelle région du monde sont-ils les plus nombreux ?
4 - Pourquoi ces pays ont-ils le français comme langue ?
5 - Que peuvent craindre ces pays si la France s'intègre complètement à l'Europe ?

## 2 De quoi s'agit-il ?

Lisez le texte, notez les idées principales et les articulations et répondez aux questions.

1 - De quoi traite le texte ?
2 - À qui s'adresse-t-il ?
3 - Quelles sont les intentions de l'auteur, le message qu'il veut faire passer ?
4 - De quel type de texte s'agit-il ? Descriptif, narratif, argumentatif, prescriptif ?

## 3 À qui ou à quoi ces mots se réfèrent-ils ?

1 - « des craintes s'expriment ». Qui les exprime ?
2 - À qui se réfère « notre » ? *(6e ligne)*
3 - Quels sont « ceux qui nous ont fait confiance » ?
4 - « L'Europe ne sera pas nécessairement un facteur réducteur ». Pour qui ?
5 - « une culture forte ». De quelle culture s'agit-il ?
6 - Qui sera le « on » de la phrase ? *(5e ligne de la 2e colonne)*
7 - « Il » désigne-t-il seulement l'écrivain congolais ?

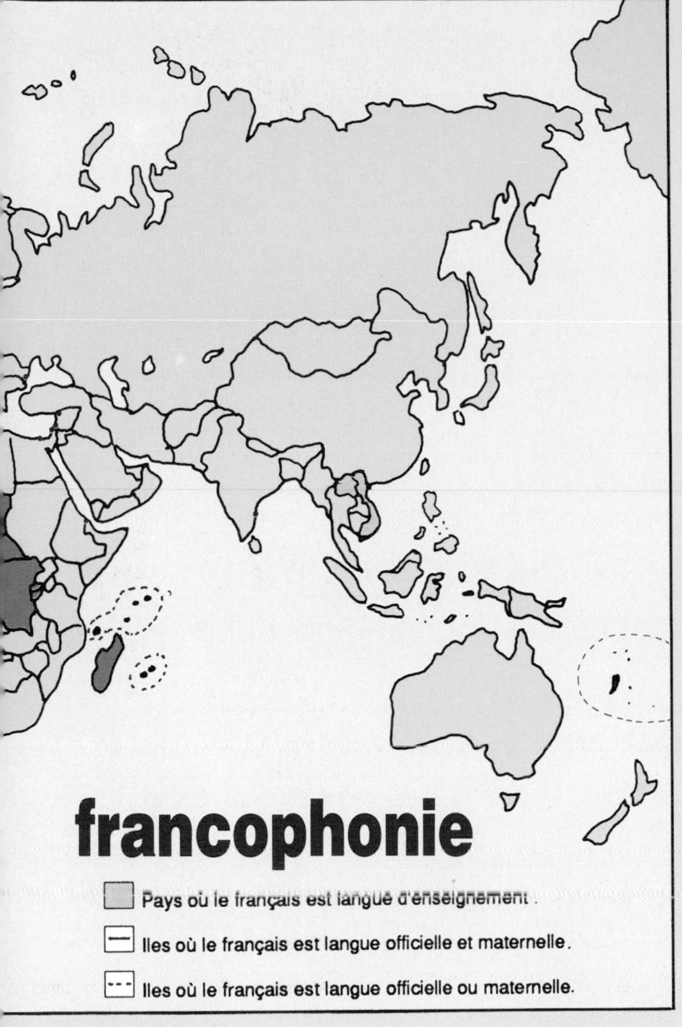


plus importantes qui permettront d'innover aussi bien dans la recherche que dans l'industrie et les arts. Déjà la fusée *Ariane* et l'*Airbus* illustrent les possibilités futures. Et, en chemin, on ne manquera pas de s'apercevoir que l'identité européenne peut certainement mieux s'exprimer dans d'autres langues que l'anglais. N'y aura-t-il pas trois pays de la communauté à utiliser le français ? Ceux « qui nous ont fait confiance » pourront alors puiser à des sources renouvelées, trouver chez nous de meilleures universités, des équipes de techniciens plus performantes. Ils pourront sans doute accéder plus facilement aux ressources qui leur font défaut. Les mutations qui s'opèrent ne se feront pas à leur désavantage. Enfin, la francophonie a d'autres atouts que la France. Le Québec s'est affirmé comme son représentant américain le plus actif et le plus compétent. Mais, avant tout, les francophones doivent compter sur eux-mêmes. La langue n'est que l'écho de la volonté et de la créativité de ceux qui la parlent. Un écrivain congolais disait récemment : « Je n'écris pas français, j'écris en français » pour explorer et donner forme à des modes de vie et de culture distinctes de celles de la France. Et c'est bien le meilleur usage qu'il puisse faire de notre langue commune et la meilleure manière de façonner l'identité et l'avenir de son pays.



### 4 Comment est organisé ce texte ?

Faites la liste des problèmes exprimés. Complétez le tableau.

| | |
|---|---|
| **Problèmes/ craintes [C]** | La communauté francophone a des craintes.<br>C 1:.......... C 2:..........<br>C 3:.......... C 4:.......... |
| **Arguments en réponse [R]** | R 1 (répond à C3) : ................<br>R 2 (va plus loin) ................<br>R 3 (répond à C 4) : .............. |
| **Conséquences** | Les pays francophones tireront des avantages de la nouvelle situation. |
| **Atouts [A] supplémentaires** | A 1 : ...........................<br>A 2 : ........................... |
| **Conclusion (implicite)** | Les pays francophones n'ont rien à craindre. |

### 5 Comment les faits et les arguments sont-ils présentés ?

1 - Comment le lecteur est-il guidé dans sa lecture ? Relevez les mots qui articulent et orientent la lecture.

2 - L'auteur semble-t-il toujours certain de ce qu'il avance ? Quels mots et quelles tournures signalent ses hypothèses ?

3 - Est-ce que la conclusion est explicitée ? Vers quelle conclusion personnelle oriente-t-il le lecteur ?

4 - Quelle est la fonction de ce texte : informer, inquiéter, expliquer, rassurer... ?

### 6 Et vous ?

1 - Croyez-vous que l'Europe va nuire à l'identité et à la langue françaises ? Que diriez-vous aux pessimistes ?

2 - Croyez-vous qu'on puisse partager une langue avec d'autres peuples et cependant l'utiliser pour affirmer son identité culturelle ? Donnez des exemples.

12 LANGUES

# Faut-il enseigner les langues vivantes à l'école primaire ?

**Langues vivantes pour tous!**
Qui les enseignera au primaire ?

**Priorité aux langues vivantes!**
*On demande bénévoles pour enseigner les langues au primaire !*

**Les langues vivantes au primaire**
L'intention est bonne mais qui paiera ?

**Un grand projet pour les langues**
***Elles seront enseignées à l'école primaire dès la rentrée.***

**Les langues vivantes dès le primaire!**

**L'UTILITÉ DES LANGUES ENFIN RECONNUE!**
**On les enseignera dès l'école primaire.**

**Il n'est jamais trop tôt...**
*Les langues vivantes entrent au primaire.*

**Nos enfants parleront européen!**
*On leur enseignera les langues de nos voisins dès l'âge de huit ans.*

Vous êtes conseiller près du ministère de l'Éducation de votre pays. On vous demande de rédiger un rapport sur l'enseignement des langues au niveau primaire.

## 1 Quel est l'état du problème ?

**Cas n° 1 :** Les langues vivantes sont déjà enseignées au niveau du primaire.

1 - Où ? Par qui ?
Cet enseignement est-il généralisé ?
2 - Quelles langues ?
3 - Dans quelles conditions ?
Pendant combien de temps ?
4 - Avec quel programme et quels documents ?
5 - Avec quels résultats ? Etc.
6 - Quelle est l'attitude des maîtres et celle des parents ?

**Cas n° 2 :** Les langues vivantes ne sont pas enseignées au primaire.

**1 -** Les enseignants ont-ils une opinion ?

**2 -** Que souhaitent les parents d'élèves ?

**3 -** Quelles langues enseigner ?

**4 -** L'opinion est-elle sensibilisée au problème ?

**5 -** Quels sont les arguments techniques (âge optimal de début pour l'apprentissage d'une langue, maîtres formés, possibilités horaires...) ?

**6 -** Quels sont les avantages et les inconvénients : pour les enfants, pour les écoles, pour le ministère, etc. ?

**7 -** Quels seraient les objectifs à atteindre ?

**2** Vous confronterez ensuite vos idées à celles des autres membres du groupe et vous prendrez des notes en vue de la rédaction de votre rapport.

*Extrait de « Les Bidochon en voyage organisé » de Binet (page 16), Éd. Audie / Fluide glacial.*

FEUILLETON

# UN BEAU COUP DE FILET

## CHAPITRE 12

Arielle et Patrice étaient désespérés. Plus de statuette, ça voulait dire plus de preuve, donc la prison. Deux Bombeka s'approchèrent d'eux... en bicyclette.
— Qu'est-ce que c'est que ça ?
— Des vélos.
— Ils datent de la guerre de 14 !

Non. Ils n'étaient pas si vieux. Disons qu'ils avaient un peu souffert de l'humidité et de la chaleur... Ils appartenaient au professeur Barbier et à sa fille.

— Prenez-les, dit le chef, moi je vais aller prévenir la police.
— Mais nous n'arriverons jamais chez Vandame en deux jours sur ces vieux vélos. Il y a plus de cent kilomètres.
— Allez... Malinka veille sur vous.
— C'est notre seule chance, Arielle. Il faut la tenter... à moins que vous n'ayez une meilleure idée.

Arielle pédalait derrière Patrice. À sa grande surprise tout lui paraissait facile. Elle n'avait ni chaud, ni soif. Les hautes herbes et les lianes semblaient s'écarter sur leur passage. « Je divague, pensa-t-elle, il faut que je parle. »

— Patrice, pourquoi avez-vous emporté ce filet ? Vous avez l'intention d'attraper un papillon rare ?
— J'en ai déjà attrapé un... Vous voulez vous arrêter ? Vous êtes fatiguée ?
— Non, je suis en pleine forme, mais... Patrice ?
– Oui.
— C'est là que j'ai sauté de la voiture des deux tueurs. Nous ne sommes qu'à quelques kilomètres de la propriété de Vandame. Ce n'est pas possible !
— Pourquoi pas ?
— Nous sommes partis il y a quelques heures. Nous n'avons pas pu faire cent kilomètres.
— Vous avez entendu le chef ? Malinka veille sur nous...
— Pfff... Vandame doit remettre cette statuette ce soir ou demain matin à Loroumé. C'est à mille kilomètres d'ici. Qu'est-ce que vous feriez si vous étiez à sa place ?
— Moi, je prendrais l'avion.
— Bien sûr, l'avion ! On a longé un terrain d'aviation privé quand on est sortis de la propriété. Allons-y.

Arielle et Patrice arrivèrent près du terrain. Tout semblait calme. Sauter la grille fut un jeu d'enfant. Ils allèrent se cacher derrière le hangar. Ils attendirent plus d'une heure. Toujours rien.

— On s'est trompés. Vandame a trouvé un moyen pour faire passer la statuette. La police va arriver, il vaut mieux filer.
— Attendez. Regardez les trois hommes là-bas.
— Vandame et ses deux fidèles tueurs !

Vandame était au milieu de la piste. Les deux hommes s'approchèrent du hangar et sortirent un petit avion à hélice. Vandame monta le premier. Les autres le suivirent. Au loin on entendit les sirènes de la police. Le moteur ronfla, l'hélice commença à tourner. Patrice bondit et lança le filet sur l'hélice qui se bloqua. Le moteur toussa, puis s'arrêta. Les hommes de Vandame descendirent, le revolver au poing. Trop tard ! La police était là.

Quelques heures plus tard, au commissariat :
— Toutes mes félicitations, mademoiselle Barbier, et sans rancune... À vous aussi, monsieur Leconte. Euh !... Excusez-moi, je n'ai pas bien compris quelle était votre profession !
— Monsieur Leconte collectionne les papillons.

Patrice s'approcha d'elle en souriant.

# Quel apprenant êtes-vous ?

*Construisez votre profil d'apprenant en tenant compte des critères ci-dessous.*

### Organisation de votre travail

- Temps que vous consacrez au français.
- Périodicité et régularité.
- Fixation d'objectifs à court et moyen terme.
- Révisions et reprises régulières.
- Outils de référence disponibles (dictionnaire, grammaire...).
- Tenue d'un journal personnel pour noter expériences et problèmes.

### Participation

- **En classe**
  - Demander des explications.
  - Répondre mentalement à toutes les questions posées.
  - Anticiper et intervenir spontanément.
- **En dehors de la classe**
  - Poser des questions au professeur.
  - Étudier seul ou travailler avec un(e) autre étudiant(e).

### Systématisation des connaissances

- Chercher les règles qui regroupent et résument les connaissances (questionnement, dérivation...).
- Noter soigneusement les « exceptions » (genre des noms...).
- Accorder une attention particulière aux formes et aux emplois différents de ceux de la langue maternelle.
- Noter des exemples de grammaire, regrouper le vocabulaire.

### Prise de risques

- Essayer des approches et des stratégies différentes (en lecture...).
- Accepter de faire des fautes.
- Tolérer une certaine ambiguïté temporaire.
- Faire avec ce qu'on sait (paraphraser, essayer de tourner les difficultés...).
- Utiliser des stratégies conversationnelles pour gagner du temps, relancer la conversation...
- Demander de l'aide si nécessaire.

### Créativité

- Observer les analogies, les différences, et faire des hypothèses à partir de ce qu'on connaît.
- Essayer de découvrir par soi-même les règles de fonctionnement.
- Anticiper (structures, sens, fonctionnement...).
- Rechercher activement idées et moyens nouveaux.

### Évaluation et désir d'autonomie

- Se fixer des objectifs et s'évaluer régulièrement.
- Définir ses propres critères d'évaluation.
- Chercher la cause de ses erreurs et essayer d'y remédier.
- Se prendre en charge.

### Recherche du contact

- Avoir le désir de s'informer sur les gens et les pays dont on apprend la langue.
- Essayer de lire des journaux, d'écouter la radio, de regarder des programmes de télévision, de voir des films dans la langue étrangère.
- Chercher un correspondant régulier.
- Partir en voyage de découverte...

*Quel profil d'apprenant croyez-vous avoir ?*

**Êtes-vous plutôt**

| globaliste | analytique |
|---|---|
| Vous voyez l'ensemble. | Vous avez le souci du détail. |
| Vous prenez des risques. | Vous restez prudent(e). |
| Vous avez le goût du changement. | Vous préférez la stabilité. |
| Vous tolérez le flou. | Vous recherchez la perfection. |
| Vous êtes plutôt impulsif/-ive. | Vous êtes plutôt réfléchi(e). |
| Vous êtes indépendant(e). | Vous avez besoin d'être guidé(e). |

*Quels sont vos projets pour perfectionner votre connaissance du français ?*

# Transcription des enregistrements
## *dont le texte ne figure pas dans les dossiers.*

### DOSSIER 1 *Exercice 1* p. 8

1 *David Hallyday* – Il a les cheveux châtains assez longs, les traits réguliers.

3 *Grace de Monaco* – Elle a des cheveux blonds tirés en arrière, des yeux bleus, un visage assez rond.

5 *Anthony Delon* – Il est brun. Il a de grands yeux, une bouche et des sourcils épais.

6 *Stéphanie de Monaco* – Elle a des cheveux bruns courts, les yeux bleus, la bouche épaisse. Elle a la main droite sous le menton.

8 *Alain Delon* – Il est brun. Il a les yeux bleus. Il a le front plissé et les traits marqués.

9 *Sylvie Vartan* – Elle a de longs cheveux blonds, les yeux marron, le menton carré. Elle a l'air triste.

### *Exercice 10* p. 11

1 - C'est celui qui porte un pull-over, une chemise à col ouvert et un pantalon blanc. Il a la main posée sur l'épaule de la jeune fille.

2 - C'est celle qui a la jupe à carreaux et les chaussures noires à talons hauts. Elle se tient bien droite, les bras croisés. Elle lève la tête pour regarder son ami. Ses cheveux sont frisés. Elle n'est pas très grande.

3 - Il a une veste blanche et des chaussures plates. Il porte des lunettes et il n'a pas beaucoup de cheveux.

4 - Elle a une robe à fleurs sous sa veste. Elle porte son sac en bandoulière. Elle est coiffée d'un chignon.

### *Activités* p. 21

1 – Ah ! Caroline, tu t'es fait couper les cheveux. C'est incroyable ce que ça te rajeunit !
– Justement, tu ne trouves pas que ça fait un peu trop jeune ?
– Mais non, au contraire. On va prendre ta fille pour ta petite sœur.

2 – Bonjour, Nathalie. Tu as vu, j'ai acheté une nouvelle robe.
– Ah oui ! c'est vrai... Elle est très jolie... Tu ne l'as pas payée très cher ?
– Euh... non, pourquoi ?

3 – Qu'est-ce qu'il est bien ton blouson !
– Tu trouves ? C'est mon frère qui me l'a prêté.
– Surtout, ne le lui rend pas, il est vraiment super !

4 – Mademoiselle, j'aime beaucoup la couleur de votre pull-over. Il fait ressortir vos yeux.
– Je ne vois pas pourquoi. Il est bleu et j'ai les yeux marron.
– C'est-à-dire... euh, le marron et le bleu sont des couleurs qui vont très bien ensemble.

### DOSSIER 2 *Exercice 4* p. 25

1 – Vous ne pouvez pas faire attention, non ?
– Oh, je suis désolé, je ne l'ai pas fait exprès.
– Heureusement que vous ne l'avez pas fait exprès !
– Je vais descendre à la prochaine station.
– C'est ça, descendez !

2 – Pouvez-vous baisser le volume de votre « walkman » (baladeur) ?
– Mais, monsieur, un « walkman », ça ne gêne personne !
– Mais si. Le vôtre est mal réglé. On entend tout dans la pièce.
– Eh bien, tant pis ! Changez de pièce.

3 – Vous ne pouvez pas vous garer ici, monsieur.
– Monsieur, je me gare où je veux. Et je n'ai pas le temps.
– Vous voyez bien le signe d'interdiction. C'est une sortie de voitures.
– Monsieur, je n'ai pas de temps à perdre.
– Eh bien j'appelle la police.
– Appelez qui vous voulez. Vous n'allez pas me donner de leçons, non ?

### *Exercice 9* p. 26

1 - S'il n'aime pas le café sucré, il doit le refuser.
2 - S'il n'aime pas le café sucré, il doit y avoir du thé.
3 - Tu t'es mis en colère : tu dois t'excuser.
4 - Tu t'es mis en colère : tu devais en avoir assez !
5 - Tu lui as promis de l'aider. Tu as dû oublier que tu as un examen ce jour-là.
6 - Tu lui as promis de l'aider. Tu dois y aller.

### DOSSIER 3 *Exercice 1* p. 40

1 - Son travail est passionnant et exige beaucoup de sens artistique, d'imagination et un solide sens des relations humaines. Il fait un métier difficile. Il doit diriger des acteurs et aussi toute une équipe de techniciens (cameraman, preneur de son, éclairagiste, habilleuse...).

2 - Elle adore son métier car elle aime créer. Il lui faut beaucoup d'imagination et de connaissances techniques. Elle doit essayer de savoir quels sont les goûts et les besoins de ses clients. Elle doit coordonner le travail de nombreuses équipes et surveiller des travaux de construction.

3 - Il a fait de longues études et il a déjà une longue expérience. Il agit avec une grande précision et il a un grand sens des responsabilités. La vie de ses malades est entre ses mains quand il les opère.

4 - Elle a le sens des relations publiques. Elle sait gérer un budget multimédia : télé, radio, presse. Il faut qu'elle soit très créative et qu'elle ait un sens artistique développé pour concevoir des opérations de promotion, des brochures et des émissions d'information.

5 - Elle doit accompagner des groupes dans des pays lointains. Pour cela le sens de l'organisation, des responsabilités et des relations humaines est indispensable. Il faut aussi qu'elle connaisse des langues étrangères et qu'elle aime voyager.

6 - Il aime beaucoup lire. Il reste des heures assis à sa table de travail. Il passe plusieurs heures par jour à écrire. Il voit des gens et il voyage car il doit s'informer sur ce qui se passe autour de lui. Il a beaucoup d'imagination et de sens critique.

### *Exercice 6* p. 41

**Le conseiller d'orientation** – *Bonjour, vous êtes bien Michel Dupuis, n'est-ce pas ?*
**Michel Dupuis** – Oui, c'est moi.
– *Vous allez avoir 18 ans, vous venez de passer un bac B, et vous cherchez un emploi ?*

- C'est bien ça... et j'ai fait un stage d'un mois dans une agence de publicité l'été dernier.
- *Vous n'avez pas l'intention d'aller à l'université ?*
- Je ne sais pas... Peut-être plus tard.
- *Hum... Je vois. Qu'est-ce que vous voulez faire ?*
- J'ai envie de voyager, de rencontrer des gens intéressants et de bien gagner ma vie, bien sûr.
- *Je comprends, mais on ne va pas vous envoyer à l'étranger tout de suite, et on ne gagne pas une fortune quand on débute. Il faut que vous ayez une meilleure formation et que vous fassiez d'abord vos preuves dans une entreprise.*
- Oui, bien sûr. Mais je n'aimerais pas rester trop longtemps au même endroit. J'aime le changement.
- *Il va vous falloir de la patience et du courage aussi. C'est dur de commencer au bas de l'échelle. Vous allez devoir travailler la journée et étudier le soir. Ce n'est pas toujours facile !*
- Je ferais de mon mieux. De toute façon je veux m'en sortir.
- *Bon, je vais voir ce que je peux faire pour vous. Je prends contact avec vous si j'ai quelque chose à vous proposer. D'accord ?*
- Merci... J'espère que ça ne va pas être trop long.

### *Exercice 8* p. 47

1 - Les empreintes, on ne les a pas effacées.
2 - Le voleur a tué sa victime.
3 - La petite fille, des gens l'ont vue.
4 - Les numéros, vous les avez vérifiés ?
5 - Ils ont retrouvé les papiers.
6 - Ces rapports, vous les avez finis ?

### *Exercice 9* p. 47

1 - Les photos, où les avez-vous trouvées ?
2 - Il n'a pas laissé ses empreintes.
3 - Ses voisins, vous les avez interrogés ?
4 - La robe de mariée, où l'ont-ils achetée ?
5 - Il les a obtenus facilement, ses papiers.

## DOSSIER 4 *Exercice 5* p. 57

1 - *Bonjour Éric. C'est vous qui avez eu l'idée de ce voyage ?*
- Oui, c'est moi. J'adore les grands voyages et les tractions.
- *Vous croyez que vous pourrez faire 50 000 kilomètres avec ces deux voitures ?*
- Certainement. Mon autre passion, c'est la mécanique. Je réparerai les voitures s'il y a des problèmes.
- *Et les pièces de rechange ?*
- On en emporte pas mal, et puis on verra sur place !

2 - *Et vous Luc, vous quittez votre journal pour vous lancer dans l'aventure ?*
- Oui. C'est ça aussi, le journalisme.
- *Vous pourrez écrire pendant le voyage ?*
- Je ne ferai que ça. J'observerai, je me documenterai, je parlerai aux gens et j'écrirai. C'est la vie rêvée !

3 - *Thierry, vous êtes instituteur. C'est l'aventure que vous enseignez aux enfants ?*
- Pourquoi pas ? On ne peut pas faire que du calcul ! Il faut faire fonctionner son imagination.
- *Quel sera votre rôle dans l'équipe ?*
- Je prendrai des photos, je m'occuperai du matériel vidéo et j'aiderai Luc à préparer ses reportages.
- *Vous apprendrez la mécanique ?*
- Non. Ça, c'est l'affaire d'Éric.

### *Exercice 9* p. 59

1 - Tu as déjà pensé à tes prochaines vacances ?
- Bien sûr. Ça se prépare longtemps à l'avance.
- Qu'est-ce que tu vas faire cette année ?
- J'irai faire de l'escalade dans les Alpes.
- Tu iras seul(e) ?
- Mais non, avec un groupe du club.

2 - Où est-ce que tu iras l'été prochain ?
- J'irai faire du « rafting » dans les Pyrénées.
- Le « rafting » ? Qu'est-ce que c'est ?
- Tu descends un torrent sur une sorte de bateau plat en caoutchouc. Et, je t'assure, ça va vite !
- Tu es complètement folle ! Tu n'as rien trouvé de mieux pour te casser le cou !

3 - Tu feras du deltaplane à Pâques ?
- Oh, non. Il y a mieux maintenant ?
- Ah, et quoi donc ?
- Le parapente.

## FAITES LE POINT. *Exercice 2* p. 70

1 - Il a environ 40 ans. Il porte souvent un jean et un blouson de cuir. Il est bel homme et commissaire.

2 - Il a une cinquantaine d'années. Il a les cheveux châtains. Il mesure environ 1,80 mètre. La dernière fois qu'on l'a vu, il portait un costume marron.

## DOSSIER 5 *Exercice 9* p. 75

Les oiseaux les plus rapides sur de longues distances sont probablement certains canards qui peuvent voler à près de 100 km/h. Par contre, c'est un oiseau, la bécasse d'Amérique, qui peut voler le plus lentement, à 8 km/h. Le poisson le plus rapide atteint une vitesse de 109 km/h qu'il peut conserver pendant quelques secondes seulement. Le guépard d'Afrique est le plus rapide des animaux sur terre. L'antilope court moins vite. Elle n'atteint pas 90 km/h.
Le mammifère qui a vécu le plus vieux (78 ans) est un éléphant d'Asie.

## DOSSIER 6 *Exercice 11* p. 90

**Pour en savoir plus sur le monde de la publicité, nous avons interrogé un publiciste célèbre.**
- *La pub est partout : dans la rue, dans le métro, à la télévision... Mais comment prépare-t-on une campagne de publicité ? Quelles sont les étapes ?*
- Avant de parler des étapes, il faut rappeler que, dans toute campagne, il y a trois groupes d'acteurs en jeu : l'annonceur, qui est le client, celui qui veut vendre un produit ; l'agence de publicité, qui prend en charge l'ensemble de la campagne ; les supports, c'est-à-dire la presse écrite, la radio, les affiches, qui diffusent le message.
- *L'annonceur a-t-il un rôle important dans la campagne, en dehors du financement, bien sûr ?*
- Évidemment. C'est lui qui choisit les objectifs. Le plus souvent, c'est l'agence qui les lui propose. C'est la première étape. Il s'agit de bien apprendre à connaître le produit à promouvoir, de lui donner une certaine image, et de définir le public, c'est-à-dire la cible à atteindre. Dans un deuxième temps, il faut trouver un thème de campagne montrant que le produit à vendre est le plus original, le meilleur, etc.

- *Et c'est là que les créatifs interviennent ?*
- Exactement. Mais attention, la concurrence est impitoyable et le temps compté. L'équipe qui crée l'annonce doit nous la soumettre en moins de deux semaines !
- *Comment êtes-vous sûr que l'annonce proposée va atteindre son but ?*
- Avant le lancement définitif nous vérifions l'efficacité du message sur un échantillon de consommateurs. Ensuite, en supposant le test positif, nous adaptons l'annonce aux différents types de supports.
- *Y a-t-il un moyen de mesurer l'impact de la campagne ?*
- Une bonne campagne se termine généralement par des post-tests portant sur la compréhension du message, sur les qualités esthétiques de l'annonce, etc. Mais il est très difficile de savoir si la campagne a entraîné une augmentation des ventes et surtout d'en connaître les chiffres. Les annonceurs ne nous les communiquent pas toujours. Ils restent discrets là-dessus...

## DOSSIER 8 *Exercice 5* p. 126

*Premier dialogue :*
- Monsieur Mouret, monsieur Lambert est arrivé.
- Merci, mademoiselle. Faites-le patienter un instant. J'ai encore quelques affaires à régler.
  [...]
- Monsieur Lambert, navré de vous avoir fait attendre.
- Mais, je vous en prie.

*Second dialogue :*
- Madame, ces bijoux étaient d'une très grande valeur, n'est-ce pas ?
- C'étaient des pièces uniques, inspecteur.
- Et vous n'avez jamais soupçonné quelqu'un de votre famille ?
- Oh, inspecteur, cette pensée ne m'a jamais effleurée !
- Votre dame de compagnie savait-elle où vous cachiez vos bijoux ?
- Non, pas à ma connaissance.

## *Exercice 9* p. 129

« Il a neigé sur la montagne de Lure une grande partie de la nuit qui a suivi l'accident. De plus, l'avion s'est écrasé au milieu des pins. Si bien qu'il était invisible depuis les hélicoptères soit qu'il ait été masqué par les pins, soit qu'une couche de neige l'ai recouvert. Et la carlingue était de couleur blanche. Pourtant, c'est un secteur que nous survolions. Un temps plus favorable ou plusieurs arbres coupés sur le lieu de l'accident et l'avion pouvait être repéré plus tôt.
Mais, hélas, cela n'aurait rien changé ! »

## FAITES LE POINT. *Exercice 1* p. 134

1 – On le trouve dans les jardins. Il est en métal ou en bois. Il est quelquefois pliant. Il sert à se reposer ou, quand il est près d'une table, à participer à un repas.

2 – Elles sont en plastique ou en métal et en verre. On les porte en été. Avec elles vous pouvez regarder le soleil en face.

3 – Cet appareil marche à l'électricité. Vous en avez besoin quand vous vous lavez les cheveux.

4 – Vous devez sortir et pourtant vous ne voudriez pas manquer cette émission de télévision. Alors vous branchez cet appareil.

## DOSSIER 10 *Exercice 3* p. 153

« Le deuxième projet ne coûterait qu'un million de francs mais nous n'aurions qu'une subvention de 200 000 francs. Il nous faudrait encore emprunter 800 000 francs. Ce projet aurait l'avantage d'intéresser l'ensemble des habitants de notre commune et de favoriser les contacts entre les jeunes et les autres. De plus la construction ne prendrait que neuf mois ».

## DOSSIER 12 *Exercice 11* p. 187

1 – Dans l'unification de l'Europe, je vois : la possibilité de supprimer des quantités de formalités qui empêchent la libre circulation des personnes et des marchandises ; la possibilité de faire baisser les tarifs des transports et le prix des services par le jeu de la concurrence, le pouvoir d'achat général augmentera et on pourra créer de nouveaux emplois.

2 – Dans une Europe unifiée on pourra faire ses études secondaires en France, universitaires en Espagne ou en Italie, faire des stages dans des entreprises anglaises ou allemandes. Mais rien ne dit encore si on trouvera du travail, ni où !

3 – L'Europe ne fera que déplacer le chômage. On construira des usines dans les pays où les salaires sont le plus bas et on augmentera le chômage dans les autres pays.

4 – L'Europe, ça veut dire le développement des contacts entre des hommes et des femmes de cultures différentes pour leur enrichissement mutuel. On prendra comme exemple ce qu'il y a de mieux chez nos voisins si bien qu'un Européen devrait être aussi créatif qu'un Italien, aussi sérieux qu'un Allemand, aussi bon financier qu'un Anglais, aussi enthousiaste qu'un Espagnol, aussi travailleur qu'un Portugais et aussi bon commerçant qu'un Grec...

# GRAMMAIRE

*Complément au Précis grammatical d'*Espaces 1



## Le groupe du nom

- **Le superlatif** *(Voir page 75.)*
  C'est le plus grand animal du zoo.
- **Les doubles comparatifs** *(Voir page 169.)*
  Il y a de moins en moins de travail et de plus en plus de chômage.
- **Les adverbes d'intensité devant un adjectif** *(Voir page 11.)*
- **Les pronoms possessifs** *(Voir page 78.)*
  Cette moto, c'est la mienne.
- **Les pronoms indéfinis** *(Voir page 30.)*
  Quelqu'un ≠ personne
  Quelque chose ≠ rien
- **Les pronoms relatifs** *(Voir pages 9, 11 et 30.)*
  Qui (personne)
  Que (chose)
  Où (lieu et temps).

## *La formation des mots*

### 1. La suffixation

**a) Les noms**

à partir d'un verbe :

| | | | | |
|---|---|---|---|---|
| **-age** | (masculin) | élever | → | élevage |
| **-ment** | (masculin) | entraîner | → | entraînement |
| **-eur** | (masculin) | danser | → | danseur |
| **-ion** | (féminin) | libérer | → | libération |
| **-ance** | (féminin) | ressembler | → | ressemblance |
| **-euse** | (féminin) | nager | → | nageuse |

à partir d'un adjectif :

| | | | | |
|---|---|---|---|---|
| **-esse** | (féminin) | riche | → | richesse |
| **-té** | (féminin) | libre | → | liberté |
| **-eur** | (féminin) | blanc | → | blancheur |

**b) Les verbes**

à partir d'un nom ou d'un adjectif :

| | | | |
|---|---|---|---|
| **-er** | conseil | → | conseiller |
| **-ir** | mince | → | mincir |

**c) Un adverbe**

à partir du féminin d'un adjectif :

| | | | |
|---|---|---|---|
| **-ment** | chaude | → | chaudement |

**d) Un adjectif**

à partir d'un verbe :

| | | | |
|---|---|---|---|
| **-able** | manger | → | mangeable |

### 2. La préfixation

**a) Le contraire d'un adjectif**

| | | | |
|---|---|---|---|
| **in-** | connu | ≠ | inconnu |
| **mal-, mé-** | heureux | ≠ | malheureux, méconnu |

**b) Le contraire d'un nom ou d'un verbe**

| | | | |
|---|---|---|---|
| **des-, dés-** | ordre | ≠ | désordre |
| | espérer | ≠ | désespérer |

**c) La répétition d'une action exprimée par un verbe**

| | | | |
|---|---|---|---|
| **re-, ré-** | faire | → | refaire |

Pas de préfixe dans « descendre, recevoir, refuser ».

# Le groupe du verbe

## 1. Les verbes en « -er »

*(Voir tableaux de conjugaison, pages 203 à 206 et dans le « Précis grammatical »* d'Espaces 1.)

**CHANGEMENTS PHONÉTIQUES ET ORTHOGRAPHIQUES**

**a) Verbes comme « acheter » et « appeler »** (avec un [ə] dans l'avant-dernière syllabe) : mener, se promener, se lever, élever.

J'ach**è**te / J'ach**è**terai
mais nous ach**e**tons, vous ach**e**tez.

J'appe**ll**e / J'appe**ll**erai
mais nous appe**l**ons, vous appe**l**ez.

**b) Verbes comme « espérer »** (avec un [e] dans l'avant-dernière syllabe de l'infinitif) : accélérer, considérer, s'inquiéter, préférer.

J'esp**è**re
mais j'esp**é**rerai, nous esp**é**rons, vous esp**é**rez.

**c) Verbes comme « essayer »** (terminés en **-yer**) : appuyer, s'ennuyer, nettoyer, payer, tutoyer, vouvoyer.

J'essa**i**e / J'essa**ie**rai
mais nous essa**y**ons, vous essa**y**ez.

**d) Verbes comme « placer » (-er)** : annoncer, avancer, commencer, forcer, prononcer.

Je pla**ce** / nous avan**ci**ons
mais nous pla**ç**ons, je pla**ç**ais

**Verbes comme « manger » (-ger)** : arranger, nager, protéger, ranger.

Je man**ge** / nous man**gi**ons
mais nous man**ge**ons, je man**ge**ais.

| | |
|---|---|
| **• Le passif**<br>*(Voir page 42.)*<br>La société est réorganisée. | **• Les doubles compléments**<br>*(Voir page 91.)*<br>Je vous en donne un. |
| **• Le gérondif**<br>*(Voir page 25.)*<br>En marchant. | **• La double négation**<br>*(Voir page 153.)*<br>Il n'a ni argent ni amis. |

## 2. Tableaux de conjugaison des verbes à 1, 2 ou 3 radicaux.

*(Voir pages suivantes.)*

## 3. Les temps composés

| **Auxiliaire** | **ÊTRE + participe passé**<br>*Accord avec le sujet* | | | **AVOIR + participe passé**<br>*Accord avec le COD placé avant le participe passé* | |
|---|---|---|---|---|---|
| | 14 verbes pronominaux et leurs composés | | | Autres verbes | |
| **Passé composé** | Je suis | allé(e)<br>venu(e)<br>monté(e) | Je me suis levé(e) | J'ai | chanté<br>fini<br>couru |
| **Plus-que-parfait** | J'étais | descendu(e)<br>entré(e)<br>sorti(e) | Je m'étais habillé(e) | J'avais | fait |
| **Futur antérieur** | Je serai | arrivé(e)<br>parti(e)<br>tombé(e) | Je me serai servi(e) | J'aurai | mangé |
| **Conditionnel passé** | Je serais | resté<br>passé(e)<br>devenu(e) | Je me serais couchée | J'aurais | bu |
| **Infinitif passé** | Être | né(e)<br>mort(e) | S'être rasé(e) | Avoir | ouvert |

| INFINITIF | INDICATIF | | | | CONDITIONNEL | SUBJONCTIF | IMPÉRATIF | PARTICIPES |
|---|---|---|---|---|---|---|---|---|
| | Présent | Imparfait | Passé simple | Futur | Présent | Présent | Présent | Présent / Passé |
| **Être**<br>*(Auxiliaire)* | je **suis**<br>tu **es**<br>il/elle **est**<br>nous **sommes**<br>vous **êtes**<br>ils/elles **sont** | j'étais<br>tu étais<br>il/elle était<br>nous étions<br>vous étiez<br>ils/elles étaient | je fus<br>tu fus<br>il/elle fut<br>nous fûmes<br>vous fûtes<br>ils/elles furent | je **ser**ai<br>tu seras<br>il/elle sera<br>nous serons<br>vous serez<br>ils/elles seront | je serais<br>tu serais<br>il/elle serait<br>nous serions<br>vous seriez<br>ils/elles seraient | que je **sois**<br>que tu sois<br>qu'il/elle soit<br>que nous soyons<br>que vous soyez<br>qu'ils/elles soient | sois<br>soyons<br>soyez | **étant / été** |
| **Avoir**<br>*(Auxiliaire)* | j'**ai**<br>tu **as**<br>il/elle **a**<br>nous **av**ons<br>vous avez<br>ils/elles **ont** | j'avais<br>tu avais<br>il/elle avait<br>nous avions<br>vous aviez<br>ils/elles avaient | j'eus<br>tu eus<br>il/elle eut<br>nous eûmes<br>vous eûtes<br>ils/elles eurent | j'**aur**ai<br>tu auras<br>il/elle aura<br>nous aurons<br>vous aurez<br>ils/elles auront | j'aurais<br>tu aurais<br>il/elle aurait<br>nous aurions<br>vous auriez<br>ils/elles auraient | que j'**aie**<br>que tu aies<br>qu'il/elle ait<br>que nous ayons<br>que vous ayez<br>qu'ils/elles aient | aie<br>ayons<br>ayez | **ayant / eu** |
| **Aller** | je **vais**<br>tu **vas**<br>il/elle **va**<br>nous **all**ons<br>vous allez<br>ils/elles **vont** | j'allais<br>tu allais<br>il/elle allait<br>nous allions<br>vous alliez<br>ils/elles allaient | j'allai<br>tu allas<br>il/elle alla<br>nous allâmes<br>vous allâtes<br>ils/elles allèrent | j'**ir**ai<br>tu iras<br>il/elle ira<br>nous irons<br>vous irez<br>ils/elles iront | j'irais<br>tu irais<br>il/elle irait<br>nous irions<br>vous iriez<br>ils/elles iraient | que j'**aille**<br>que tu ailles<br>qu'il/elle aille<br>que nous allions<br>que vous alliez<br>qu'ils/elles aillent | va<br>allons<br>allez | **allant / allé** |
| **(S')Asseoir** | je m'**assied**s<br>tu t'assieds<br>il/elle s'assied<br>nous nous **assey**ons<br>vous vous asseyez<br>ils/elles s'asseyent | j'asseyais<br>tu asseyais<br>il/elle asseyait<br>nous asseyions<br>vous asseyiez<br>ils/elles asseyaient | j'assis<br>tu assis<br>il/elle assit<br>nous assîmes<br>vous assîtes<br>ils/elles assirent | j'**assiér**ai<br>tu assiéras<br>il/elle assiéra<br>nous assiérons<br>vous assiérez<br>ils/elles assiéront | j'assiérais<br>tu assiérais<br>il/elle assiérait<br>nous assiérions<br>vous assiériez<br>ils/elles assiéraient | que j'asseye<br>que tu asseyes<br>qu'il/elle asseye<br>que nous asseyions<br>que vous asseyiez<br>qu'ils/elles asseyent | assieds-toi<br>asseyons-nous<br>asseyez-vous | **s'asseyant / assis** |
| **Boire** | je **bois**<br>tu bois<br>il/elle boit<br>nous **buv**ons<br>vous buvez<br>ils/elles **boiv**ent | je buvais<br>tu buvais<br>il/elle buvait<br>nous buvions<br>vous buviez<br>ils/elles buvaient | je bus<br>tu bus<br>il/elle but<br>nous bûmes<br>vous bûtes<br>ils/elles burent | je **boir**ai<br>tu boiras<br>il boira<br>nous boirons<br>vous boirez<br>ils/elles boiront | je boirais<br>tu boirais<br>il/elle boirait<br>nous boirions<br>vous boiriez<br>ils/elles boiraient | que je boive<br>que tu boives<br>qu'il/elle boive<br>que nous buvions<br>que vous buviez<br>qu'ils/elles boivent | bois<br>buvons<br>buvez | **buvant / bu** |
| **Chanter** | je **chante**<br>tu chantes<br>il/elle chante<br>nous chantons<br>vous chantez<br>ils/elles chantent | je chantais<br>tu chantais<br>il/elle chantait<br>nous chantions<br>vous chantiez<br>ils/elles chantaient | je chantai<br>tu chantas<br>il/elle chanta<br>nous chantâmes<br>vous chantâtes<br>ils/elles chantèrent | je **chanter**ai<br>tu chanteras<br>il/elle chantera<br>nous chanterons<br>vous chanterez<br>ils/elles chanteront | je chanterais<br>tu chanterais<br>il/elle chanterait<br>nous chanterions<br>vous chanteriez<br>ils/elles chanteraient | que je chante<br>que tu chantes<br>qu'il/elle chante<br>que nous chantions<br>que vous chantiez<br>qu'ils/elles chantent | chante<br>chantons<br>chantez | **chantant / chanté** |
| **Choisir** | je **choisis**<br>tu choisis<br>il/elle choisit<br>nous **choisiss**ons<br>vous choisissez<br>ils/elles choisissent | je choisissais<br>tu choisissais<br>il/elle choisissait<br>nous choisissions<br>vous choisissiez<br>ils/elles choisissaient | je choisis<br>tu choisis<br>il/elle choisit<br>nous choisîmes<br>vous choisîtes<br>ils/elles choisirent | je **choisir**ai<br>tu choisiras<br>il/elle choisira<br>nous choisirons<br>vous choisirez<br>ils/elles choisiront | je choisirais<br>tu choisirais<br>il/elle choisirait<br>nous choisirions<br>vous choisiriez<br>ils/elles choisiraient | que je choisisse<br>que tu choisisses<br>qu'il/elle choisisse<br>que nous choisissions<br>que vous choisissiez<br>qu'ils/elles choisissent | choisis<br>choisissons<br>choisissez | **choisissant / choisi** |
| **Conduire** | je **conduis**<br>tu conduis<br>il/elle conduit<br>nous **conduis**ons<br>vous conduisez<br>ils/elles conduisent | je conduisais<br>tu conduisais<br>il/elle conduisait<br>nous conduisions<br>vous conduisiez<br>ils/elles conduisaient | je conduisis<br>tu conduisis<br>il/elle conduisit<br>nous conduisîmes<br>vous conduisîtes<br>ils/elles conduisirent | je **conduir**ai<br>tu conduiras<br>il/elle conduira<br>nous conduirons<br>vous conduirez<br>ils/elles conduiront | je conduirais<br>tu conduirais<br>il/elle conduirait<br>nous conduirions<br>vous conduiriez<br>ils/elles conduiraient | que je conduise<br>que tu conduises<br>qu'il/elle conduise<br>que nous conduisions<br>que vous conduisiez<br>qu'ils/elles conduisent | conduis<br>conduisons<br>conduisez | **conduisant / conduit** |

| INFINITIF | INDICATIF | | | | CONDITIONNEL | SUBJONCTIF | IMPÉRATIF | PARTICIPES |
|---|---|---|---|---|---|---|---|---|
| | **Présent** | **Imparfait** | **Passé simple** | **Futur** | **Présent** | **Présent** | **Présent** | **Présent / Passé** |
| **Connaître**<br>(Apparaître<br>Paraître<br>Reconnaître) | je **connais**<br>tu connais<br>il/elle connaît<br>nous **connaiss**ons<br>vous connaissez<br>ils/elles connaissent | je connaissais<br>tu connaissais<br>il/elle connaissait<br>nous connaissions<br>vous connaissiez<br>ils/elles connaissaient | je connus<br>tu connus<br>il/elle connut<br>nous connûmes<br>vous connûtes<br>ils/elles connurent | je **connaîtr**ai<br>tu connaîtras<br>il/elle connaîtra<br>nous connaîtrons<br>vous connaîtrez<br>ils/elles connaîtront | je connaîtrais<br>tu connaîtrais<br>il/elle connaîtrait<br>nous connaîtrions<br>vous connaîtriez<br>ils/elles connaîtraient | que je connaisse<br>que tu connaisses<br>qu'il/elle connaisse<br>que nous connaissions<br>que vous connaissiez<br>qu'ils/elles connaissent | connais<br>connaissons<br>connaissez | **connaissant / connu** |
| **Craindre**<br>(Éteindre<br>Peindre<br>Se plaindre) | je **crains**<br>tu crains<br>il/elle craint<br>nous **craign**ons<br>vous craignez<br>ils/elles craignent | je craignais<br>tu craignais<br>il/elle craignait<br>nous craignions<br>vous craigniez<br>ils/elles craignaient | je craignis<br>tu craignis<br>il/elle craignit<br>nous craignîmes<br>vous craignîtes<br>ils /elles craignirent | je **craindr**ai<br>tu craindras<br>il/elle craindra<br>nous craindrons<br>vous craindrez<br>ils/elles craindront | je craindrais<br>tu craindrais<br>il/elle craindrait<br>nous craindrions<br>vous craindriez<br>ils/elles craindraient | que je craigne<br>que tu craignes<br>qu'il/elle craigne<br>que nous craignions<br>que vous craigniez<br>qu'ils/elles craignent | crains<br>craignons<br>craignez | **craignant / craint** |
| **Croire** | je **crois**<br>tu crois<br>il/elle croit<br>nous **croy**ons<br>vous croyez<br>ils/elles croient | je croyais<br>tu croyais<br>il/elle croyait<br>nous croyions<br>vous croyiez<br>ils/elles croyaient | je crus<br>tu crus<br>il/elle crut<br>nous crûmes<br>vous crûtes<br>ils/elles crurent | je **croir**ai<br>tu croiras<br>il/elle croira<br>nous croirons<br>vous croirez<br>ils/elles croiront | je croirais<br>tu croirais<br>il/elle croirait<br>nous croirions<br>vous croiriez<br>ils/elles croiraient | que je croie<br>que tu croies<br>qu'il/elle croie<br>que nous croyions<br>que vous croyiez<br>qu'ils/elles croient | crois<br>croyons<br>croyez | **croyant / cru** |
| **Devoir** | je **dois**<br>tu dois<br>il/elle doit<br>nous **dev**ons<br>vous devez<br>ils/elles **doiv**ent | je devais<br>tu devais<br>il/elle devait<br>nous devions<br>vous deviez<br>ils/elles devaient | je dus<br>tu dus<br>il/elle dut<br>nous dûmes<br>vous dûtes<br>ils/elles durent | je **devr**ai<br>tu devras<br>il/elle devra<br>nous devrons<br>vous devrez<br>ils/elles devront | je devrais<br>tu devrais<br>il/elle devrait<br>nous devrions<br>vous devriez<br>ils/elles devraient | que je doive<br>que tu doives<br>qu'il/elle doive<br>que nous devions<br>que vous deviez<br>qu'ils/elles doivent | (inusité) | **devant / dû** |
| **Dire** | je **dis**<br>tu dis<br>il/elle dit<br>nous **dis**ons<br>vous dites<br>ils/elles disent | je disais<br>tu disais<br>il/elle disait<br>nous disions<br>vous disiez<br>ils/elles disaient | je dis<br>tu dis<br>il/elle dit<br>nous dîmes<br>vous dîtes<br>ils/elles dirent | je **dir**ai<br>tu diras<br>il/elle dira<br>nous dirons<br>vous direz<br>ils/elles diront | je dirais<br>tu dirais<br>il/elle dirait<br>nous dirions<br>vous diriez<br>ils/elles diraient | que je dise<br>que tu dises<br>qu'il/elle dise<br>que nous disions<br>que vous disiez<br>qu'ils/elles disent | dis<br>disons<br>dites | **disant / dit** |
| **Écrire** | j'**écris**<br>tu écris<br>il/elle écrit<br>nous **écriv**ons<br>vous écrivez<br>ils/elles écrivent | j'écrivais<br>tu écrivais<br>il/elle écrivait<br>nous écrivions<br>vous écriviez<br>ils/elles écrivaient | j'écrivis<br>tu écrivis<br>il/elle écrivit<br>nous écrivîmes<br>vous écrivîtes<br>ils/elles écrivirent | j'**écrir**ai<br>tu écriras<br>il/elle écrira<br>nous écrirons<br>vous écrirez<br>ils/elles écriront | j'écrirais<br>tu écrirais<br>il/elle écrirait<br>nous écririons<br>vous écririez<br>ils/elles écriraient | que j'écrive<br>que tu écrives<br>qu'il/elle écrive<br>que nous écrivions<br>que vous écriviez<br>qu'ils/elles écrivent | écris<br>écrivons<br>écrivez | **écrivant / écrit** |
| **Faire** | je **fais**<br>tu fais<br>il/elle fait<br>nous **fais**ons<br>vous **faites**<br>ils/elles **font** | je faisais<br>tu faisais<br>il/elle faisait<br>nous faisions<br>vous faisiez<br>ils/elles faisaient | je fis<br>tu fis<br>il/elle fit<br>nous fîmes<br>vous fîtes<br>ils/elles firent | je **fer**ai<br>tu feras<br>il/elle fera<br>nous ferons<br>vous ferez<br>ils/elles feront | je ferais<br>tu ferais<br>il/elle ferait<br>nous ferions<br>vous feriez<br>ils/elles feraient | que je **fasse**<br>que tu fasses<br>qu'il/elle fasse<br>que nous fassions<br>que vous fassiez<br>qu'ils/elles fassent | fais<br>faisons<br>faites | **faisant / fait** |
| **Falloir**<br>(Valoir) | il **faut** | il **fallait** | il fallut | il **faudra** | il faudrait | qu'il **faille** | (inusité) | (inusité) / **fallu** |

| INFINITIF | INDICATIF | | | | CONDITIONNEL | SUBJONCTIF | IMPÉRATIF | PARTICIPES |
|---|---|---|---|---|---|---|---|---|
| | **Présent** | **Imparfait** | **Passé simple** | **Futur** | **Présent** | **Présent** | **Présent** | **Présent / Passé** |
| **Mettre**<br>(Permettre<br>Promettre) | je **mets**<br>tu mets<br>il/elle met<br>nous **mett**ons<br>vous mettez<br>ils/elles mettent | je mettais<br>tu mettais<br>il/elle mettait<br>nous mettions<br>vous mettiez<br>ils/elles mettaient | je mis<br>tu mis<br>il/elle mit<br>nous mîmes<br>vous mîtes<br>ils/elle mirent | je **mettr**ai<br>tu mettras<br>il/elle mettra<br>nous mettrons<br>vous mettrez<br>ils/elles mettront | je mettrais<br>tu mettrais<br>il/elle mettrait<br>nous mettrions<br>vous mettriez<br>ils/elles mettraient | que je mette<br>que tu mettes<br>qu'il/elle mette<br>que nous mettions<br>que vous mettiez<br>qu'ils/elles mettent | mets<br>mettons<br>mettez | **mettant / mis** |
| **Mourir** | je **meurs**<br>tu meurs<br>il/elle meurt<br>nous **mour**ons<br>vous mourez<br>ils/elles meurent | je mourais<br>tu mourais<br>il/elle mourait<br>nous mourions<br>vous mouriez<br>ils/elles mouraient | je mourus<br>tu mourus<br>il/elle mourut<br>nous mourûmes<br>vous mourûtes<br>ils/elles moururent | je **mourr**ai<br>tu mourras<br>il/elle mourra<br>nous mourrons<br>vous mourrez<br>ils/elles mourront | je mourrais<br>tu mourrais<br>il/elle mourrait<br>nous mourrions<br>vous mourriez<br>ils/elles mourraient | que je meure<br>que tu meures<br>qu'il/elle meure<br>que nous mourions<br>que vous mouriez<br>qu'ils/elles meurent | meurs<br>mourons<br>mourez | **mourant / mort** |
| **Naître** | je **nais**<br>tu nais<br>il/elle naît<br>nous **naiss**ons<br>vous naissez<br>ils/elles naissent | je naissais<br>tu naissais<br>il/elle naissait<br>nous naissions<br>vous naissiez<br>ils/elles naissaient | je naquis<br>tu naquis<br>il/elle naquit<br>nous naquîmes<br>vous naquîtes<br>ils/elles naquirent | je **naîtr**ai<br>tu naîtras<br>il/elle naîtra<br>nous naîtrons<br>vous naîtrez<br>ils/elles naîtront | je naîtrais<br>tu naîtrais<br>il/elle naîtrait<br>nous naîtrions<br>vous naîtriez<br>ils/elles naîtraient | que je naisse<br>que tu naisses<br>qu'il/elle naisse<br>que nous naissions<br>que vous naissiez<br>qu'ils/elles naissent | nais<br>naissons<br>naissez | **naissant / né** |
| **Partir**<br>(Dormir<br>Sentir<br>Sortir) | je **pars**<br>tu pars<br>il/elle part<br>nous **part**ons<br>vous partez<br>ils/elles partent | je partais<br>tu partais<br>il/elle partait<br>nous partions<br>vous partiez<br>ils/elles partaient | je partis<br>tu partis<br>il/elle partit<br>nous partîmes<br>vous partîtes<br>ils/elles partirent | je **partir**ai<br>tu partiras<br>il partira<br>nous partirons<br>vous partirez<br>ils/elles partiront | je partirais<br>tu partirais<br>il/elle partirait<br>nous partirions<br>vous partiriez<br>ils/elles partiraient | que je parte<br>que tu partes<br>qu'il/elle parte<br>que nous partions<br>que vous partiez<br>qu'ils/elles partent | pars<br>partons<br>partez | **partant / parti** |
| **Plaire** | je **plais**<br>tu plais<br>il/elle plaît<br>nous **plais**ons<br>vous plaisez<br>ils/elles plaisent | je plaisais<br>tu plaisais<br>il/elle plaisait<br>nous plaisions<br>vous plaisiez<br>ils/elles plaisaient | je plus<br>tu plus<br>il/elle plut<br>nous plûmes<br>vous plûtes<br>ils/elles plurent | je **plair**ai<br>tu plairas<br>il/elle plaira<br>nous plairons<br>vous plairez<br>ils/elles plairont | je plairais<br>tu plairais<br>il/elle plairait<br>nous plairions<br>vous plairiez<br>ils/elles plairaient | que je plaise<br>que tu plaises<br>qu'il/elle plaise<br>que nous plaisions<br>que vous plaisiez<br>qu'ils/elles plaisent | plais<br>plaisons<br>plaisez | **plaisant / plu** |
| **Pleuvoir** | il **pleut** | il **pleuv**ait | il plut | il **pleuvr**a | il pleuvrait | qu'il pleuve | (inusité) | **pleuvant / plu** |
| **Pouvoir** | je **peux**<br>tu peux<br>il/elle peut<br>nous **pouv**ons<br>vous pouvez<br>ils/elles **peuv**ent | je pouvais<br>tu pouvais<br>il/elle pouvait<br>nous pouvions<br>vous pouviez<br>ils/elles pouvaient | je pus<br>tu pus<br>il/elle put<br>nous pûmes<br>vous pûtes<br>ils/elles purent | je **pourr**ai<br>tu pourras<br>il/elle pourra<br>nous pourrons<br>vous pourrez<br>ils/elles pourront | je pourrais<br>tu pourrais<br>il/elle pourrait<br>nous pourrions<br>vous pourriez<br>ils/elles pourraient | que je **puiss**e<br>que tu puisses<br>qu'il/elle puisse<br>que nous puissions<br>que vous puissiez<br>qu'ils/elles puissent | (inusité) | **pouvant / pu** |
| **Prendre**<br>(Apprendre<br>Comprendre<br>Reprendre) | je **prends**<br>tu prends<br>il/elle prend<br>nous **pren**ons<br>vous prenez<br>ils/elles **prenn**ent | je prenais<br>tu prenais<br>il/elle prenait<br>nous prenions<br>vous preniez<br>ils/elles prenaient | je pris<br>tu pris<br>il/elle prit<br>nous prîmes<br>vous prîtes<br>ils/elles prirent | je **prendr**ai<br>tu prendras<br>il/elle prendra<br>nous prendrons<br>vous prendrez<br>ils/elles prendront | je prendrais<br>tu prendrais<br>il/elle prendrait<br>nous prendrions<br>vous prendriez<br>ils/elles prendraient | que je prenne<br>que tu prennes<br>qu'il/elle prenne<br>que nous prenions<br>que vous preniez<br>qu'ils/elles prennent | prends<br>prenons<br>prenez | **prenant / pris** |

| INFINITIF | INDICATIF | | | | CONDITIONNEL | SUBJONCTIF | IMPÉRATIF | PARTICIPES |
|---|---|---|---|---|---|---|---|---|
| | Présent | Imparfait | Passé simple | Futur | Présent | Présent | Présent | Présent / Passé |
| **Savoir** | je **sais**<br>tu sais<br>il/elle sait<br>nous **sav**ons<br>vous savez<br>ils/elles savent | je savais<br>tu savais<br>il/elle savait<br>nous savions<br>vous saviez<br>ils/elles savaient | je sus<br>tu sus<br>il/elle sut<br>nous sûmes<br>vous sûtes<br>ils/elles surent | je **saur**ai<br>tu sauras<br>il/elle saura<br>nous saurons<br>vous saurez<br>ils/elles sauront | je saurais<br>tu saurais<br>il/elle saurait<br>nous saurions<br>vous sauriez<br>ils/elles sauraient | que je **sach**e<br>que tu saches<br>qu'il/elle sache<br>que nous sachions<br>que vous sachiez<br>qu'ils/elles sachent | sache<br>sachons<br>sachez | **sachant / su** |
| **Suivre** | je **suis**<br>tu suis<br>il/elle suit<br>nous **suiv**ons<br>vous suivez<br>ils/elles suivent | je suivais<br>tu suivais<br>il/elle suivait<br>nous suivions<br>vous suiviez<br>ils/elles suivaient | je suivis<br>tu suivis<br>il/elle suivit<br>nous suivîmes<br>vous suivîtes<br>ils/elles suivirent | je **suivr**ai<br>tu suivras<br>il/elle suivra<br>nous suivrons<br>vous suivrez<br>ils/elles suivront | je suivrais<br>tu suivrais<br>il/elle suivrait<br>nous suivrions<br>vous suivriez<br>ils/elles suivraient | que je suive<br>que tu suives<br>qu'il/elle suive<br>que nous suivions<br>que vous suiviez<br>qu'ils/elles suivent | suis<br>suivons<br>suivez | **suivant / suivi** |
| **Valoir** | je **vaux**<br>tu **vaux**<br>il/elle **vaut**<br>nous **val**ons<br>vous valez<br>ils/elles valent | je valais<br>tu valais<br>il/elle valait<br>nous valions<br>vous valiez<br>ils/elles valaient | je valus<br>tu valus<br>il/elle valut<br>nous valûmes<br>vous valûtes<br>ils/elles valurent | je **vaudr**ai<br>tu vaudras<br>il/elle vaudra<br>nous vaudrons<br>vous vaudrez<br>ils/elles vaudront | je vaudrais<br>tu vaudrais<br>il/elle vaudrait<br>nous vaudrions<br>vous vaudriez<br>ils/elles vaudraient | que je **vaill**e<br>que tu vailles<br>qu'il/elle vaille<br>que nous valions<br>que vous valiez<br>qu'ils/elles vaillent | (inusité) | **valant / valu** |
| **Venir**<br>(Devenir<br>Revenir<br>Tenir) | je **viens**<br>tu viens<br>il/elle vient<br>nous **ven**ons<br>vous venez<br>ils/elles **vienn**ent | je venais<br>tu venais<br>il/elle venait<br>nous venions<br>vous veniez<br>ils/elles venaient | je vins<br>tu vins<br>il/elle vint<br>nous vînmes<br>vous vîntes<br>ils/elles vinrent | je **viendr**ai<br>tu viendras<br>il/elle viendra<br>nous viendrons<br>vous viendrez<br>ils/elles viendront | je viendrais<br>tu viendrais<br>il/elle viendrait<br>nous viendrions<br>vous viendriez<br>ils/elles viendraient | que je vienne<br>que tu viennes<br>qu'il/elle vienne<br>que nous venions<br>que vous veniez<br>qu'ils/elles viennent | viens<br>venons<br>venez | **venant / venu** |
| **Vivre** | je **vis**<br>tu vis<br>il/elle vit<br>nous **viv**ons<br>vous vivez<br>ils/elles vivent | je vivais<br>tu vivais<br>il/elle vivait<br>nous vivions<br>vous viviez<br>ils/elles vivaient | je vécus<br>tu vécus<br>il/elle vécut<br>nous vécûmes<br>vous vécûtes<br>ils vécurent | je **vivr**ai<br>tu vivras<br>il/elle vivra<br>nous vivrons<br>vous vivrez<br>ils/elles vivront | je vivrais<br>tu vivrais<br>il/elle vivrait<br>nous vivrions<br>vous vivriez<br>ils/elles vivraient | que je vive<br>que tu vives<br>qu'il/elle vive<br>que nous vivions<br>que vous viviez<br>qu'ils/elles vivent | vis<br>vivons<br>vivez | **vivant / vécu** |
| **Voir** | je **vois**<br>tu vois<br>il/elle voit<br>nous **voy**ons<br>vous voyez<br>ils/elles voient | je voyais<br>tu voyais<br>il/elle voyait<br>nous voyions<br>vous voyiez<br>ils/elles voyaient | je vis<br>tu vis<br>il/elle vit<br>nous vîmes<br>vous vîtes<br>ils/elles virent | je **verr**ai<br>tu verras<br>il/elle verra<br>nous verrons<br>vous verrez<br>ils/elles verront | je verrais<br>tu verrais<br>il/elle verrait<br>nous verrions<br>vous verriez<br>ils/elles verraient | que je voie<br>que tu voies<br>qu'il/elle voie<br>que nous voyions<br>que vous voyiez<br>qu'ils/elles voient | vois<br>voyons<br>voyez | **voyant / vu** |
| **Vouloir** | je **veux**<br>tu **veux**<br>il/elle **veut**<br>nous **voul**ons<br>vous voulez<br>ils/elles **veul**ent | je voulais<br>tu voulais<br>il/elle voulait<br>nous voulions<br>vous vouliez<br>ils/elles voulaient | je voulus<br>tu voulus<br>il/elle voulut<br>nous voulûmes<br>vous voulûtes<br>ils/elles voulurent | je **voudr**ai<br>tu voudras<br>il/elle voudra<br>nous voudrons<br>vous voudrez<br>ils/elles voudront | je voudrais<br>tu voudrais<br>il/elle voudrait<br>nous voudrions<br>vous voudriez<br>ils/elles voudraient | que je **veuill**e<br>que tu veuilles<br>qu'il/elle veuille<br>que nous voulions<br>que vous vouliez<br>qu'ils/elles veuillent | | **voulant / voulu** |

## 4. Valeurs et emplois des modes et des temps

### A LE MODE INDICATIF

On considère l'action comme un fait qui se réalise à un moment particulier.

**Le présent**

- Action en train de s'accomplir.
  Je porte deux valises à la gare.
- Vérité générale.
  Les hommes sont mortels.
- Valeur de futur.
  Je pars demain.
- Ordre, conseil.
  Tu viens ! Tu fais attention !

**L'imparfait**

- Action passée présentée en train de s'accomplir.
  Je travaillais. (quand tu m'as téléphoné)
- Circonstances.
  Il pleuvait. (quand je suis sorti)
- État passé.
  J'étais heureux. Je voulais te voir.
- Habitude ou répétition.
  Je me levais tôt chaque matin.
- Hypothèse.
  Si tu venais. (je t'expliquerais)
- Suggestion, souhait.
  Si nous sortions ! Ah, si j'avais de l'argent !
- Politesse.
  Je voulais vous demander si...
- Style indirect avec le verbe principal au passé.
  Elle m'a dit qu'elle allait partir.

**Le plus-que-parfait**

- Action ou fait antérieur à un autre fait du passé.
  Quand il avait fini de lire, il se couchait.
- Hypothèse non réalisée dans le passé.
  Si vous étiez venu, (je vous aurais tout expliqué).

**Le passé simple**

(Seulement à la troisième personne à l'écrit.)

- Action présentée comme achevée et éloignée.
  Il le regarda dans les yeux.

**Le passé composé**

- Action passée présentée comme achevée.
  J'ai tout fait.
- Résultat actuel d'une action passée.
  Elle est arrivée ce matin. (= Elle est là.)
- Action qui va se terminer dans un avenir immédiat.
  J'ai fini dans cinq minutes.

**Le futur**

- Action future.
  Elle viendra à cinq heures.
- Prédiction.
  Demain, il fera beau.

**Le futur antérieur**

- Action future antérieure à un moment du futur.
  Ce soir, il aura terminé son travail.

### B LE MODE CONDITIONNEL

**Le conditionnel présent**

- Action ou fait qui peut ou pourra se produire.
  (Si tu venais,) je te montrerais mes achats.
- Politesse, atténuation d'un énoncé.
  Je voudrais vous parler.
- Probabilité, événements incertains.
  Un tremblement de terre aurait eu lieu hier.
- Futur du passé.
  Il a dit qu'il viendrait.

**Le conditionnel passé**

- Action ou fait qui aurait pu se produire.
  (Si tu avais voyagé,) tu aurais beaucoup appris.

### C LE MODE SUBJONCTIF

Ce mode sert à exprimer un fait réalisable, souhaité, imaginé

- Après des verbes exprimant la volonté, la nécessité, le doute, une émotion, un souhait, un jugement.
  Il faut que nous partions.
  Je veux qu'elle vienne.
- Après certaines conjonctions *(voir page 187)*.
  Bien qu'il y ait encore des problèmes à résoudre, on a bon espoir d'aboutir.

# La phrase complexe

## 1. Les principales conjonctions introduisant des propositions subordonnées.

(Les conjonctions en caractères gras sont suivies du subjonctif.)

| VALEUR | CONJONCTIONS |
|---|---|
| Temps | quand, comme, lorsque, pendant que, tandis que, dès que, après que, depuis que, **avant que jusqu'à ce que** |
| Cause | parce que, puisque, comme, **ce n'est pas que** |
| But | **pour que, afin que, de peur que** |
| Concession | même si, **bien que**, **quoique** |
| Conséquence | si bien que, de sorte que, au point que |
| Condition | si, au cas où, **à condition que**, **pourvu que**, **à moins que** |

## 2. Les subordonnées de condition

| Hypothèse | Condition | Conséquence |
|---|---|---|
| **Réalisable à coup sûr** | *Présent*<br>S'il fait beau / S'il ne pleut plus | *Futur / impératif*<br>j'irai me promener / sortons |
| **Douteuse ou fausse** | *Imparfait*<br>S'il faisait beau | *Conditionnel*<br>je sortirais. |
| **Non réalisée dans le passé** | *Plus-que-parfait*<br>S'il avait fait beau | *Conditionnel passé*<br>je serais sorti. |

## 3. L'interrogation indirecte

– Après des verbes qui posent une question : demander, ne pas savoir, ignorer, chercher...

Où allez-vous ? → Il demande où vous allez.
Qu'est-ce que tu fais ? → Il veut savoir ce que tu fais.
Qu'est-ce qui t'ennuie ? → Il cherche ce qui t'ennuie.
Est-ce que vous viendrez ? → Il ignore si vous viendrez.

– Transformations nécessaires pour passer de l'interrogation directe à l'interrogation indirecte :

1 - pas de point d'interrogation ;
2 - l'ordre sujet + verbe est rétabli (... où vous allez.) ;
3 - qu'est-ce que / qui ⟶ ce que / ce qui ;
4 - si l'interrogation est du type « oui / si / non » (c'est-à-dire porte sur toute la phrase) on emploie la conjonction « si » pour introduire la subordonnée.

# LEXIQUE

**Liste des abréviations**

| | | | | | | | |
|---|---|---|---|---|---|---|---|
| **adj.** : | adjectif | **loc.** : | locution | **prép.** : | préposition | **v.t.** : | verbe transitif |
| **adv.** : | adverbe | **n.f.** : | nom féminin | **pr.** : | pronom | **v.int.** : | verbe intransitif |
| **conj.** : | conjonction | **n.m.** : | nom masculin | **v.aux.** : | verbe auxiliaire | **v.irr.** : | verbe irrégulier |
| | | **pl.** : | pluriel | | | **v.pr.** : | verbe pronominal |

## A

| | | | | | | |
|---|---|---|---|---|---|---|
| **35** | **aboutir,** v.int. | to lead to | terminar | καταλήγω | terminare | terminar |
| **146** | **abri,** n.m. | shelter | vivienda | καταφύγιο | riparo | abrigo |
| **50** | **accéder (à),** v.int. | to rise to | ocupar | φτάνω | accedere | aceder |
| **136** | **accomplir,** v.t. | to perform | efectuar | αποπερατώνω | compiere | cumprir |
| **72** | **accoudoir,** n.m. | armrest | posabrazo | μπράτσο καθίσματος | bracciolo | encosto |
| **120** | **accrocher,** v.int./t. | to hang | colgar | κρεμάω | appendere | agarrar |
| **115** | **accueillir,** v.t. | to accommodate | recibir | υποδέχομαι | accogliere | acolher |
| **144** | **acheminement** | conveying | envío | πορεία, αποστολή | invio | envio |
| **42** | **acquérir,** v.t. | to gain | adquirir | αποκτώ | acquisire | adquirir |
| **113** | **activer (s'),** v.pr. | to take exercise | activarse | ενεργοποιούμαι | attivarsi | activar |
| **112** | **adepte,** n.m. | follower | adepto | οπαδός | adepto | adepto |
| **156** | **adjoint,** n.m. | deputy | adjunto | συνεργάτης | assistente | adjunto |
| **155** | **adopter,** v.t. | to adopt | adoptar | υιοθετώ | adottare | adoptar |
| **104** | **aérien,** n.m. | air (traffic) | aéreo | εναέριος | aereo | aéreo |
| **13** | **affaire,** n.f. | business | asunto | υπόθεση | affare | negócio |
| **44** | **affaires,** n.f. | belongings | cosa | προσ.αντικείμενα | roba | coisas |
| **16** | **affection,** n.f. | feelings | afecto | στοργή, αγάπη | affetto | afeição |
| **99** | **affectivité,** n.f. | emotions | afectividad | το συναισθάνεσθαι | affettività | afectividade |
| **96** | **à fond,** adv. | thoroughly | a fondo | σε βάθος | a fondo | a fundo |
| **65** | **agir,** v.int. | to act | actuar | δρώ | agire | agir |
| **106** | **aggraver,** v.t. | to make worse | agravar | επιδεινώνω | aggravare | agravar |
| **42** | **agité,** adj. | troubled | agitado | ταραγμένος | agitato | agitado |
| **120** | **agricole,** adj. | agricultural | agrícola | αγροτικός | agricolo | agrícola |
| **128** | **aile,** n.f. | wing | ala | φτερό | ala | asa |
| **98** | **ailleurs,** adv. | elsewhere | en otro lado | αλλού | altrove | em outra parte |
| **17** | **aisance,** n.f. | ease | gracia | άνεση | disinvoltura | desenvoltura |
| **19** | **ajouter,** v.t. | to add | añadir | προσθέτω | aggiungere | ajuntar |
| **128** | **alerter,** v.t. | to inform | avisar | σημαίνω συναγερμό | avvertire | alertar |
| **106** | **alimentaire,** adj. | food | alimenticio | τρόφιμος | alimentare | alimentar |
| **156** | **allée et venue,** n.f. | comings and goings | ida y venida | πηγαινέλα | va e vieni | idas e vindas |
| **83** | **allier,** v.t. | to combine | combinar | συνδυάζω | unire | aliar |
| **168** | **allocation,** n.f. | benefit | asignación | χορήγηση | sussidio | gratificação |
| **112** | **allonger,** v.t. | to stretch | alargar | απλώνω | allungare | alongar |
| **30** | **allure,** n.f. | look | aspecto | φέρσιμο | andatura | procedimento |
| **65** | **amateur,** n.m. | lover | amante | ερασιτέχνης | appassionato | afeiçoado |
| **83** | **ambiance,** n.f. | atmosphere | ambiente | ατμόσφαιρα | atmosfera | ambiente |
| **152** | **aménager,** v.t. | to develop | arreglar | διαρρυθμίζω | sistemare | arrumar |
| **170** | **amener,** v.t. | to lead | llevar | φέρνω | portare | levar |
| **25** | **ampoule,** n.f. | light bulb | lámpara | γλόμπος | lampadina | lâmpada |
| **138** | **anneau,** n.m. | ring | aro | δακτύλιος | anello | anel |
| **79** | **annuler,** v.t. | to cancel | anular | ακυρώνω | annullare | anular |
| **96** | **antenne fouet,** n.f. | flexible aerial | antena flexible | ελαστική κεραία | antenna | antena flexível |
| **193** | **apercevoir (s')** | to notice | darse cuenta | αντιλαμβάνομαι | accorgersi | perceber |

| | | | | | | |
|---|---|---|---|---|---|---|
| 81 | **à-plat,** n.m. | flat tint | color liso | ομοιόμορφο χρώμα | a strato | cor lisa |
| 126 | **appartenir,** v.int. | to belong | pertenecer | ανήκω | appartenere | pertencer |
| 123 | **applaudir,** v.t. | to applaud | aplaudir | χειροκροτώ | applaudire | aplaudir |
| 67 | **apporter,** v.t. | to bring | aportar | φέρνω, αποφέρω | portare | enriquecer |
| 153 | **approfondi,** adj. | thorough | más profundo | εξονυχιστική, σε βάθος | approfondito | aprofundado |
| 96 | **appuie-tête,** n.m. | headrest | reposacabeza | μαξιλαράκι | appoggiatesta | apoio de cabeça |
| 161 | **arceau,** n.m. | arch | arco de bóveda | αψίδα | arco | arco |
| 120 | **argile,** n.f. | clay | arcilla | άργιλος | argilla | argila |
| 191 | **arrestation,** n.f. | arrest | detención | σύλληψη | arresto | prisão |
| 13 | **arrêter,** v. | to arrest | arrestar | συλλαμβάνω | arrestare | prender |
| 9 | **arrière,** n.f. | back | atrás | πίσω | indietro | para trás |
| 49 | **arriviste,** adj. | go-getter | arribista | αριβιστής | arrivista | arrivista |
| 130 | **arroser,** v.t. | to water | regar | ποτίζω | inraffiare | regar |
| 67 | **artisanat,** n.m. | craftmanship | artesanía | βιοτεχνία | artigiano | artesanato |
| 173 | **assassiner,** v.t. | to murder | asesinar | δολοφονώ | assassinare | assassinar |
| 24 | **assiette,** n.f. | plate | plato | πιάτο | piatto | prato |
| 188 | **assurer,** v.t. | to assure | asegurar | βεβαιώνω | assicurare | assegurar |
| 10 | **atteindre,** v.t. | to reach | alcanzar | φτάνω | raggiungere | alcançar |
| 82 | **atténuer,** v.t. | to tone down | atenuar | μετριάζω | attenuare | atenuar |
| 144 | **atterrissage,** n.m. | landing | aterrizaje | προσγείωση | atterraggio | aterragem |
| 50 | **attestation,** n.f. | certificate | certificado | βεβαίωση | attestato | certificado |
| 65 | **aube,** n.f. | dawn | umbral | αυγή | alba | alvorada |
| 83 | **auberge,** n.f. | inn | hostería | πανδοχείο | albergo | estalagem |
| 64 | **audace,** n.f. | audacity | audacia | θράσος | audacia | audácia |
| 90 | **augmenter,** v.t. | to increase | aumentar | αυξάνω | aumentare | aumentar |
| 145 | **au large de,** adv. | off (the coast of) | a la altura de | στ'ανοιχτά του | al largo | ao largo de |
| 144 | **auparavant,** adv. | previously | atrás | αρχικά, πριν | prima | antes |
| 89 | **autocollant,** n.m. | sticker | pegatina | αυτοκόλλητο | adesivo | adesivo |
| 90 | **aveugle,** n.m. | blind man | ciego | τυφλός | cieco | cego |
| 144 | **avisé,** adj. | shrewd | sagaz | συνετός | accorto | avisado |
| 104 | **avoir l'air** | to look like | parecer | μοιάζω | aver l'aria | parecer |
| 106 | **avoir mal** | to have a pain | doler | πονάω | aver male | ter dor |
| 44 | **avoir marre (en)** | to be fed up | estar harto | βαρέθηκα | essere stufo | estar farto |
| 17 | **avouer,** v.t. | to admit | confesar | ομολογώ | confessare | confessar |
| 160 | **axe,** n.m. | road | eje | άξονας | asse | eixo |

# B

| | | | | | | |
|---|---|---|---|---|---|---|
| 89 | **bagage,** n.m. | baggage | equipaje | αποσκευή | bagaglio | bagagem |
| 9 | **bague,** n.f. | ring | anillo | δαχτυλίδι | anello | anel |
| 145 | **baigner,** v.t. | to wash | bañar | βρέχω | bagnare | banhar |
| 130 | **bâillonner,** v.t. | to gag | amordazar | φιμώνω | imbavagliare | amordaçar |
| 24 | **baisser,** v.t. | to turn down | bajar | χαμηλώνω | abbassare | abaixar |
| 113 | **balade,** n.f. | ride | paseo | βόλτα | passeggiata | passeio |
| 74 | **baleine,** n.f. | whale | ballena | φάλαινα | balena | baleia |
| 120 | **ballon,** n.m. | balloon | globo | αερόστατο | palla | balão |
| 83 | **banlieue,** n.f. | suburb | suburbio | προάστειο | periferia | subúrbio |
| 161 | **bariolé,** adj. | brightly coloured | abigarrado | παρδαλός | variopinto | colorido |
| 136 | **barrière,** n.f. | barrier | barrera | εμπόδιο, φράγμα | barriera | barreira |
| 144 | **bataille,** n.f. | battle | contienda | μάχη | battaglia | batalha |
| 176 | **bâtir,** v.t. | to build | basar | θεμελιώνω | costruire | construir |
| 75 | **bécasse,** n.f. | woodcock | becada, chocha | μπεκάτσα | beccaccia | galinhola |
| 160 | **berge,** n.f. | bank | borde | όχθη | argine | ribanceira |
| 29 | **bête,** n.f. | creature | bicho | ζώο | bestia | besta |
| 138 | **béton,** n.m. | concrete | hormigón | μπετόν | cemento | cimento |
| 125 | **bien,** n.m. | property | bien | αγαθό | bene | bem |
| 48 | **bienveillant,** adj. | benevolent | afable | ευνοϊκός | benevolo | benevolente |
| 170 | **bienvenue,** n.f. | welcome | bienvenida | το καλωσόρισες | benvenuto | boas vindas |
| 15 | **bijouterie,** n.f. | jeweller's | joyería | κοσμηματοπωλείο | gioielleria | joalharia |
| 79 | **billet,** n.m. | ticket | entrada | εισιτήριο | biglietto | bilhete |
| 65 | **blesser,** v.t. | to wound | herir | πληγώνω | ferire | ferir |
| 8 | **blond,** adj. | blond | rubio | ξανθός | biondo | louro |
| 72 | **boisson,** n.f. | drink | bebida | ποτό, αναψυκτικό | bevanda | bebida |
| 120 | **boîte de conserve** | tin | bote de conservas | κονσέρβα | scatola di conserva | lata de conserva |
| 82 | **bonheur,** n.m. | felicity | éxito | ευτυχία | felicità | felicidade |
| 8 | **bouche,** n.f. | mouth | boca | στόμα | bocca | boca |

| | | | | | | |
|---|---|---|---|---|---|---|
| 9 | **boucle d'oreille**, n.f. | earring | pendiente | σκουλαρίκι | orecchino | brinco |
| 106 | **bouger**, v.t. | to move | moverse | κινούμαι | muovere | mexer |
| 160 | **bouleverser**, v.t. | to change completely | trastornar | αναστατώνω | sconvolgere | transtornar |
| 76 | **boulot**, n.m. fam. | job | trabajo | δουλειά | lavoro | trabalho |
| 82 | **bourse**, n.f. | purse | bolsillo | βαλάντιο | borsa | bolsa |
| 27 | **bousculer**, v.t. | to bump into | empujar | σπρώχνω | spingere | empurrar |
| 72 | **branche**, n.f. | side-piece | patilla | κλάδος | stanghetta | perna |
| 10 | **bras**, n.m. | arm | brazo | μπράτσο | braccio | braço |
| 184 | **brassage**, n.m. | mixing | mezcla | ανακάτωμα | mescolanza | mescla |
| 172 | **bref**, adv. | brief | breve | σύντομος | breve | em suma |
| 72 | **briquet**, n.m. | lighter | mechero | αναπτήρας | accendino | isqueiro |
| 108 | **brisé**, adj. | ruined | deshecho | κατεστραμμένος | finito | acabado |
| 40 | **brochure**, n.f. | brochure | folleto | μπροσούρα | opuscolo | folheto |
| 97 | **brouette**, n.f. | wheelbarrow | carretilla | καροτσάκι | carriola | carriola |
| 128 | **brouillard**, n.m. | fog | niebla | ομίχλη | nebbia | neblina |
| 8 | **brun**, adj. | brown | moreno | μελαχρινός | bruno | moreno |
| 33 | **brusquement**, adv. | suddenly | bruscamente | απότομα | all'improvviso | bruscamente |
| 40 | **budget**, n.m. | budget | dotación | προϋπολογισμός | budget | orçamento |
| 76 | **buffle**, n.m. | buffalo | búfalo | βούβαλος | bufalo | búfalo |

## C

| | | | | | | |
|---|---|---|---|---|---|---|
| 45 | **cacher (se)**, v.pr. | to hide | esconderse | κρύβομαι | nascondersi | esconder-se |
| 27 | **cadeau**, n.m. | present | regalo | δώρο | regalo | presente |
| 184 | **cadre**, n.m. | executive | ejecutivo | στέλεχος | quadro | executivo |
| 58 | **calcaire**, n.m. | limestone | calizo | ασβεστολιθικός | calcareo | calcário |
| 56 | **calcul**, n.m. | arithmetic | aritmética | αριθμητική | calcolo | cálculo |
| 143 | **cambrioler**, v.t. | to burgle | robar | κάνω διάρρηξη | svaligiare | assaltar |
| 42 | **camp**, n.m. | sides | bando | στρατόπεδο | campo | campo |
| 90 | **campagne**, n.f. | campaign | campaña | εξοχή, καμπάνια | campagna | campo |
| 83 | **canard**, n.m. | duck | pato | πάπια | anatra | pato |
| 42 | **candidat**, n.m. | candidate | candidato | υποψήφιος | candidato | candidato |
| 59 | **caoutchouc**, n.m. | rubber | goma | καουτσούκ | caucciù | borracha |
| 65 | **captiver**, v.t. | to fascinate | cautivar | συναρπάζω | avvincere | cativar |
| 128 | **carlingue**, n.f. | cabin | carlinga | καρότσα αερ/νου | carlinga | carlinga |
| 66 | **carnet**, n.m. | logbook | diario | καρνέ | taccuino | canhenho |
| 9 | **carré**, adj. | square | rectangular | τετράγωνος | quadrato | quadrado |
| 49 | **carriériste**, n.m. | careerist | arribista | φιλόδοξος, οφελιμιστής | carrierista | carreirista |
| 59 | **casser le cou (se)** | to break one's neck | matarse | σπάω το κεφάλι μου | rompersi il collo | quebrar o pescoço |
| 188 | **cauchemar**, n.m. | nightmare | pesadilla | εφιάλτης | incubo | pesadelo |
| 45 | **causer**, v.int. | to speak | hablar | κουβεντιάζω | parlare | conversar |
| 25 | **céder**, v.int. | to give in | ceder | υποχωρώ | cedere | ceder |
| 99 | **chaîne**, n.f. | chain | cadena | αλυσίδα | catena | rede |
| 16 | **chaleur**, n.f. | warmth | calor | θέρμη | caldo | calor |
| 60 | **chantier**, n.m. | building site | obra | εργοτάξιο | cantiere | canteiro |
| 131 | **chapeau**, n.m. | introductory paragraph | "copete" | εισαγωγικό σημείωμα | introduzione | chapéu |
| 180 | **chapelle**, n.f. | chapel | capilla | παρεκκλήσι | cappella | capela |
| 153 | **charge**, n.f. | expense | tributo | δασμός | spesa | encargo |
| 141 | **charger de (se)** | to see to | encargarse de | επιφορτίζομαι | incaricarsi | encarregar-se de |
| 18 | **charme**, n.m. | attraction | encanto | γοητεία | fascino | encanto |
| 185 | **chassé-croisé**, n.m. | to-ings and fro-ings | desencuentro | μπρος-πίσω | movimento | emaranhamento |
| 8 | **châtain**, adj. | chestnut | castaño | καστανόξανθος | castano | castanho |
| 58 | **château**, n.m. | castle | castillo | κάστρο | castello | castelo |
| 72 | **chauffer**, v.t. | to heat | calentar | ζεσταίνω | scaldare | aquecer |
| 48 | **chef**, n.m. | boss | jefe | αφεντικό | capo | patrão |
| 33 | **cheminée**, n.f. | fireplace | chimenea | τζάκι | caminetto | chaminé |
| 13 | **chemise**, n.f. | shirt | camisa | πουκάμισο | camicia | camisa |
| 11 | **chemisier**, n.m. | blouse | blusa | γυν.πουκάμισο | camicetta | blusa |
| 8 | **cheveu(x)**, n.m. | hair | pelo | μαλλιά | capelli | cabelo(s) |
| 106 | **cheville**, n.f. | ankle | tobillo | αστράγαλος | caviglia | tornozelo |
| 41 | **chirurgien**, n.m. | surgeon | cirujano | χειρούργος | chirurgo | cirurgião |
| 90 | **cible**, n.f. | target | blanco | κοινό διαφ/σης | bersaglio | alvo |
| 120 | **ciel**, n.m. | sky | cielo | ουρανός | cielo | céu |
| 9 | **clair**, adj. | light | claro | ανοιχτόχρωμος | chiaro | claro |
| 33 | **claquer**, v.int. | to slam | golpearse | πλαταγίζω | sbattere | bater |
| 130 | **coffre**, n.m. | safe-deposit box | cofre | χρηματοκιβώτιο | cassaforte | cofre |
| 115 | **coin**, n.m. | corner | lugar | γωνιά, μέρος | angolo | canto |

| | | | | | | |
|---|---|---|---|---|---|---|
| 11 | **col**, n.m. | collar | cuello | γιακάς | colletto | colarinho |
| 31 | **collègue**, n.f./m. | colleague | compañero | συνάδελφος | collega | colega |
| 112 | **coller**, v.t. | to stick | pegar | κολλάω | incollare | colar |
| 65 | **combattre**, v.t. | to fight against | combatir | μάχομαι | combattere | combater |
| 138 | **combinaison**, n.f. | overalls | overol | συνδυασμός | tuta | fato-macaco |
| 76 | **combine**, n.f. fam. | scheme | chanchullo | κομπίνα | traffici | arranjo |
| 83 | **combler**, v.t. | to gratify | colmar | υπερπληρώ | riempire | cumular |
| 177 | **commande**, n.f. | order | pedido | παραλλελία | ordine | pedido |
| 15 | **commettre**, v.t. | to commit | cometer | διαπράττω | commettere | cometer |
| 12 | **commissaire**, n.m. | superintendent | comisario | αξιωμ.αστυνομίας | commissario | comissário |
| 177 | **commission**, n.f. | committee | comisión | επιτροπή | commissione | comissão |
| 152 | **commune**, n.f. | commune | municipio | κοινότητα | comune | comuna |
| 24 | **compartiment**, n.m. | compartment | compartimento | διαμέρισμα | scompartimento | compartimento |
| 65 | **compenser**, v.t. | to make up for | compensar | αντισταθμίζω | compensare | compensar |
| 49 | **complice**, adj. | conniving | cómplice | συνένοχος | complice | cúmplice |
| 80 | **compliqué**, adj. | intricate | complicado | πολυσύνθετος | complicato | complicado |
| 108 | **compliquer (se)** | to get more complicated | complicarse | περιπλέκομαι | complicarsi | complicar |
| 17 | **comporter (se)** | to behave | actuar | συμπεριφέρομαι | comportarsi | comportar-se |
| 184 | **compris**, adj. | included | incluído | περιλαμβανόμενος | capito | incluído |
| 156 | **compromettant**, adj. | compromising | comprometedor | προσβλητικός | compromettente | comprometedor |
| 120 | **compteur**, n.m. | meter | contador | μετρητής | contatore | contador |
| 170 | **concepteur**, n.m. | designer | conceptista | σχεδιαστής, επινοητής | ideatore | idealizador |
| 49 | **concertation**, n.f. | consultation | concertación | συνδιοργάνωση | concertazione | combinação |
| 40 | **concevoir**, v.t. | to design | concebir | επινοώ, συλλαμβάνω | concepire | conceber |
| 140 | **concurrence**, n.f. | competition | competencia | ανταγωνισμός | concorrenza | concorrência |
| 76 | **condamner**, v.t. | to sentence | condenar | καταδικάζω | condannare | condenar |
| 146 | **conduite (d'eau)** | (water) pipe | conducto | σωλήνωση | condotta | tubo (de água) |
| 26 | **confiance**, n.f. | confidence | confianza | εμπιστοσύνη | fiducia | confiança |
| 138 | **confronter**, v.t. | to face | enfrentar | αντιπαρατίθεμαι | confrontare | confrontar |
| 56 | **congé**, n.m. | leave | permiso | άδεια | congedo | dispensa |
| 83 | **connaisseur**, n.m. | connoisseur | conocedor | γνώστης | conoscitore | conhecedor |
| 58 | **conquérir**, v.t. | to conquer | lograr | κατακτώ | conquistare | conquistar |
| 120 | **consacrer**, v.t. | to devote | dedicar | αφιερώνω | consacrare | consagrar |
| 152 | **conseil municipal** | town council | consejo municipal | δημ.συμβούλιο | consiglio comunale | conselho municipal |
| 72 | **conserver**, v.t. | to keep | mantener | διατηρώ | conservare | conservar |
| 140 | **conserverie**, n.f. | canning industry | conservas | κονσερβοποιϊα | conservificio | conservaria |
| 65 | **consommateur** | consumer | consumidor | καταναλωτής | consumatore | consumidor |
| 57 | **constamment**, adv. | constantly | permanentemente | διαρκώς, σταθερά | continuamente | constantemente |
| 177 | **constater**, v.t. | to note | notar | διαπιστώνω | constatare | constatar |
| 15 | **contredire**, v.t. | to disagree with | contradecir | λέω το αντίθετο | contraddire | contradizer |
| 177 | **convaincre**, v.t. | to persuade | convencer | πείθω | convincere | convencer |
| 49 | **copain**, n.m. | pal | amigo | σύντροφος | amico | amigo |
| 75 | **corne**, n.f. | horn | cuerno | κέρατο | corno | chifre |
| 189 | **corps et âme**, adv. | body and soul | en cuerpo y alma | ψυχή τε και σώματι | anima e corpo | corpo e alma |
| 10 | **costume**, n.m. | suit | traje | κοστούμι | completo | fato |
| 128 | **couche**, n.f. | layer | capa | στρώμα | strato | camada |
| 11 | **coude**, n.m. | elbow | codo | αγκώνας | gomito | cotovelo |
| 93 | **couloir**, n.m. | corridor | corredor | διάδρομος | corridoio | corredor |
| 24 | **coup**, n.m. | blow | golpe | κτύπημα | colpo | golpe |
| 108 | **coup d'œil**, n.m. | quick look | vistazo | ματιά | occhiata | olhada |
| 8 | **couple**, n.m. | couple | pareja | ζευγάρι | coppia | casal |
| 26 | **courage**, n.m. | spirit | entereza | θάρρος | coraggio | coragem |
| 50 | **couramment**, adv. | fluently | fluídamente | με ευχέρεια | correntemente | correntemente |
| 123 | **courant**, n.m. | movement | corriente, escuela | ρεύμα | corrente | corrente |
| 45 | **courtois**, adj. | courteous | atento | ευγενής, άψογος | cortese | cortês |
| 28 | **couteau**, n.m. | knife | cuchillo | μαχαίρι | coltello | faca |
| 58 | **coûteux**, adj. | expensive | caro | δαπανηρός | costoso | custoso |
| 62 | **craindre**, v.t. | to fear | temer | φοβάμαι | temere | temer |
| 44 | **crapuleux**, adj. | foul | depravado | με κίνητρο την κλεψιά | infame | devasso |

| | | | | | | |
|---|---|---|---|---|---|---|
| 13 | **cravate,** n.f. | tie | corbata | γραβάτα | cravatta | gravata |
| 136 | **crayeux,** adj. | chalky | gredoso | κιμωλιώδης | gessoso | gredoso |
| 58 | **creuser,** v.t. | to hollow out | excavar | σκάβω | scavare | cavar |
| 24 | **crier,** v.t. | to shout | gritar | φωνάζω | gridare | gritar |
| 44 | **crime,** n.m. | murder | crimen | έγκλημα | crimine | crime |
| 12 | **croiser,** v.t. | to pass | cruzar | διασταυρώνω | incrociare | cruzar |
| 162 | **crotte,** n.f. | droppings | estiércol | κουράδα | sterco | excremento |
| 120 | **cuir,** n.m. | leather | cuero | δέρμα | cuoio | coiro |

## D

| | | | | | | |
|---|---|---|---|---|---|---|
| 112 | **débloquer,** v.t. | to make ... relax | aflojar | χαλαρώνω | sbloccare | desbloquear |
| 130 | **débrancher,** v.t. | to disconnect | desconectar | αποσυνδέω | staccare | desligar |
| 128 | **débris,** n.m. | fragments | resto | θραύσμα | frammenti | destroço |
| 109 | **débrouiller (se)** | to sort it out o.s. | arreglárselas | τα βγάζω πέρα | sbrigarsela | sair de apuros |
| 41 | **débuter,** v.int./t. | to start | empezar | ξεκινώ | cominciare | principiar |
| 122 | **décennie,** n.f. | decade | década | δεκαετία | decennio | decênio |
| 141 | **décès,** n.m. | death | fallecimiento | θάνατος | decesso | falecimento |
| 83 | **décevoir,** v.t. | to disappoint | decepcionar | απογοητεύω | deludere | decepcionar |
| 120 | **déchiffrer,** v.t. | to decipher | descifrar | αποκρυπτογραφώ | decifrare | decifrar |
| 130 | **déclencher,** v.t. | to set off | encender | βάζω σε λειτουργία | attivare | disparar |
| 65 | **déclin,** n.m. | decline | decadencia | παρακμή | declino | declínio |
| 128 | **décollage,** n.m. | takeoff | despegue | απογείωση | decollo | decolagem |
| 146 | **décombres,** n.m. | rubble | escombros | συντρίμμια | macerie | descombros |
| 35 | **décor,** n.m. | setting | decorado | σκηνικό | scena | cenário |
| 51 | **découpage,** n.m. | division | división | χωρισμός | taglio | corte |
| 192 | **décuplé,** adj. | increased tenfold | decuplado | δεκαπλασιασμένος | decuplicato | décuplo |
| 110 | **déduire,** v.t. | to deduce | deducir | συμπεραίνω | dedurre | deduzir |
| 128 | **défaillant,** adj. | faulty | en mal estado | ελαττωματικός | non funzionante | falho |
| 32 | **défait,** adj. | ruffled | despeinado | χαλασμένος | disfatto | desfeito |
| 42 | **défendre,** v.t. | to defend | defender | υπερασπίζω | difendere | defender |
| 33 | **défi,** n.m. | challenge | desafío | πρόκληση | sfida | desafio |
| 31 | **défunt,** n.m. | deceased | difunto | μακαρίτης | defunto | defunto |
| 9 | **dégager,** v.t. | to bare | despejado | ελευθερώνω | scoprire | livre |
| 146 | **dégât,** n.m. | damage | daño | φθορά | danno | estrago |
| 130 | **déguisement,** n.m. | disguise | disfraz | μεταμφίεση | travestimento | fantasia |
| 49 | **déléguer,** v.t. | to delegate | delegar | εξουσιοδοτώ | delegare | delegar |
| 58 | **deltaplane,** n.m. | hang-glider | ala delta | αετός | deltaplano | asa delta |
| 63 | **démission,** n.f. | resignation | dimisión | παραίτηση | dimissione | demissão |
| 161 | **démolir,** v.t. | to demolish | demoler | κατεδαφίζω | demolire | demolir |
| 161 | **dénaturer,** v.t. | to distort | alterar | εκφυλίζω | snaturare | desnaturar |
| 64 | **dénoncer,** v.t. | to denounce | mostrar | καταγγέλλω | denunciare | denunciar |
| 83 | **déplacement,** n.m. | trip | ida y vuelta | μετακίνηση | spostamento | deslocamento |
| 12 | **déposition,** n.f. | statement | deposición | κατάθεση | deposizione | deposição |
| 48 | **déprime,** n.f. | depression | depresión | κατάπτωση | depressione | depressão |
| 161 | **dérisoire,** adj. | ludicrous | irrisorio | γελοίος, αμελητέος | derisorio | derrisório |
| 191 | **déroulement,** n.m. | course | desarrollo | ξετύλιγμα, εξέλιξη | svolgimento | desenvolvimento |
| 49 | **désavouer,** v.t. | to disown | desautorizar | ρίχνω την ευθύνη | rinnegare | renegar |
| 174 | **descendre,** v.t. | to shoot (kill) | bajar | κατεβαίνω, τουφεκίζω | uccidere | matar |
| 32 | **désespéré,** adj. | desperate | desesperado | απελπισμένος | disperato | desesperado |
| 14 | **désigner,** v.t. | to identify | nombrar | προσδιορίζω | designare | designar |
| 168 | **dès maintenant** | henceforth | desde ya | από δω και στο εξής | da adesso | a partir de agora |
| 99 | **détente,** n.f. | relaxation | relajación | χαλάρωση | distensione | descanso |
| 24 | **détester,** v.t. | to detest | aborrecer | απεχθάνομαι | detestare | detestar |
| 160 | **détruire,** v.t. | to destroy | destruir | καταστρέφω | distruggere | destruir |
| 124 | **dévoué,** adj. | devoted | servicial | αφοσιωμένος | devoto | dedicado |
| 56 | **diffuser,** v.t. | to distribute | difundir | διακινώ, διανέμω | diffondere | difundir |
| 146 | **digne de foi,** adj. | trustworthy | fidedigno | αξιόπιστος | degno di fede | digno de fé |
| 192 | **diluer (se),** v.pr. | to be diluted | diluirse | σβήνω, διαλύομαι | diluirsi | diluir-se |
| 40 | **diriger,** v.t. | to manage | dirigir | κατευθύνω | dirigere | dirigir |
| 110 | **discrétion,** n.f. | discretion | discreción | διακριτικότητα | discrezione | discreção |
| 25 | **discuter,** v.int./t. | to discuss | conversar | συζητώ | discutere | discutir |
| 12 | **disparaître,** v.int. | to go missing | desaparecer | εξαφανίζομαι | sparire | desaparecer |
| 177 | **disponible,** adj. | available | disponible | διαθέσιμος | disponibile | disponível |
| 72 | **disposer,** v.t. | to have (at one's disposal) | disponer | διαθέτω | disporre | colocar |

| | | | | | | |
|---|---|---|---|---|---|---|
| 29 | **disposition (à votre),** n.f. | disposal (at your) | órdenes | στη διάθεση σας | disposizione | disposição (a sua) |
| 33 | **dispute,** n.f. | quarrel | pelea | τσακωμός | litigio | disputa |
| 129 | **dissiper,** v.t. | to be dispelled | aclarar | διαλύω | dissipare | dissipar |
| 58 | **doigt,** n.m. | finger | dedo | δάχτυλο | dito | dedo |
| 76 | **domicile,** n.m. | address | domicilio | κατοικία | domicilio | domicílio |
| 17 | **don,** n.m. | gift | destreza | χάρισμα | dono | dom |
| 28 | **dos,** n.m. | back | espalda | πλάτη | schiena | costas |
| 18 | **douceur,** n.f. | gentleness | dulzura | γλυκύτητα | dolcezza | doçura |
| 25 | **douche,** n.f. | shower | ducha | ντούς | doccia | duche |
| 17 | **doué,** adj. | gifted | dotado | προικισμένος | dotato | dotado |
| 106 | **douleur,** n.f. | ache | dolor | πόνος | dolore | dor |
| 145 | **dresser (se),** v.pr. | to rise up | alzarse | στήνομαι | rizzarsi | erguer-se |
| 92 | **droit,** n.m. | right | derecho | δικαίωμα | diritto | direito |
| 60 | **drôle (un... de)** | strange | curioso | παράξενος | strano | esquisito |
| 24 | **dur,** adj. | tough | duro | σκληρός | duro | duro |
| 41 | **durée,** n.f. | length | duración | διάρκεια | durata | duração |

# E

| | | | | | | |
|---|---|---|---|---|---|---|
| 162 | **éboueur,** n.m. | dustman | basurero | σκουπιδιάρης | netturbino | lixeiro |
| 76 | **écarter,** v.t. | to dismiss | descartar | παραμερίζω | tralasciare | descartar |
| 162 | **échange,** n.m. | exchange | permuta | ανταλλαγή | scambio | troca |
| 90 | **échantillon,** n.m. | sample | muestra | δείγμα | campione | amostra |
| 192 | **échéance,** n.f. | date | fecha | λήξη προθεσμίας | scadenza | vencimento |
| 49 | **échec,** n.m. | failure | fracaso | αποτυχία | fallimento | fracasso |
| 41 | **échelle,** n.f. | scale | escalafón | κλίμακα | scala | escada |
| 143 | **échouer,** v.int. | to fail | fracasar | αποτυγχάνω | fallire | fracassar |
| 120 | **éclairage,** n.m. | lighting | iluminación | φωτισμός | illuminazione | iluminação |
| 81 | **éclatant,** adj. | vivid | resplandeciente | λαμπερός | vivace | brilhante |
| 127 | **éclater,** v.int. | to break | estallar | ξεσπάω | scoppiare | estourar |
| 128 | **écraser (s'),** v.pr. | to crash | estrellar | συντρίβω | schiacciare | esmagar |
| 44 | **effacer,** v.t. | to wipe out | borrar | σβήνω | cancellare | apagar |
| 42 | **efficace,** adj. | efficient | eficaz | αποτελεσματικός | efficiente | eficiente |
| 125 | **effleuré,** adj. | occurred | ocurrido | αγγίζω | sfiorato | roçado |
| 17 | **effort,** n.m. | effort | esfuerzo | προσπάθεια | sforzo | esforço |
| 35 | **effrayé,** adj. | frightened | asustado | πτοημένος | spaventato | assustado |
| 128 | **éjecter,** v.t. | to throw out | despedir | εκσφενδονίζω | espellere | ejectar |
| 153 | **élire,** v.t. | to elect | elegir | εκλέγω | eleggere | eleger |
| 61 | **embauche,** n.f. | hiring | contratación | πρόσληψη | assunzione | engajamento |
| 14 | **embellir,** v.t. | to embellish | enaltecer | εξωραΐζω | abbellire | embelezar |
| 92 | **embranchement** | side road | bifurcación | διακλάδωση | ramificazione | ramificação |
| 14 | **emmener,** v.t. | to take away | llevar | φέρνω μαζί μου | portare | levar |
| 110 | **emparer de (s')** | to get hold of | adueñarse | αρπάζω | appropriarsi | apoderar-se de |
| 160 | **emplacement,** n.m. | site | lugar | τοποθεσία | area | lugar |
| 44 | **empreinte,** n.f. | fingerprint | huella | αποτύπωμα | impronta | impressão |
| 152 | **emprunter,** v.t. | to borrow | pedir prestado | δανείζομαι | prendere in prestito | pedir emprestado |
| 192 | **en avant toute!** | full steam ahead! | ¡adelante! | πρόσω ολοταχώς | avanti! | avante! |
| 72 | **enceinte,** n.f. | speaker system | bafle | κουτί ηχείου | cassa | caixa |
| 120 | **encre,** n.f. | ink | tinta | μελάνι | inchiostro | tinta |
| 146 | **endommagé,** adj. | damaged | dañado | πληγμένος | danneggiato | estragado |
| 41 | **engager,** v.t. | to take on | contratar | προσλαμβάνω | assumere | empregar |
| 35 | **ennuyé,** adj. | bored | aburrido | ενοχλημένος | annoiato | aborrecido |
| 19 | **enquête,** n.f. | survey | encuesta | έρευνα | inchiesta | investigação |
| 65 | **enrichissement** | enrichment | enriquecimiento | εμπλουτισμός | arricchimento | enriquecimento |
| 187 | **entendre (s'),** v.pr. | to get on together | entenderse | συνεννοούμαι | capirsi | entender-se |
| 106 | **entorse,** n.f. | sprain | esguince | στραμπούληγμα | storta | entorse |
| 128 | **entourer,** v.t. | to surround | rodear | περιβάλλω | circondare | cercar |
| 56 | **entraîner,** v.t. | to influence | arrastrar | παρασύρω | trascinare | levar |
| 123 | **entrée en scène** | entrance | entrada en escena | μπάσιμο στη σκηνή | entrare in scena | entrada em cena |
| 31 | **envie (avoir)** | to want | ganas | όρεξη | voglia | vontade |
| 9 | **épais,** adj. | bushy | tupido | πυκνός | spesso | espesso |
| 122 | **épanouissement** | fulfilment | desarrollo | άνθιση | sviluppo | desenvolvimento |
| 10 | **épaule,** n.f. | shoulder | hombro | ώμος | spalla | ombro |
| 128 | **épave,** n.f. | wreckage | restos | συντρίμμι | relitto | destroço |
| 145 | **épopée,** n.f. | epic | epopeya | εποποιΐα | epopea | epopéia |

|  |  |  |  |  |  |  |
|---|---|---|---|---|---|---|
| 173 | **épouser**, v.t. | to marry | casarse con | παντρεύομαι | sposare | desposar |
| 72 | **éprouvé**, adj. | tried and tested | garantizado | δοκιμασμένος | sperimentato | experimentado |
| 106 | **équitation**, n.f. | horse-riding | equitación | ιππασία | equitazione | equitação |
| 161 | **ériger**, v.t. | to erect | erigir | ανεγείρω | erigere | erigir |
| 144 | **escadrille**, n.f. | flight | escuadrilla | μέρος μοίρας | squadriglia | esquadrilha |
| 58 | **escalade**, n.f. | climbing | alpinismo | αναρρίχηση | scalata | escalada |
| 74 | **escargot**, n.m. | snail | caracol | σαλιγκάρι | lumaca | caracol |
| 35 | **espionnage**, n.m. | espionage | espionaje | κατασκοπεία | spionaggio | espionagem |
| 90 | **étape**, n.f. | stage | etapa | στάδιο | tappa | etapa |
| 48 | **éternel**, adj. | everlasting | eterno | ατελείωτος, αιώνιος | eterno | eterno |
| 81 | **étoffe**, n.f. | fabric | tela, tejido | γερό ύφασμα | stoffa | tecido |
| 47 | **évasif**, adj. | evasive | evasivo | ασαφής | evasivo | evasivo |
| 64 | **évasion**, n.f. | escape | evasión | φυγή | evasione | evasão |
| 89 | **éveiller**, v.t. | to arouse | provocar | ξυπνάω | svegliare | despertar |
| 49 | **éviter**, v.t. | to avoid | evitar | αποφεύγω | evitare | evitar |
| 49 | **évoluer**, v.int. | to change | cambiar | εξελίσσομαι | evolvere | evoluir |
| 14 | **évoquer**, v.t. | to evoke | hacer acordar | θυμίζω | evocare | evocar |
| 40 | **exiger**, v.t. | to require | requerir | απαιτώ | esigere | exigir |
| 57 | **exploit**, n.m. | exploit | hazaña | μεγαλούργημα | exploit | proeza |
| 19 | **exposé**, n.m. | presentation | presentación | έκθεση | esposto | exposição |

# F

|  |  |  |  |  |  |  |
|---|---|---|---|---|---|---|
| 90 | **fable**, n.f. | story | fábula | αλληγορία | favola | fábula |
| 120 | **fabriquer**, v.t. | to manufacture | fabricar | παράγω | fabbricare | fabricar |
| 193 | **façonner**, v.t. | to shape | dar forma | διαπλάθω | modellare | modelar |
| 65 | **factice**, adj. | artificial | artificial | πλαστός | fittizio | factício |
| 193 | **faire défaut** | to be lacking | hacer falta | ελλείπω | mancare | faltar |
| 61 | **faire (s'en)** | to worry | preocuparse | ανησυχώ | preoccuparsi | preocupar-se |
| 25 | **faire exprès** | to do on purpose | hacerlo a propósito | κάνω επίτηδες | fare apposta | fazer de propósito |
| 130 | **faire le guet** | to be on the look-out | esperar vigilando | κρατάω τσίλλιες | fare da palo | vigiar |
| 96 | **faire le plein** | to fill up | llenar el tanque | γεμίζω | fare il pieno | completar |
| 161 | **faire peau neuve** | to adopt a new image | cambiar de vida | αλλάζω εντελώς | rinnovarsi | modernizar |
| 44 | **faire un tour** | to go for a stroll | dar una vuelta | κάνω μια βόλτα | fare un giro | dar uma volta |
| 33 | **fait accompli**, n.m. | fait accompli | hecho consumado | τετελεσμένο γεγονός | fatto compiuto | fato consumado |
| 130 | **fait divers**, n.m. | news item | suceso | απλό συμβάν | cronaca | pequeno acontecimento |
| 82 | **farci**, adj. | stuffed | relleno | γεμιστός | farcito | recheado |
| 45 | **fauché**, adj. fam. | broke | pelado | μπατήρης | al verde | duro |
| 74 | **faucon**, n.m. | falcon | halcón | γεράκι | falcone | falcão |
| 49 | **fauve**, n.m. | wildcat | fiera | θηρίο | belva | fera |
| 151 | **favoriser**, v.t. | to favour | facilitar | ευνοώ | favorire | favorecer |
| 48 | **féliciter**, v.t. | to congratulate | felicitar | συγχαίρω | congratularsi | felicitar |
| 46 | **fendre**, v.t. | to put a vent in | tajear | σχίζω | fendere | fender |
| 141 | **fermeture**, n.f. | closure | cierre | κλείσιμο | chiusura | encerramento |
| 144 | **fiable**, adj. | reliable | confiable | αξιόπιστος | affidabilità | fiável |
| 16 | **fidélité**, n.f. | loyalty | fidelidad | πίστη, σταθερότητα | fedeltà | fidelidade |
| 49 | **fier**, adj. | proud | jactancioso | περήφανος | fiero | orgulhoso |
| 44 | **filer**, v.int. fam. | to go off | largarse | φεύγω, του δίνω | filare | safar-se |
| 83 | **filet**, n.m. | fillet | filete | φιλέτο | rete | rede |
| 17 | **finesse**, n.f. | subtlety | fineza | λεπτότητα | finezza | fineza |
| 185 | **fixer (se)**, v.pr. | to settle | afincarse | εγκαθίσταμαι | fissarsi | fixar-se |
| 72 | **flamme**, n.f. | flame | llama | φλόγα | fiamma | chama |
| 75 | **fleuve**, n.m. | river | río | ποταμός | fiume | rio |
| 48 | **fonceur**, adj. | go-getting | acometedor | δυναμικός | grintoso | lutador |
| 61 | **fond (au)** | at heart | fondo (en el) | (κατά) βάθος | in fondo | fundo (no) |
| 49 | **fonder**, v.t. | to base | basar | θεμελιώνω | fondare | fundar |
| 112 | **fondre**, v.t. | to dissolve | derretir | λιώνω, εξαφανίζω | fondere | derreter |
| 138 | **forer**, v.t. | to bore | perforar | διατρυπώ | bucare | furar |
| 45 | **formel**, adj. | positive | categórico | κατηγορηματικός | formale | formal |
| 26 | **fort**, adv. | loud | fuerte | δυνατά | forte | forte |
| 128 | **fouiller**, v.t. | to comb | investigar | ερευνώ | setacciare | escavar |
| 99 | **fraîcheur**, n.f. | freshness | frescura | φρεσκάδα | freschezza | frescura |
| 73 | **frais/-aîche**, adj. | cold | fresco/a | δροσερός | fresco | fresco/a |
| 67 | **frais**, n.m.pl. | expense | gastos | έξοδα | spese | gastos |
| 83 | **fraise**, n.f. | strawberry | fresa | φράουλα | fragola | morango |
| 144 | **franchir**, v.t. | to cross | cruzar | διασχίζω | superare | transpor |

| | | | | | | |
|---|---|---|---|---|---|---|
| 18 | **franchise,** n.f. | frankness | franqueza | ευθύτητα | franchezza | franqueza |
| 80 | **frapper,** v.t. | to strike | llamar la atención | εντυπωσιάζω | colpire | tocar |
| 65 | **freiner,** v.t./int. | to slow down | disminuir | φρενάρω, περιορίζω | frenare | travar |
| 79 | **fréquenter,** v.t. | to frequent | frecuentar | συχνάζω σε | frequentare | frequentar |
| 9 | **friser,** v.t./int. | to curl | rizar | κατσαρώνω | arricciare | encrespar |
| 8 | **front,** n.m. | forehead | frente | μέτωπο | fronte | testa |
| 185 | **frontière,** n.f. | border | frontera | σύνορο | frontiera | fronteira |
| 33 | **fuir,** v.int./t. | to run away from | rehuir | αποφεύγω, δραπετεύω | fuggire | fugir |
| 128 | **fuselage,** n.m. | fuselage | fuselaje | σκελετός αερ/νου | fusoliera | fuselagem |

## G

| | | | | | | |
|---|---|---|---|---|---|---|
| 41 | **gagner,** v.t. | to earn | ganar | κερδίζω | guadagnare | ganhar |
| 26 | **gaieté,** n.f. | cheerfulness | alegría | ευθυμία | allegria | alegria |
| 61 | **gaillard,** n.m. fam. | chap | tío | πονηρός | tipo | espertalhão |
| 83 | **galette,** n.f. | cake | torta | γαλέττα | tortina | torta |
| 79 | **garantir,** v.t. | to guarantee | garantizar | εγγυώμαι | garantire | garantir |
| 77 | **garder,** v.t. | to keep | mantener | φυλάω | tenere | conservar |
| 61 | **gars,** n.m. | fellow | tío | παιδί, τύπος | tale | rapaz |
| 127 | **gendarmerie,** n.f. | police force | gendarmería | χωροφυλακή | gendarmeria | corpo de gendarmes |
| 193 | **généraliser,** v.int. | to become wide-spread | generalizar | γενικεύω | generalizzare | generalizar |
| 11 | **genou,** n.m. | knee | rodilla | γόνατο | ginocchio | joelho |
| 40 | **gérer,** v.t. | to manage | administrar | διαχειρίζομαι | gestire | gerir |
| 33 | **geste,** n.m. | gesture | movimiento | χειρονομία | gesto | gesto |
| 42 | **gestion,** n.f. | administration | administración de empresas | διοίκηση | gestione | gerência |
| 27 | **gifle,** n.f. | slap | cachetada | χαστούκι | schiaffo | bofetada |
| 24 | **glisser,** v.int. | to slide | pasar | γλιστρώ | scivolare | escorregar |
| 58 | **gorge,** n.f. | gorge | quebrada | φαράγγι | gola | garganta |
| 58 | **gouffre,** n.m. | chasm | abismo | χαράδρα | abisso | abismo |
| 26 | **gourmandise,** n.f. | greed | gula | λαιμαργία | golosità | gula |
| 16 | **goût,** n.m. | taste | gusto | όρεξη, διάθεση | gusto | gosto |
| 49 | **gouverner,** v.int/t. | to rule | gobernar | διοικώ | governare | governar |
| 152 | **gradin,** n.m. | step (of the terracing) | grada | κερκίδα | gradinata | bancada |
| 106 | **graisse,** n.f. | fat | grasa | λίπος | grasso | gordura |
| 160 | **gratte-ciel,** n.m. | skyscraper | rascacielos | ουρανοξύστης | grattacielo | arranha-céu |
| 80 | **grenade,** n.f. | pomegranate | granada | ρόδι | granata | granada |
| 58 | **grimper,** v.int. | to climb | subir | αναρριχώμαι | arrampicarsi | trepar |
| 58 | **grotte,** n.f. | cave | gruta | σπηλιά | grotta | gruta |
| 74 | **guépard,** n.m. | cheetah | guepardo | τσίτα | ghepardo | lobo-tigre |
| 106 | **guérir,** v.t./int. | to cure | curar | θεραπεύω | guarire | curar |

## H

| | | | | | | |
|---|---|---|---|---|---|---|
| 49 | **habilement,** adv. | cleverly | habilmente | επιδέξια | abilmente | habilmente |
| 40 | **habilleuse,** n.f. | dresser | encargada de vestuario | ενδυματολόγος | vestiarista | vestiária |
| 82 | **hachis,** n.m. | chopped vegetables | picadillo | πουρρές | trito | picado |
| 89 | **hasard,** n.m. | chance | casualidad | σύμπτωση | caso | acaso |
| 72 | **haut-parleur,** n.m. | loudspeaker | altavoz | ηχείο | alto parlante | alto-falante |
| 143 | **héberger,** v.t. | to put up | alojar | φιλοξενώ | ospitare | hospedar |
| 74 | **herbivore,** n.m. | herbivore | herbívoro | χορτοφάγος | erbivoro | herbívero |
| 125 | **hériter,** v.int./t. | to inherit | heredar | κληρονομώ | ereditare | herdar |
| 128 | **heurter,** v.t. | to hit | chocar contra | προσκρούω | urtare | chocar |
| 29 | **horloge,** n.f. | clock | reloj | ρολόι τοίχου | orologio | relógio |
| 105 | **hors de,** adv. | away from | fuera de | έξω από | fuori | fora de |
| 65 | **hors-la-loi,** n.m. | outlaw | persona fuera de la ley | παράνομος | fuorilegge | fora da lei |
| 120 | **huile,** n.f. | oil | aceite | λάδι | olio | óleo |

## I

| | | | | | | |
|---|---|---|---|---|---|---|
| 136 | **île,** n.f. | island | isla | νησί | isola | ilha |
| 108 | **immobilier,** adj. | real-estate | inmobiliario | κτιριακός | immobiliare | imobiliário |
| 189 | **imparable,** adv. | watertight | irrefutable | αδιάσειστος | incomparabile | incomparável |

| | | | | | | |
|---|---|---|---|---|---|---|
| 90 | **impitoyable,** adj. | merciless | despiadado | ανελέητος | spietato | desapiedado |
| 160 | **implanter,** v.t. | to build | implantar | εγκαθιστω | impiantare | implantar |
| 64 | **impliquer,** v.t. | to imply | presuponer | συνεπάγομαι | implicare | implicar |
| 72 | **inclinable,** adj. | inclinable | reclinable | ρυθμιζόμενης κλίσης | inclinabile | inclinável |
| 26 | **indécision,** n.f. | indecisiveness | indecisión | αναποφασιστικότητα | indecisione | indecisão |
| 66 | **inédit,** adj. | original | inédito | πρωτότυπος | inedito | inédito |
| 41 | **informaticien,** n.m. | computer technician | analista programador | ασκολούμενος με κομπιούτερ | specialistà in informatica | técnico em informática |
| 145 | **infranchissable** | insuperable | infranqueable | αδιάβατος | insuperabile | intransponível |
| 128 | **infructueux,** adj. | fruitless | infructuoso | άκαρπος | infruttuoso | infrutuoso |
| 168 | **innover,** v.t. | to innovate | innovar | εισάγω νεωτερισμό | rinnovare | inovar |
| 145 | **insatisfait,** adj. | unsatisfied | insatisfecho | ανικανοποίητος | insoddisfatto | insatisfeito |
| 41 | **inscrire,** v.t. | to write | escribir | γράφω | iscrivere | inscrever |
| 56 | **instituteur,** n.m. | primary school teacher | maestro | δάσκαλος | maestro | professor |
| 32 | **insupportable,** adj. | unbearable | insoportable | ανυπόφορος | insopportabile | insuportável |
| 35 | **interrogatoire,** n.m. | interrogation | interrogatorio | ανάκριση | interrogatorio | interrogatório |
| 107 | **interrompre,** v.t. | to interrupt | interrumpir | διακόπτω | interrompere | interromper |
| 58 | **intrépide,** adj. | daring | intrépido | ατρόμητος | intrepido | intrépido |
| 67 | **investissement** | investment | empeño | επένδυση, δόσιμο | investimento | investimento |
| 31 | **irréprochable,** adj. | beyond reproach | intachable | υπεράνω υποψίας | irreprensibile | irrepreensível |
| 144 | **issu,** adj. | coming from | nacido | προερχόμενος | nato | originário |
| 162 | **itinérant,** adj. | itinerant | móvil | πλανόδιος | itinerante | itinerante |

## J

| | | | | | | |
|---|---|---|---|---|---|---|
| 26 | **jalousie,** n.f. | envy | celos | ζήλεια | gelosia | ciúme |
| 11 | **jambe,** n.f. | leg | pierna | γάμπα | gamba | perna |
| 58 | **jeter,** v.t. | to throw | tirar | ρίχνω | buttare | lançar |
| 50 | **joindre,** v.t. | to contact | localizar | ερχομαι σε επαφή | unire | juntar |
| 172 | **jouer au plus fin,** v.int. | to try to outsmart | dárselas de listo | προσπαθώ να εξαπατήσω | fare il furbo | usar de astúcia |
| 49 | **jouer serré,** v.int. | to tread carefully | obrar con prudencia | ενεργώ συγκρατημένα | giocare duro | jogar duro |
| 45 | **journalier,** adj. | daily | diario | καθημερινός | giornaliero | diário |
| 56 | **journalisme,** n.m. | journalism | periodismo | δημοσιογραφία | giornalismo | jornalismo |
| 138 | **jumeau,** n.m. | twin | gemelo | δίδυμος | gemello | gêmeo |
| 65 | **justicier,** n.m. | lover of justice | justiciero | τιμωρός | giustiziere | justiceiro |

## L

| | | | | | | |
|---|---|---|---|---|---|---|
| 90 | **là-dessus,** adv. | on that point | al respecto | εκεί πάνω | a questo proposito | a este respeito |
| 154 | **laisser (se),** v.pr. | to let o.s. | dejarse | αφήνομαι | lasciarsi | deixar-se |
| 112 | **lancer,** v.t. | to kick | levantar | εκσφενδονίζω | lanciare | lançar |
| 56 | **lancer (se),** v.pr. | to set off | lanzarse | ρίχνομαι | lanciarsi | lançar-se |
| 82 | **lapin,** n.m. | rabbit | conejo | κουνέλι | coniglio | coelho |
| 32 | **larme,** n.f. | tear | lágrima | δάκρυ | lacrima | lágrima |
| 141 | **léguer,** v.t. | to bequeath | legar | κληροδοτώ | legare | legar |
| 48 | **lent,** adj. | slow (coach) | lento | αργόστροφος | lento | lento |
| 95 | **lessive,** n.f. | washing powder | jabón en polvo | απορρυπαντικό | bucato | lixívia |
| 8 | **lèvre,** n.f. | lip | labio | χείλος | labbra | lábio |
| 79 | **libérer (se),** v.pr. | to get off work | liberarse | απαλλάσσομαι | liberarsi | liberar-se |
| 130 | **ligoter,** v.t. | to bind hand and foot | atar | δένω | legare | atar |
| 176 | **loi,** n.f. | law | ley | νόμος | legge | lei |
| 168 | **loisir,** n.m. | leisure | ocio | ελεύθερος χρόνος | tempo libero | lazer |
| 77 | **loto,** n.m. | lottery | lotería | λαχείο | tombola | loto |
| 83 | **lotte,** n.f. | devilfish | lota | είδος ψαριού | pescatrice | lota |
| 168 | **ludique,** adj. | play | lúdico | ψυχαγωγικός | ludico | lúdico |
| 72 | **lunette,** n.f. | glasses | gafa | γυαλιά | occhiali | óculos |
| 58 | **lutter,** v.int. | to fight | luchar | παλαίβω | lottare | lutar |
| 83 | **luxueux,** adj. | luxurious | lujoso | πολυτελές | lussuoso | luxuoso |

## M

| | | | | | | |
|---|---|---|---|---|---|---|
| 10 | **maigre,** adj. | thin | flaco | λεπτός | magro | magro |
| 113 | **maintenir (se),** v.pr. | to keep | mantenerse | διατηρούμαι | mantenersi | manter-se |
| 9 | **main,** n.f. | hand | mano | χέρι | mano | mão |
| 76 | **mairie,** n.f. | town hall | ayuntamiento | δημαρχείο | municipio | câmara municipal |

| | | | | | | |
|---|---|---|---|---|---|---|
| 65 | **maîtriser,** v.t. | to master | dominar | γίνομαι κύριος | dominare | dominar |
| 141 | **maître,** n.m. | (term of address given to solicitors) | "título" de notario | κύριος, αφέντης | dottore | doutor |
| 186 | **majorité,** n.f. | coming of age | mayoría (de edad) | ενηλικίωση | maggioranza | maioria |
| 40 | **malade,** n.m./f. | patient | enfermo | ασθενής | malato | doente |
| 130 | **malfaiteur,** n.m. | thief | malhechor | κακοποιός | malfattore | malfeitor |
| 74 | **mammifère,** n.m. | mammal | mamífero | θηλαστικό | mammifero | mamífero |
| 48 | **manifester,** v.t. | to show | mostrar | εκδηλώνω | manifestare | manifestar |
| 65 | **manque,** n.m. | void | carencia | έλλειψη | carenza | carência |
| 9 | **marquer,** v.t. | to mark | marcar | σημειώνω | segnare | marcar |
| 9 | **marron,** adj.inv. | chestnut | marrón | κάστανο, καστανός | marrone | castanha/os |
| 129 | **masquer,** v.t. | to conceal | cubrir | καλύπτω | nascondere | esconder |
| 113 | **masser,** v.t. | to massage | dar masajes | κάνω μασάζ | massaggiare | massagear |
| 177 | **massif,** adj. | large-scale | masivo | μαζικός | massiccio | maciço |
| 73 | **matériau,** n.m. | material | material | υλικό | materiale | material |
| 61 | **mauvais,** adj. | bad | malo | κακός | cattivo | mau |
| 63 | **méchant,** adj. | nasty | malo | μοχθηρός, κακός | cattivo | bravo |
| 49 | **méfier (se),** v.pr. | to distrust | desconfiar | δυσπιστώ | diffidare | desconfiar |
| 17 | **mélange,** n.m. | combination | mezcla | μίγμα | miscuglio | mistura |
| 109 | **mêler,** v.t. | to involve in | involucrar | αναμιγνύω | mescolare | misturar |
| 111 | **ménager,** v.t. | to treat tactfully | tener consideración con | φείδομαι | avere il controllo | manejar |
| 90 | **mendier,** v.t. | to beg | mendigar | ζητιανεύω | mendicare | mendigar |
| 191 | **mentir,** v.int. | to lie | mentir | ψεύδομαι | mentire | mentir |
| 9 | **menton,** n.m. | chin | mentón | σαγόνι | mento | queixo |
| 152 | **mériter,** v.t. | to deserve | merecer | αξίζω, δικαιούμαι | meritare | merecer |
| 88 | **message,** n.m. | message | mensaje | μήνυμα | messaggio | recado |
| 42 | **mesure,** n.f. | measure | medida | μέτρο | misura | medida |
| 40 | **métier,** n.m. | profession | profesión | επάγγελμα | mestiere | ofício |
| 60 | **mettre au courant** | to learn the ropes | enterarse | κατατοπίζομαι | mettere al corrente | estar ao par |
| 156 | **mettre sur écoute** | to phone-tap | intervenirle el teléfono | παρακολουθώ το τηλέφωνο | mettere sotto ascolto | vigiar |
| 127 | **mieux (en),** adv. | for the better | para mejor | προς το καλύτερο | meglio | para melhor |
| 17 | **milieu,** n.m. | social class | clase | κοινωνικός κύκλος | livello | meio |
| 8 | **mince,** adj. | thin | delgado | λεπτός | snello | esbelto |
| 120 | **mine,** n.f. | lead (of pencil) | mina | μύτη (μολυβιού) | mina | mina |
| 13 | **mission,** n.f. | assignment | misión | αποστολή | missione | missão |
| 113 | **modelage,** n.m. | modelling | modelado | πλάσιμο | modellatura | modelagem |
| 75 | **montagne,** n.f. | mountain | montaña | βουνό | montagna | montanha |
| 120 | **montgolfière,** n.f. | hot-air balloon | globo | αερόστατο | mongolfiera | balão |
| 72 | **monture,** n.f. | frame | armazón | σκελετός | montatura | armação |
| 33 | **moquer (se) de** | not to care less | no importar | περιφρονώ | prendere in giro | zombar |
| 173 | **mouillé,** adj. fam. | involved | metido | μπερδεμένος | coinvolto | envolvido |
| 9 | **moustache,** n.f. | moustache | bigote | μουστάκι | baffi | bigode |
| 74 | **museau,** n.m. | muzzle | hocico | μουτσούνα | muso | focinho |
| 160 | **mutation,** n.f. | changes | cambio | εξέλιξη, αλλαγή | mutazione | mutação |

## N

| | | | | | | |
|---|---|---|---|---|---|---|
| 106 | **nager,** v.int./t. | to swim | nadar | κολυμπώ | nuotare | nadar |
| 136 | **navette,** n.f. | shuttle | vehículo transportador | βαγονέττο | autobus | camioneta |
| 65 | **navigateur,** n.m. | sailor | navegante | θαλασσοπόρος | navigatore | navegador |
| 124 | **navré,** adj. | sorry | afligido | λυπημένος | dispiaciuto | sinto muito |
| 109 | **négliger,** v.t. | to overlook | descartar | παραμελώ | trascurare | negligenciar |
| 160 | **nettoyer,** v.t. | to clean | limpiar | καθαρίζω | pulire | limpar |
| 72 | **neuf,** adj. | new | nuevo | καινούργιος | nuovo | novo |
| 8 | **nez,** n.m. | nose | nariz | μύτη | naso | nariz |
| 61 | **nier,** v.int./t. | to deny | negar | αρνούμαι | negare | negar |
| 170 | **nœud,** n.m. | knot | nudo | κόμβος | nodo | nó |
| 125 | **notaire,** n.m. | solicitor | notario | συμβολαιογράφος | notaio | tabelião |

| | | | | | | |
|---|---|---|---|---|---|---|
| 120 | **nouveauté,** n.f. | novelty | novedad | νεωτερισμός | novità | novidade |
| 17 | **nouvelle,** n.f. | news | noticia | είδηση | notizia | notícia |
| 193 | **nuire,** v.int. | to harm | perjudicar | ζημιώνω | nuocere | prejudicar |

## O

| | | | | | | |
|---|---|---|---|---|---|---|
| 126 | **obéir,** v.int. | to obey | obedecer | υπακούω | obbedire | obedecer |
| 79 | **occasion (d'),** n.f. | second-hand | de segunda mano | ευκαιρία | di occasione | ocasião |
| 128 | **occupant,** n.m. | passenger | ocupante | κάτοχος | occupante | ocupante |
| 13 | **occuper de (s')** | to take charge of | encargarse | ασχολούμαι με | occuparsi | ocupar-se de |
| 8 | **œil/yeux,** n.m. | eye/eyes | ojo (s) | μάτι, μάτια | occhio | olho/s |
| 74 | **oiseau,** n.m. | bird | ave | πουλί | uccello | pássaro |
| 170 | **opter,** v.int. | to opt for | optar | διαλέγω | optare | optar |
| 65 | **ordinateur,** n.m. | computer | ordenador | κομπιούτερ | computer | computador |
| 9 | **oreille,** n.f. | ear | oreja | αυτί | orecchio | orelha |
| 115 | **orienter,** v.t. | to direct | orientar | προσανατολίζω | orientare | orientar |
| 74 | **ours,** n.m. | bear | oso | αρκούδα | orso | urso |
| 42 | **ouvrier,** n.m. | worker | obrero | εργάτης | operaio | operário |

## P

| | | | | | | |
|---|---|---|---|---|---|---|
| 49 | **paisible,** adj. | peaceful | tranquilo | ήρεμος | gradevole | tranquilo |
| 90 | **pancarte,** n.f. | sign | cartel | ταμπέλα | cartello | cartaz |
| 158 | **panne (en),** n.f. | stuck for | pairo | βλάβη, έλλειψη | guasto | avaria |
| 120 | **parachute,** n.m. | parachute | paracaídas | αλεξίπτωτο | paracadute | para-quedas |
| 10 | **paraître,** v.int. | to seem | parecer | φαίνομαι | sembrare | aparecer |
| 120 | **parapluie,** n.m. | umbrella | paraguas | ομπρέλα | ombrello | guarda-chuva |
| 65 | **parcourir,** v.t. | to sail all over | recorrer | περιτρέχω | percorrere | percorrer |
| 58 | **pardon,** n.m. | pardon (Breton pilgrimage) | escultura religiosa bretona | θρησκευτικό άγαλμα της Βρετάνης | scultura bretone | escultura religiosa bretã |
| 26 | **paresse,** n.f. | laziness | pereza | οκνηρία | pigrizia | preguiça |
| 72 | **paroi,** n.f. | surface | pared | τοίχωμα | parete | parede |
| 66 | **partager,** v.t. | to share | repartir | μοιράζομαι | dividere | dividir |
| 49 | **partout,** adv. | everywhere | en todos lados | παντού | dappertutto | em toda parte |
| 145 | **parvenir,** v.int. | to reach | llegar | φτάνω | riuscire a | conseguir |
| 125 | **patienter,** v.int. | to wait | esperar | περιμένω | avere pazienza | esperar |
| 161 | **patrimoine,** n.m. | heritage | patrimonio | κληρονομιά | patrimonio | patrimônio |
| 128 | **patrouille,** n.f. | patrol | patrulla | περίπολος | pattuglia | patrulha |
| 29 | **pauvre,** adj. | poor | pobre | φτωχός | povero | pobre |
| 83 | **paysage,** n.m. | landscape | paisaje | τοπίο | paesaggio | paisagem |
| 61 | **peau,** n.f. | skin | pellejo | τομάρι | pelle | pele |
| 8 | **peintre,** n.m. | painter | pintor | ζωγράφος | pittore | pintor |
| 58 | **pénible,** adj. | tiresome | arduo | επίπονος | penoso | penoso |
| 65 | **percer,** v.t. | to penetrate | entender | διεισδύω | scoprire | desvendar |
| 128 | **perdition (en),** n.f. | in distress | perdido | εν κινδύνω | perdizione | perdição (em) |
| 106 | **perte,** n.f. | loss | pérdida | χάσιμο | perdita | perda |
| 10 | **peser,** v.t./int. | to weigh | pesar | ζυγίζω | pesare | pesar |
| 189 | **petite cuillère,** n.f. | teaspoon | cucharita | κουταλάκι | cucchiaino | colherinha |
| 93 | **petit malin,** fam. | clever Dick | listo | εξυπνάκιας | furbetto | espertinho |
| 170 | **peupler,** v.t. | to inhabit | poblar | κατοικώ | popolare | povoar |
| 67 | **phare,** n.m. | lighthouse | faro | φάρος | faro | farol |
| 8 | **physionomiste,** adj. | good at remembering faces | fisonomista | που συγκρατεί Φυσιογνωμίες | fisionomista | fisionomista |
| 58 | **pic,** n.m. | pick | pico | σκαπάνη | piccozza | picareta |
| 72 | **pichet,** n.m. | jug | jarra | κανάτα | boccale | pichel |
| 56 | **pièce de rechange** | spare part | repuesto | ανταλλακτικό | pezzo di ricambio | sobressalente |
| 162 | **piétonnisation,** n.f. | creation of a pedestrian precinct | peatonización | πεζοδρόμηση | rendere pedonale | para peões |
| 128 | **pin,** n.m. | pine tree | pino | πεύκο | pino | pinho |
| 127 | **pire (en),** adv. | for the worse | para peor | προς το χειρότερο | peggio | para pior |
| 76 | **piste,** n.f. | lead | pista | ίχνος | pista | pista |
| 88 | **pitié,** n.f. | pity | piedad | έλεος | pietà | piedade |
| 170 | **planifier,** v.t. | to plan | planificar | προγραμματίζω | pianificare | planificar |

| | | | | | | |
|---|---|---|---|---|---|---|
| 162 | **plaque,** n.f. | name plate | placa | πινακίδα | piastra | placa |
| 90 | **plaindre (se),** v.pr. | to make a complaint | protestar | κάνω παράπονα | lamentarsi | queixar-se |
| 33 | **pleurer,** v.int. | to weep | llorar | κλαίω | piangere | chorar |
| 72 | **plier,** v.t. | to fold | plegar | διπλώνω | piegare | dobrar |
| 8 | **plisser,** v.t./int. | to wrinkle | arrugar | κάνω πτυχές | rigare | enrugar |
| 120 | **plomb,** n.m. | lead | plomo | μόλυβδος | piombo | chumbo |
| 75 | **pluie,** n.f. | rain | lluvia | βροχή | pioggia | chuva |
| 10 | **plupart (la),** n.f. | majority | la mayor parte | η πλειονότητα | la maggior parte | a maior parte |
| 9 | **poche,** n.f. | pocket | bolsillo | τσέπη | tasca | bolso |
| 10 | **poids,** n.m. | weight | peso | βάρος | peso | peso |
| 33 | **poing,** n.m. | fist | puño | γροθιά | pugno | punho |
| 82 | **poireau,** n.m. | leek | puerro | πράσσο | porro | alho-porro |
| 24 | **poli,** adj. | polite | educado | ευγενής | educato | polido |
| 97 | **pompe à essence,** n.f. | petrol pump | surtidor de gasolina | αντλεία βενζίνης | distributore | bomba de gasolina |
| 138 | **pompe,** n.f. | pump | bomba | αντλεία | pompa | bomba |
| 58 | **port,** n.m. | harbour | puerto | λιμάνι | porto | porto |
| 65 | **portée,** n.f. | significance | alcance | βεληνεκές, αξία | portata | alcance |
| 28 | **portefeuille,** n.m. | wallet | cartera (de bolsillo) | πορτοφόλι | portafoglio | carteira |
| 47 | **porter tort,** v.int. | to do wrong to | perjudicar | δίνω άδικο | fare torto | prejudicar |
| 105 | **portier,** n.m. | porter | portero | πορτιέρης | portiere | porteiro |
| 49 | **portrait,** n.m. | sketch | descripción | πορτραίτο | ritratto | retrato |
| 33 | **poser,** v.int. | to put | apoyar | στηρίζω | posare | colocar |
| 17 | **posséder,** v.t. | to possess | poseer | έχω, διαθέτω | possedere | possuir |
| 50 | **poste,** n.m. | position | cargo | θέση εργασίας | posto | posto |
| 60 | **pot,** n.m. fam. | drink | trago | ποτό | bicchiere | copo |
| 105 | **poubelle,** n.f. | dustbin | basura | σκουπιδοντενεκές | pattumiera | lixo |
| 120 | **poudre à canon** | gunpowder | pólvora | πυρίτιδα | esplosivo | pólvora de canhão |
| 19 | **pousser,** v.t. | to incite | llevar | ωθώ | spingere | empurrar |
| 16 | **pourtant,** adv. | however | sin embargo | όμως | tuttavia | todavia |
| 142 | **préalable, au** | preliminary | previo | προκαταρκτικός | preliminare | prévio |
| 62 | **précédemment** | previously | anteriormente | προηγουμένως | precedentemente | anteriormente |
| 58 | **précipiter (se)** | to throw o.s. | tirarse | ορμώ, γκρεμίζομαι | precipitarsi | precipitar-se |
| 17 | **prédire,** v.t. | to predict | predecir | μαντεύω | predire | predizer |
| 186 | **prendre des mesures,** v.int. | to take steps | tomar medidas | παίρνω μέτρα | prendere delle misure | tomar medidas |
| 91 | **prendre en charge** | to take charge of | encargarse de | αναλαμβάνω | incaricarsi | encarregar-se |
| 40 | **preneur de son** | sound engineer | grabador | ηχολήπτης | tecnico del suono | técnico de som |
| 189 | **présomption,** n.f. | presumption | presunción | υπόνοια | presunzione | presunção |
| 40 | **presse,** n.f. | newspapers | prensa | τύπος | stampa | imprensa |
| 47 | **pressé (être)** | in a hurry | tener prisa | βιαστικός | avere fretta | apressado (estar) |
| 141 | **pression,** n.f. | pressure | presión | πίεση | pressione | pressão |
| 124 | **prêter,** v.t. | to lend | prestar | δανείζω | imprestare | emprestar |
| 40 | **preuve,** n.f. | proof | prueba | απόδειξη | prova | prova |
| 28 | **prévenir,** v.t. | to let know | avisar | ειδοποιώ | prevenire | prevenir |
| 67 | **prévoir,** v.t. | to plan | prever | προβλέπω | prevedere | prever |
| 83 | **prime (en)** | (as) a bonus | además | ως δώρο | in aggiunta | gratificação |
| 138 | **privé,** adj. | private | privada | ιδιωτικός | privato | privado |
| 120 | **procédé,** n.m. | process | método | διαδικασία | procedimento | procedimento |
| 189 | **procès,** n.m. | trial | juicio | δίκη | processo | processo |
| 185 | **produire,** v.t. | to produce | producir | παράγω | produrre | produzir |
| 75 | **profondeur,** n.f. | depth | profundidad | βάθος | profondità | profundidade |
| 176 | **progresser,** v.int. | to progress | progresar | προοδεύω | progredire | progredir |
| 160 | **projeter,** v.t. | to throw | proyectar | εκπέμπω, ρίχνω | progettare | projectar |
| 144 | **prolonger,** v.t. | to extend | prolongar | προεκτείνω | prolungare | prolongar |
| 128 | **promeneur,** n.m. | walker | paseante | περιπατητής | passante | passante |
| 42 | **promouvoir,** v.t. | to promote | ascender | προάγω | promuovere | promover |
| 135 | **propulser,** v.t. | to propel | propulsar | προωθώ | propellere | propulsar |
| 110 | **protestation,** n.f. | protest | protesta | διαμαρτυρία | protesta | protesto |
| 170 | **prouver,** v.t. | to prove | probar | αποδεικνύω | provare | provar |
| 184 | **provenance,** n.f. | origin | procedencia | προέλευση | provenienza | proveniência |
| 104 | **provoquer,** v.t. | to cause | provocar | προκαλώ | provocare | provocar |
| 79 | **prudemment,** adv. | cautiously | con cautela | συνετά | prudentemente | prudentemente |

| | | | | | | |
|---|---|---|---|---|---|---|
| 89 | **publiciste,** n.m. | adman | publicista | δημοσιογράφος | pubblicitario | publicista |
| 193 | **puiser,** v.t. | to take | beber | δανείζομαι | attingere | tirar |
| 146 | **puissance,** n.f. | magnitude | fuerza | ένταση, δύναμη | potenza | potência |

## Q

| | | | | | | |
|---|---|---|---|---|---|---|
| 168 | **quasiment,** adv. | virtually | casi | σχεδόν, περίπου | quasi | quase |
| 61 | **quelque part,** adv. | somewhere | en algún lado | κάπου | da qualche parte | alguma parte |
| 74 | **queue,** n.f. | tail | cola | ουρά | coda | cauda |
| 45 | **queue-de-pie,** n.f. | tails | chaqué | ουρά φράκου | frac | casaca |
| 63 | **quitter,** v.t. | to leave | irse | εγκαταλείπω | lasciare | deixar |
| 144 | **quotidiennement** | every day | a diario | καθημερινά | quotidianamente | diariamente |

## R

| | | | | | | |
|---|---|---|---|---|---|---|
| 93 | **rafraîchir,** v.t. | to refresh | refrescar | δροσίζω | rinfrescare | refrescar |
| 9 | **raide,** adj. | straight | lacio | ίσια | rigido | duro |
| 177 | **raisonnement,** n.m. | argument | razonamiento | κρίση | ragionamento | raciocínio |
| 128 | **rallier,** v.t. | to return to | dirigirse a | επαναπροσεγγίζω | radunare | juntar |
| 162 | **ramassage,** n.m. | picking up | recolección | μάζεμμα | raccolta | apanhamento |
| 58 | **rapide,** n.m. | rapid | rápido | μικρός καταρράκτης | rapida | corrente |
| 45 | **rapport,** n.m. | report | informe | αναφορά | rapporto | relatório |
| 63 | **rapport,** n.m. | relationship | relación | σχέση | rapporto | relação |
| 68 | **rapprocher (se)** | to move closer | acercarse | προσεγγίζομαι | avvicinarsi | aproximar-se |
| 49 | **rassurer,** v.t. | to reassure | tranquilizar | καθησυχάζω | rassicurare | assegurar |
| 146 | **ravager,** v.t. | to devastate | devastar | λεηλατώ | devastare | devastar |
| 72 | **rayon,** n.m. | ray | rayo | ακτίνα | raggio | raio |
| 145 | **rayon d'action,** n.m. | range | radio de acción | ακτίνα δράσης | raggio d'azione | raio de acção |
| 19 | **réagir,** v.int. | to react | reaccionar | αντιδρώ | reagire | reagir |
| 176 | **recherche,** n.f. | research | investigación | έρευνα | ricerca | pesquisa |
| 25 | **réclamation,** n.f. | complaint | reclamación | ένσταση | reclamo | reclamação |
| 48 | **reconnaissance** | gratitude | reconocimiento | αναγνώριση | riconoscenza | reconhecimento |
| 144 | **recruter,** v.t. | to recruit | enganchar | στρατολογώ | recrutare | recrutar |
| 128 | **recueillir,** v.t. | to gather | recoger | συγκομίζω | raccogliere | recolher |
| 186 | **reculer,** v.int. | to be on the decline | perder terreno | οπισθοχωρώ | indietreggiare | recuar |
| 42 | **redouter,** v.t. | to fear | tener miedo a | φοβάμαι πολύ | temere | temer |
| 192 | **réducteur, trice** | reducing | reductor | περιοριστικός | riduttore | redutor |
| 67 | **réduire,** v.t. | to cut back | reducir | μειώνω | ridurre | reduzir |
| 83 | **régaler (se),** v.pr. | to treat | hacer gozar | φιλεύω | deliziarsi | regalar-se |
| 106 | **régime,** n.m. | diet | dieta | δίαιτα | dieta | dieta |
| 61 | **registre,** n.m. | ledger | matrícula | πρακτικά | registro | registro |
| 28 | **régler,** v.t. | to regulate | ajustar | ρυθμίζω | regolare | regular |
| 65 | **regretter,** v.t. | to regret | lamentar | λυπάμαι | rimpiangere | lastimar |
| 145 | **rejoindre,** v.t. | to convey to | ir | συναντώ, φτάνω | raggiungere | encontrar |
| 66 | **relater,** v.t. | to relate | relatar | διηγούμαι λεπτομερώς | riferire | relatar |
| 41 | **relation,** n.f. | relationship | relación | σχέση | relazione | relação |
| 120 | **relier,** v.t. | to link | unir | συνδέω | collegare | ligar |
| 104 | **remarquer,** v.t. | to notice | notar | επισημαίνω | notare | notar |
| 72 | **remplir,** v.t. | to fill | llenar | γεμίζω | riempire | encher |
| 124 | **remuer,** v.t. | to stir up | remover | ανασκαλεύω | rimuovere | remover |
| 14 | **rencontre,** n.f. | meeting | entrevista | συνάντηση | incontro | encontro |
| 61 | **rendre,** v.t. | to give back | devolver | επιστρέφω | restituire | devolver |
| 113 | **rendre (souple),** v.t. | to make (supple) | devolver (la agilidad) | καθιστώ (εύκαμπτο) | rendere sciolto | tornar flexível |
| 77 | **rendre compte (se)** | to imagine | darse cuenta | διαλογίζομαι, κατανοώ | rendersi conto | perceber |
| 122 | **renouveau,** n.m. | renewal | renovación | ανανέωση | rinnovamento | renovação |
| 61 | **renvoyer,** v.t. | to dismiss | despedir | απολύω | licenziare | despedir |
| 120 | **répandre (se),** v.pr. | to spread | propagarse | διαδίδομαι | spandersi | espalhar-se |
| 99 | **répartir,** v.t. | to share out | repartir | διανέμω | suddividere | repartir |

| | | | | | | |
|---|---|---|---|---|---|---|
| 24 | **repousser,** v.t. | to push away | rechazar | σπρώχνω με απέχθεια | respingere | repelir |
| 42 | **reprises (à plusieurs),** n.f. | occasions (on several) | oportunidades | κατ' επανάληψη | riprese | vezes (várias) |
| 111 | **reprocher (se),** v.pr. | to reproach o.s. | reprocharse | προσάπτω ευθύνη | rimproverarsi | censurar-se |
| 143 | **réputé,** adj. | said to be | considerado | φημισμένος | ritenuto | considerado |
| 128 | **réquisitionner,** v.t. | to requisition | requisar | επιτάσσω | requisire | requisitar |
| 114 | **réserver,** v.t. | to book | reservar | φυλάω | prenotare | reservar |
| 33 | **résignation,** n.f. | resignation | resignación | παραίτηση | rassegnazione | resignação |
| 162 | **résoudre,** v.t. | to solve | solucionar | επιλύω | risolvere | resolver |
| 8 | **ressembler à,** v.int. | to resemble | parecerse a | μοιάζω με | sembrare a | parecer com |
| 47 | **retard (en),** adv. | late | retraso | καθυστερημένα | ritardo | atrasado |
| 106 | **retarder,** v.t. | to delay | retardar | καθυστερώ | ritardare | atrasar |
| 17 | **retenir,** v.t. | to retain | llamar | κρατάω | trattenere | reter |
| 138 | **retirer,** v.t. | to withdraw | retirar | αποσύρω | ritirare | retirar |
| 49 | **retraite,** n.f. | retirement | jubilación | σύνταξη | pensione | reforma |
| 120 | **retransmettre,** v.t. | to broadcast | retransmitir | αναμεταδίδω | ritrasmettere | retransmitir |
| 35 | **retrouvailles,** n.f. pl. | reunion | reencuentro | ξανασμίξιμο | il rincontrarsi | reencontro |
| 96 | **rétroviseur,** n.m. | rear-view mirror | retrovisor | καθρέφτης αυτοκίνητου | retrovisore | retrovisor |
| 17 | **réussite,** n.f. | success | éxito | επιτυχία | riuscita | sucesso |
| 140 | **revenu,** n.m. | income | ingreso | εισόδημα | guadagno | renda |
| 26 | **rêverie,** n.f. | daydreaming | fantasía | ονειροπόληση | fantasticheria | devaneio |
| 49 | **rigide,** adj. | rigid | rígido | άκαμπτος | rigido | rigido |
| 48 | **risque,** n.m. | risk | riesgo | ρίσκο | rischio | risco |
| 144 | **rivaliser,** v.int. | to rival sb. in | competir | αναμετριέμαι | rivalizzare | rivalizar |
| 138 | **roc,** n.m. | rock | roca | βράχος | roccia | rocha |
| 9 | **rond,** adj. | round | redondo | στρογγυλό | rotondo | redondo |
| 83 | **rouget,** n.m. | mullet | salmonete | λιθρίνι | triglia | salmonete |
| 32 | **rougir,** v.int. | to become red | enrojecer | κοκκινίζω | arrossire | corar |
| 77 | **roulotte,** n.f. | caravan | caravana | τροχόσπιτο | roulotte | carroça |
| 35 | **rupture,** n.f. | separation | ruptura | ρήξη | rottura | ruptura |

## S

| | | | | | | |
|---|---|---|---|---|---|---|
| 83 | **sagesse,** n.f. | moderation | saber | σοφία | saggezza | sabedoria |
| 146 | **sain et sauf,** adj. | safe and sound | sano y salvo | σώος κι αβλαβής | sano e salvo | são e salvo |
| 104 | **sang,** n.m. | blood | sangre | αίμα | sangue | sangue |
| 93 | **sans blague,** fam. | you don't say! | en serio | χωρίς πλάκα | senza scherzi! | não me diga |
| 82 | **saumon,** n.m. | salmon | salmón | σολωμός | salmone | salmão |
| 112 | **sauter,** v.int./t. | to jump | saltar | πηδάω | saltare | saltar |
| 58 | **sauvage,** adj. | wild | salvaje | παρθένος, άγριος | selvaggio | selvagem |
| 48 | **sauver,** v.t. | to save | salvar | σώζω | salvare | salvar |
| 83 | **savoureux,** adj. | tasty | sabroso | γευστικός | saporito | saboroso |
| 74 | **scarabée,** n.m. | beetle | escarabajo | σκαραβαίος | scarabeo | escaravelho |
| 32 | **scénario,** n.m. | scenario | guión | σενάριο | sceneggiatura | roteiro |
| 72 | **sèche-cheveux** | hair drier | secador de pelo | σεσουάρ | asciugacapelli | secador de cabelo |
| 65 | **secours,** n.m. | help | auxilio | βοήθεια | soccorso | socorro |
| 146 | **secousse sismique** | earth tremor | sacudida sísmica | σεισμική δόνηση | scossa sismica | abalo sísmico |
| 129 | **secteur,** n.m. | sector | sector | τομέας | settore | sector |
| 33 | **s'efforcer,** v.pr. | to endeavour | tratar | βάζω τα δυνατά μου | sforzarsi | esforçar-se |
| 146 | **séisme,** n.m. | earthquake | sismo | σεισμός | sisma | sismo |
| 96 | **sellerie,** n.f. | upholstery | tapicería | σαγματοθήκη, ιπποσκευή | finimenti | selaria |
| 90 | **sembler,** v.int. | to seem | parecer | μοιάζω | sembrare | parecer |
| 13 | **sens,** n.m. | sense | sentido | αίσθηση | senso | sentido |
| 195 | **sensibiliser,** v.t. | to make aware of | concienciar | ευαισθητοποιώ | sensibilizzare | sensibilizar |
| 26 | **sensibilité,** adj. | fine feeling | sensibilidad | ευαισθησία | sensibilità | sensibilidade |
| 32 | **serré,** adj. | clenched | cerrado | σφιγμένος | stretto | apertado |
| 24 | **serveur,** n.m. | waiter | camarero | γκαρσόνι | cameriere | empregado |
| 60 | **serviable,** adj. | obliging | servicial | εξυπηρετικός | servizievole | serviçal |
| 30 | **service,** n.m. | service | favor | βοήθεια, θέλημα | servizio | favor |
| 25 | **serviette,** n.f. | napkin | servilleta | πετσέτα | tovagliolo | guardanapo |
| 14 | **signalement,** n.m. | description | señas personales | περιγραφή | segnalazione | sinalização |
| 162 | **sillonner,** v.t. | to criss-cross | recorrer | διατρέχω | solcare | sulcar |
| 152 | **situer,** v.t. | to situate | ubicar | τοποθετώ | situare | situar |
| 81 | **sobriété,** n.f. | sobriety | sobriedad | λιτότητα | sobrietà | sobriedade |

| | | | | | | |
|---|---|---|---|---|---|---|
| 67 | **soie,** n.f. | silk | seda | μετάξι | seta | seda |
| 174 | **soigné,** adj. | elegant | formal | προσεγμένος | accurato | apurada |
| 154 | **soin,** n.m. | treatment | asistencia | περίθαλψη | cura | cuidado |
| 40 | **solide,** adj. | sound | firme | σταθερός, ισχυρός | solido | sólido |
| 80 | **sombre,** adj. | dark | oscuro | σκοτεινός | scuro | escuro |
| 124 | **somme,** n.f. | sum | suma | ποσό | somma | soma |
| 65 | **sommeiller,** v.int. | to lie dormant | dormir | κοιμάμαι ελαφριά | sonnecchiare | cochilar |
| 83 | **sommelier,** n.m. | wine waiter | sumiller | σερβιτόρος κρασιών | sommelier | degustador |
| 128 | **sommet,** n.m. | top | cumbre | κορυφή | cima | cume |
| 81 | **somptuosité,** n.f. | magnificence | suntuosidad | μεγαλοπρέπεια | sontuosità | sumptuosidade |
| 16 | **sondage,** n.m. | opinion poll | sondeo | έρευνα, στατιστική | sondaggio | sondagem |
| 79 | **sonner,** v.int./t. | to ring | llamar | κτυπάω το κουδούνι | suonare | tocar |
| 41 | **sortir (s'en),** v.int. | to get ahead in life | salir adelante | τα βγάζω πέρα | cavarsela | safar-se |
| 48 | **soudain,** adj. | sudden | repentino | ξαφνικός | all'improvviso | de repente |
| 112 | **souffler,** v.int./t. | to puff | soplar | ξεφυσσάω | soffiare | soprar |
| 171 | **souffrir,** v.int. | to suffer | sufrir | υποφέρω | soffrire | sofrer |
| 157 | **soulager,** v.t. | to relieve | aliviar | ανακουφίζω | riconfortare | aliviar |
| 66 | **soumettre,** v.t. | to submit | presentar | υποβάλλω | sottomettere | submeter |
| 126 | **soupçonner,** v.t. | to suspect | sospechar | υποπτεύομαι | sospettare | suspeitar |
| 161 | **soupirail,** n.m. | air hole | tragaluz | φεγγίτης | spiraglio | respiradoiro |
| 146 | **source,** n.f. | source | fuente | πηγή | fonte | fonte |
| 9 | **sourcil,** n.m. | eyebrow | ceja | φρύδι | sopracciglio | sobrancelha |
| 109 | **sous les verrous** | behind bars | preso | στα σίδερα | imprigionato | na prisão |
| 135 | **soutenir,** v.t. | to maintain | sostener | υποστηρίζω | sostenere | sustentar |
| 160 | **souterrain,** n.m. | underground | subterráneo | υπόγειος | sotterraneo | subterrâneo |
| 124 | **spéculer,** v.int. | to speculate | especular | εκμεταλλεύομαι τις αλλαγές της αγοράς | speculare | especular |
| 56 | **sponsoriser,** v.t. | to sponsor | esponsorizar | χρηματοδοτώ σπόρ | sponsorizzare | patrocinar |
| 104 | **standardiste,** n.f. | operator | telefonista | τηλεφωνήτρια | centralinista | telefonista |
| 97 | **station-service,** n.f. | petrol station | gasolinera | μεγάλο βενζινάδικο | stazione di servizio | posto |
| 104 | **subir,** v.t. | to be subjected to | aguantar | ανέχομαι | subire | sofrer |
| 49 | **subordonné,** n.m. | subordinate | subordinado | υφιστάμμενος | subordinato | subordinado |
| 152 | **subvention,** n.f. | subsidy | subsidio | επιχορήγηση | sovvenzione | subvenção |
| 113 | **succéder (à),** v.int. | to follow | suceder a | διαδέχομαι | succedere a | suceder |
| 66 | **suffire,** v.int. | to be enough | bastar | αρκώ | bastare a | bastar |
| 49 | **suffisamment,** adv. | enough | lo suficiente | αρκετά | sufficientemente | suficientemente |
| 89 | **support,** n.m. | medium | material | στήριγμα, μέσο | supporto | suporte |
| 90 | **supposer,** v.t. | to assume | suponer | υποθέτω | supporre | supor |
| 25 | **sûr,** adj. | sure | seguro | σίγουρος | certo! | certo |
| 128 | **sur le coup,** adv. | instantly | instantáneamente | αμέσως | immediatamente | imediatamente |
| 136 | **surmonter,** v.t. | to overcome | superar | υπερβαίνω | superare | superar |
| 40 | **surveiller,** v.t. | to supervise | supervisar | επιβλέπω | sorvegliare | fiscalizar |
| 62 | **suspect,** n.m. | suspect | sospechoso | ύποπτος | sospetto | suspeito |
| 57 | **suspendre,** v.t. | to hang | colgar | κρεμάω | sospendere | suspender |

## T

| | | | | | | |
|---|---|---|---|---|---|---|
| 72 | **tablette,** n.f. | table top | mesita | τραπεζάκι | tavolino | mesinha |
| 104 | **tache,** n.f. | blip | mancha | στίγμα | incarico | nódoa |
| 11 | **taille,** n.f. | height | altura | ύψος | taglia | tamanho |
| 120 | **tanner,** v.t. | to tan | curtir | βυρσοδεψώ | conciare | curtir |
| 138 | **tapis roulant,** n.m. | conveyor belt | cinta transportadora | κυλιώμενος τάπητας | scala mobile | tapete rolante |
| 56 | **tas,** n.m. | loads of | montón | σωρός | mucchio | montão |
| 24 | **tasse,** n.f. | cup | taza | φλυτζάνι | tazza | chávena |
| 90 | **tellement,** adv. | so much | tanto | τόσο, πολύ | talmente | de tal modo |
| 146 | **télex,** n.m. | teleprinter | teletipo | τελέτυπος | fax | teletipo |
| 24 | **témoin,** n.m. | witness | testigo | μάρτυρας | testimone | testemunha |
| 65 | **témoigner,** v.int. | to testify | mostrar | μαρτυρώ | testimoniare | testemunhar |
| 11 | **tendre,** v.t. | to stretch out | alargar | τεντώνω | tendere | estender |
| 24 | **tendre,** adj. | tender | tierno | τρυφερός | tenero | tenro |
| 18 | **tendresse,** n.f. | tenderness | ternura | τρυφερότητα | tenerezza | ternura |
| 124 | **terrain,** n.m. | ground | terreno | έδαφος, γη | terreno | terreno |
| 65 | **terrifier,** v. | to terrify | aterrorizar | τρομάζω | terrorizzare | terrificar |
| 125 | **testament,** n.m. | will | testamento | διαθήκη | testamento | testamento |
| 11 | **tête,** n.f. | head | cabeza | κεφάλι | testa | cabeça |

| | | | | | | |
|---|---|---|---|---|---|---|
| 45 | **tient (ça se),** fam. | it makes sense | es lógico | έχει βάση | è valido | é válido |
| 120 | **tisser,** v.t. | to weave | tejer | υφαίνω | tessere | tecer |
| 138 | **tonne,** n.f. | metric ton | tonelada | τόνος | tonnellata | tonelada |
| 74 | **tortue,** n.f. | tortoise | tortuga | χελώνα | tartaruga | tartaruga |
| 80 | **torturé,** adj. | tormented | tortuoso | παραμορφωμένος | torturato | torturado |
| 25 | **totaliser,** v.t. | to add up | sumar | αθροίζω | totalizzare | totalizar |
| 125 | **toucher,** v.t. | to receive | cobrar | ακουμπώ, παίρνω | prendere dei soldi | receber |
| 24 | **tour,** n.m. | turn | turno | σειρά | turno | vez |
| 137 | **tour de force,** n.m. | amazing feat | proeza | επίτευγμα | tour de force | esforço |
| 80 | **tourmenter,** v.t. | to torment | atormentar | ταράζω | tormentare | atormentar |
| 35 | **tournant,** n.m. | turning point | cambio | καμπή | cambiamento | virada |
| 174 | **tourner autour du pot** | to beat about the bush | dar vueltas | γυροφέρνω, αποφεύγω | menar il can per l'aia | fazer rodeios |
| 193 | **tournure,** n.f. | turn of phrase | giro | σύνταξη | costruzione | construção |
| 24 | **tousser,** v.int. | to cough | toser | ξεροβήχω | tossire | tossir |
| 56 | **traction avant,** n.f. | front-wheel drive vehicle | coche con tracción delantera | μπροστινή κίνηση | trazione anteriore | tracção dianteira |
| 9 | **trait,** n.m. | features | rasgo | χαρακτηριστικό | tratto | traço |
| 48 | **traiter,** v.int./t. | to deal with | hacer | επεξεργάζομαι | trattare | tratar |
| 99 | **trajet,** n.m. | distance | viaje | διαδρομή | percorso | trajecto |
| 90 | **transmettre,** v.t. | to tell | contar | διαβιβάζω | trasmettere | transmitir |
| 112 | **transpirer,** v.int. | to perspire | transpirar | ιδρώνω | sudare | transpirar |
| 137 | **traversée,** n.f. | crossing | cruce | πέρασμα, διάπλους | traversata | travessia |
| 32 | **trembler,** v.int. | to tremble | temblar | τρέμω | tremare | tremer |
| 162 | **troc,** n.m. | swap | trueque | ανταλλαγή αγαθών | baratto | troca |
| 144 | **tronçon,** n.m. | section | tramo | κομμάτι | pezzo | pedaço |
| 95 | **trouer,** v.t. | to make a hole | agujerear | τρυπώ | bucare | furar |
| 44 | **tuer,** v.t. | to kill | matar | σκοτώνω | uccidere | matar |
| 138 | **tunnelier,** n.m. | tunneller | tunelera | εκσκαφέας τούνελ | minatore | tuneleiro |
| 120 | **tuyau,** n.m. | pipe | tubo | σωλήνας | tubo | tubo |

## U - V

| | | | | | | |
|---|---|---|---|---|---|---|
| 60 | **usine,** n.f. | factory | fábrica | εργοστάσιο | fabbrica | fábrica |
| 137 | **vaincre,** v.int./t. | to overcome | derrotar | υπερνικώ, νικώ | vincere | vencer |
| 48 | **valeur (en),** adv. | to best advantage | (dar) valor | σε εξέχουσα θέση | valore | valor (em) |
| 11 | **valise,** n.f. | suitcase | maleta | βαλίτσα | valigia | mala |
| 48 | **valorisant,** adj. | increasing one's standing | valorizador | επιτιμητικός | valorizzante | valorizador |
| 89 | **vanter,** v.t. | to praise | destacar | εγκωμιάζω | vantare | gabar |
| 176 | **vapeur,** n.f. | steam | vapor | ατμός | vapore | vapor |
| 60 | **veilleur de nuit** | night watchman | sereno | νυχτοφύλακας | guardiano | guarda-nocturno |
| 76 | **veine,** n.f. fam. | good luck | suerte | τύχη, φλέβα | fortuna | sorte |
| 50 | **vente,** n.f. | sale | venta | πώληση | vendita | venda |
| 112 | **vertu,** n.f. | virtue | virtud | αρετή | virtù | virtude |
| 152 | **vestiaire,** n.m. | changing room | vestuario | αποδυτήριο | vestiario | vestiário |
| 58 | **vide,** n.m. | void | vacío | κενό | vuoto | vazio |
| 83 | **vinaigre,** n.m. | vinegar | vinagre | ξύδι | aceto | vinagre |
| 128 | **virage,** n.m. | turn | giro | στροφή | curva | curva |
| 8 | **visage,** n.m. | face | rostro | πρόσωπο | viso | rosto |
| 88 | **visuellement,** adv. | visually | visualmente | οπτικά | visivamente | visualmente |
| 170 | **vitesse de croisière,** n.f. | cruising speed | velocidad crucero | μέση ωριαία ταχύτητα | velocità di crociera | velocidade de cruzeiro |
| 56 | **vivres (les),** n.m.pl. | provisions | víveres | τα προς το ζην | viveri | víveres |
| 160 | **voie (rapide),** n.f. | expressway | autopista | δρόμος, οδός | via | via (rápida) |
| 67 | **voie (en ... de),** n.f. | in the process of | vías | προς | via | vias (em...de) |
| 138 | **voie de chemin de fer,** n.f. | railway track | vía de ferrocarril | σιδηρογραμμή | ferrovia | via de estrada de ferro |
| 15 | **vol,** n.m. | theft | robo | κλοπή | furto | roubo |
| 74 | **vol piqué,** n.m. | dive | vuelo en picada | πτήση σα βούτηγμα | volo in picchiata | voo vertical |
| 120 | **voler,** v.int. | to fly | volar | πετώ | volare | voar |
| 63 | **voyou,** n.m. | lout | disoluto | αλήτης | cattivo soggetto | vagabundo |

Dépôt légal n° 8640-06-1990
Collection n° 26 Edition n° 01
15/4815/5

Imprimé en Italie par G. Canale & C. S.p.A. - Turin